• 本书系教育部人文社科一般项目“圣埃克絮佩里作品中的空间构建与趋变研究”(18YJA752013)的结项成果

• 本书出版得到广东外语外贸大学西方语言文化学院的支持

空间构建与趋变

——圣埃克絮佩里的生活、创作与启示

王　牧／著

知识产权出版社
全国百佳图书出版单位
—北京—

图书在版编目（CIP）数据

空间构建与趋变：圣埃克絮佩里的生活、创作与启示/王牧著．—北京：知识产权出版社，2021.12

ISBN 978-7-5130-7839-9

Ⅰ.①空… Ⅱ.①王… Ⅲ.①圣埃克苏佩里（Saint-Exupery，Antoine de 1900—1944）—人物研究 Ⅳ.①K835.655.6

中国版本图书馆 CIP 数据核字（2021）第235583号

责任编辑：李　硕　　　**责任校对：**潘凤越
封面设计：杰意飞扬·张　悦　　　**责任印制：**孙婷婷

空间构建与趋变
——圣埃克絮佩里的生活、创作与启示
王　牧　著

出版发行：知识产权出版社有限责任公司		**网　址：**http：//www.ipph.cn	
社　址：北京市海淀区气象路50号院		**邮　编：**100081	
责编电话：010-82000860转8342		**责编邮箱：**lishuo@cnipr.com	
发行电话：010-82000860转8101/8102		**发行传真：**010-82000893/82005070/82000270	
印　刷：北京九州迅驰传媒文化有限公司		**经　销：**各大网上书店、新华书店及相关专业书店	
开　本：880mm×1230mm　1/32		**印　张：**11.5	
版　次：2021年12月第1版		**印　次：**2021年12月第1次印刷	
字　数：268千字		**定　价：**66.00元	

ISBN 978-7-5130-7839-9

2007 年作者拍摄于圣埃克絮佩里的故乡法国里昂

前　言

“作为一个典范，一个完全的、严格的、高贵的人道主义者，他诠释了一种英雄主义的智慧，这就是圣埃克絮佩里。”❶ 法国作家安托万·德·圣埃克絮佩里（Antoine de Saint-Exupéry，1900—1944）是20世纪欧洲文坛的一个传奇。他创作的《小王子》（*Le Petit Prince*，1943）风靡世界，成为文学史上的奇迹。从跌宕起伏的飞行员生涯，到1944的失踪之谜，再到2004年他坠落在地中海的真相被发现，圣埃克絮佩里的人生足够精彩并发人深思。在充满危险的飞行途中，他将所见所闻和万千思绪记录于纸上。于是，我们读到了飞行员的真实故事，看到了宇宙中的浩瀚星辰，领略到人类历史的沧海桑田和大自然的伟大、神秘。在他的文学创作中，对空间的探索是永远的主题，也是其哲学思辨的基点。在他看来，空间并不是静止的容器或平台，而是一个动态的实践过程。他在作品中对空间形式的创造恰如其分地再现了法国哲学家亨利·列斐伏尔（Henri Lefebvre，1901—1991）所定义的空间构建步骤，即实践、构想和感知。作家尝试摆脱时间对空间的局限，舍弃传统的线性叙述顺序，而采用共时性的空间

❶ Pierre-Henri Simon, *L'Homme en Procès* (Paris: Payot, 1965), p. 25.

叙述方式。并且，作家通过文本的并置、片段、蒙太奇及“多声部”叙事等技巧模糊时间因素，创造出独特的艺术风格。同时，作家的全部文本所构建的主题网络也以“空间”为核心，涵盖了自然、人、存在、本体、关系等重大哲学命题，揭示了对现代人充满启示的世界观、价值观和人生观，体现了作家对人类社会的现实观照和理想构建。由此可见，圣埃克絮佩里以“空间”为主旨的哲学思想体系以及文学创作理念具有现代性、先验性、前卫性和启发性。本书从作家的生活空间和职业轨迹开始，分析其作品中的空间形态、层次及意象如何构建出一个以“空间”为核心的个性化动态哲学思想体系。

在圣埃克絮佩里的作品中，空间不仅指地理空间，也包括人物心理空间、情感空间和意识空间。作家以亲身经历为基础，结合想象和思辨，在作品中创造出一个多重空间相叠加的、现实与理想交融的世界。他的作品一部分是报道、信件、杂文和日记，作为对自己人生经历的记录；另一部分是小说和散文，虽然加入了想象和改编，但也大都取材于他的生活经历和职业生涯。从1926年发行的短篇小说《飞行员》（*L'Aviateur*）到1948年作家死后出版的《城堡》（*Citadelle*），还有《南线邮航》（*Courrier sud*，1929），《夜航》（*Vol de nuit*，1931），《人类的大地》（*Terre des hommes*，1939），《战争飞行员》（*Pilote de guerre*，1942）等一系列作品。其中，《小王子》的成功让他盛名不衰。这部充满诗意和哲理的童话在全世界卖出了超过一亿三千五百万册，让一位致力于飞行事业的航空英雄成为带给人类希望的“济世者”。圣埃克絮佩里在开发航线、运输邮件和训练年轻飞行员的同时笔耕不辍，记录自己的所见所闻和所感所思，也见证了他所生活的时代和重大事件。他以虚实相映、寓意丰富且不断变化和运动的多组空间为作品背景，塑造了一个个栩栩如生、英勇无私的“大写人”形象，描绘出瑰丽神奇的大自然风貌，呈现出现实社会中的人生百态。作为一名飞行员，他的视野从地面扩展到“宇宙”，这使他能够更加全面地观察人类生存的空间；同时，作为一名作家，他丰富的想象力和敏锐的内心使他超越了现实中的表象，为人类生存的困惑和艰难而苦寻出路。圣埃克絮佩里在作品中构建的多层次、多意义、多维度的空间体系，正是他通过观察和思辨所探寻的一种新的生存方式。这种生存方式超越了物质的束缚、利益的屏障，让人们能够更加清楚地认识到存在的价值和意义。在他看来，人的生命是有限的，但是精神是永恒的；人的生存环境局限于地面，但也可以突破限制，在无限的“宇宙”和精神漫游所能企及的空间中追寻理想；人生活在以金钱为量度的物质社会中，但仍可以通过行动超越世俗的约束，赋予生命新的意义。

王 牧

2021 年 3 月

目　录

第一章

生活的空间

第一节　圣莫里斯的回忆

某地有一个公园，公园里长满了黑松和椴树，还有一所我喜爱的古老的房子，这房子是远是近，能否温暖我的肉身或为我遮风挡雨都无关紧要，只要它能够成为我的梦想之物，让我填满茫茫黑夜就够了……我认清了我就是这所房子里面的那个孩子。我回忆它的气味，它那凉爽的前厅，它里面喧闹的声音，乃至沼泽地里的蛙鸣——仿佛仍在我的耳边回响。[1]

安托万·德·圣埃克絮佩里在1900年6月29日出生于法国里昂。他的父亲让·德·圣埃克絮佩里（Jean de Saint-Exupéry）是里昂的一位保险调查员，与他的母亲玛丽·德·冯斯哥伦布

---

[1] Antoine de Saint-Exupéry，“Terre des hommes” dans *Oeuvres complètes*：Tome Ⅰ.（Paris：Gallimard，1994），p. 207.

(Marie de Fonscolombe) 在其姨母特里戈伯爵夫人 (la comtesse de Tricaud)❶ 的沙龙相识，两人于1896年6月结婚。婚后，他们的家庭迅速扩大，五个孩子相继出生，分别是玛丽 - 玛德莱娜 [Marie-Madeleine，绰号“母鹿”(Biche)]，西蒙娜 (Simone)、安托万 (Antoine，作家)、弗朗索瓦 (François) 和加布里埃尔 (Gabrielle)。1904年，这个大家庭遭受了沉重的打击——圣埃克絮佩里的父亲死于一场意外，母亲玛丽只好带着孩子们搬到了她父亲位于圣特罗佩 (Saint-Tropez) 附近的拉莫尔 (La Môle) 庄园。这是一处浪漫的建筑群，两旁是中世纪的城楼，在附近的森林中有一棵玛丽七岁时栽种的梧桐树。古老的城墙遮蔽着悠远的过往，房间明亮而幽静。这里成了孩子们的王国，而圣埃克絮佩里就是其中的“太阳王”(Roi soleil)。❷ 孩子们在拉莫尔庄园无忧无虑地生活，他们在大自然中尽情玩耍，跟随牧羊人蒂德追逐山羊。母亲玛丽在闲暇时教孩子们画画、弹琴，给他们讲故事或朗诵《圣经》，与此有关的一切记忆都成了作家日后最美好的回忆。在这里，一家人的生活暂时恢复了平静，拉莫尔庄园成为母亲和孩子们的避难所。

但是，当一个家庭缺少父亲的支撑和强有力的男性保护者时，母亲和孩子们的生活便会隐含着焦虑和不安。事实上，平静的生活并没有持续太久，不幸再一次降临。外祖父的去世使孩子们失去了庇护，他们跟随母亲离开了拉莫尔庄园，去投奔玛丽寡居的姨母特里戈伯爵夫人。从此，一家人不得不经常往返于里昂

---

❶ 特里戈伯爵夫人全名为加布里埃尔·德·勒斯唐 (Gabrielle de Lestrange)。

❷ Renée-Paule Guillot, *Saint-Exupéry, l'homme du silence* (Paris: Dervy, 2002), p. 11.

贝勒古广场（Place Bellecour）的公寓和特里戈伯爵夫人在乡间的圣莫里斯（Saint-Maurice）城堡之间。这座城堡建于18世纪，位于小镇圣莫里斯·德·雷蒙（Saint-Maurice de Rémens）。要到达这个僻静的所在，必须先穿过一片古老的松树林，之后便有一条两旁栽满椴树的蜿蜒小道延伸至大门前。城堡的周围是一个宽阔的花园，里面的丁香花让人心醉神迷。就在这个神秘而封闭的空间里，圣埃克絮佩里和家人重建了一个梦想的天堂。在这里，所有的伤害都远离了孩子们，门前高高的栅栏围住了一个美妙的世界。“这个被童年的回忆和曾经的游戏所充满的世界比另一个世界更加真实。”❶ 每逢假期，孩子们便回到圣莫里斯，在这里尽情奔跑嬉戏、探险和游戏。他们发明了一架蒸汽浇水机，安托万甚至制造了一辆带帆的自行车，想借助人力和风力飞向天空。这也许就是他终身职业的萌芽。自然给予了他无限的想象力，也似乎决定了他的命运。除了游戏，孩子们还写诗，创作小故事，夜晚和母亲、管家、仆人们一起吟唱歌谣。这些和谐的画面在《人类的大地》的《绿洲》中若隐若现，也在圣埃克絮佩里的记忆里被永远地保存了下来。作家埃里克·德斯哥特（Eric Deschodt）在圣埃克絮佩里的传记中写道：“他从来都不愿从童年中抽离”。❷ 一直到成年，圣埃克絮佩里在心中仍然将圣莫里斯当成自己的家。1921年，他去往北非驻守在撒哈拉沙漠腹地的朱比角（Cap Juby，今摩洛哥境内），荒凉的沙漠和孤寂的生活让他备受思乡之苦。在给母亲的信中，他写道：“您现在一定

---

❶ Antoine de Saint-Exupéry, “Lettres à sa mère” dans *Oeuvres complètes*: Tome Ⅰ. (Paris: Gallimard, 1994), p. 780.

❷ Eric Deschodt, *Saint-Exupéry*: *Biographie* (Paris: J. C. Lattès, 1980), p. 30.

在圣莫里斯，天知道我什么时候才能重见这可亲的老房子。”[1] 1922 年，他再次回到圣莫里斯与家人团聚，洗涤心灵的疲惫，重寻儿时的记忆。在他的生活和创作中，这座堡垒的影子从未消失，比如在小说《南线邮航》中，主人公在花园仰望深夜的星空，思绪万千，时空流转，圣莫里斯的画面不禁浮现于眼前。此时此刻，飞行员渴望的家庭和爱情都化为对圣莫里斯的回忆。作为幸福生活的象征，这座童年的乐园被想象成小王子的 B612 星球，还隐约出现在《人类的大地》中幻化成沙漠中的“绿洲”。1931 年 12 月，当圣埃克絮佩里从南美归来时，他和母亲、新婚妻子龚絮萝（Consuelo de Saint-Exupéry）一起在圣莫里斯度过了最后一个圣诞节。之后，城堡被卖给里昂市政府，圣埃克絮佩里从此永远地失去了这个被他视作“家”的地方。

圣莫里斯对于童年的作家来说就是整个世界，更是记忆中的理想家园。毫无疑问，在作家的笔下，这座城堡成为一个象征，与它相关的是幸福、艺术、魔力、游戏、梦境等一切美好的事物。成年之后，作家开始了他充满危险、痛苦、挫折乃至不幸的人生旅程，但是关于圣莫里斯的记忆总能让深陷痛苦和彷徨的作家获得安慰和希望。其实，圣莫里斯也代表着作家对存在的一种定义，他曾经在给母亲的信中写道：“我不能肯定童年之后是否生活过”[2]。显然，圣埃克絮佩里在内心中对幸福有一种悲伤和不确定感，这也解释了他在个人生活和职业之间的选择。他对家

---

[1] Antoine de Saint-Exupéry，“Lettres à sa mère” dans *Oeuvres complètes*：Tome Ⅰ.（Paris：Gallimard，1994），p. 710.

[2] Antoine de Saint-Exupéry，“Lettres à sa mère” dans *Oeuvres complètes*：Tome Ⅰ.（Paris：Gallimard，1994），p. 780.

庭幸福始终患得患失，包括和龚絮萝的爱情，只有赴死的职业才是唯一让他感到安心的，因为他清楚终点在哪里。

作家执着于对圣莫里斯的回忆，延伸至他对童年的无尽留恋，也表达了他内心对时间的反抗。他想寻找一个支点、一个锚地，让自己不要忘记他珍惜的人和事，让生命不要被岁月侵蚀。因此，圣莫里斯在无意识中被重建了，在作家的笔下和心中被创造成一个无比广阔的世界，一个可以和时间对抗的世界，就像普鲁斯特在品尝“玛德莱娜”蛋糕时所看到的那个世界，历久弥新，永不褪色。在作家的笔下，圣莫里斯的形象与布满繁星的天空、静谧无垠的大海、层峦叠嶂的高山、广袤诡谲的沙漠，还有那座作家穷极一生也未到达的“城堡”[1] 融合在一起。在那里，几千年转瞬而过，却永远充满了人类的生命力与创造力。

那么，圣莫里斯为什么会被作家在意识中重建呢？显然，这里发生的一切并非都是快乐的。父亲早逝，家庭动荡，兄弟夭折，年少的作家成为家里唯一的男性。虽然他对父亲的去世没有直接的记忆，但是弟弟弗朗索瓦的离世给他留下了清晰而痛苦的印象。1917 年弗朗索瓦因病逝世时，作家尚未成年，却要担当弟弟的遗嘱执行人。尽管他想逃避这份责任，但还是陪伴弗朗索瓦直到最后一刻。从此，他的童年一去不复返。与其说圣埃克絮佩里选择飞行员这样一种危险、充满男性力量的职业是出于使命，不如说是对自己直面人生的勉励。意识的重建也是身份的重建，作家变成了一个承担者。现实中的不幸需要用想象来安抚，于是圣莫里斯在梦想中被重建，成为作家一生都不能忘怀的地

---

[1] 作家的最后一部作品《城堡》（*Citadelle*，1948）。

方。在《南线邮航》中，当贝尔尼（Bernis）回忆童年的乐园和与吉娜叶薇芙（Genviève）的爱情时，作家仿佛又回到了让他魂牵梦萦的圣莫里斯，恬静美好的景致寄托了他一生对家园的依恋和对美好生活的想象：

> 我还记忆犹新，你住在一栋老房子里，周围是厚厚的墙壁。我再一次看见你，凭依在窗户旁，窗户的形状仿佛是一个枪洞，透过它，你注视着月亮，明月冉起。平原上，响起各种各样的声响，蝉扇动的翅膀发出尖鸣声，青蛙鼓起肚子发出呱呱声，还有回家的老牛，晃动着脖子的铃铛声。明月冉起，有时从村里传来丧钟声，带给蟋蟀、小麦和蝉理解不了的死亡。你向前弯着身子，为那些未婚夫们担心，因为期待最容易落空。然而，明月冉起。灰林鸟开始发情，相互呼唤，它们的呖呖叫声盖过了丧钟声。一群群的狗冲着月亮狂吠。每一株树木、每一颗小草、每一根芦苇都充满了生命。明月冉起。你拉起我们的手，让我们倾听，那是土地的声音，安抚心灵的声音，无比美妙的声音。”[1]

通过这些生动传神的描述，读者仿佛能够听到鸟叫虫鸣，感受树木花香，这就是作家心中憧憬的诗意的居所。他的田园梦想是如此真切，但在飞行员的世界又似乎遥不可及。其中，“明月冉起”重复了多次，渲染了宁静的气氛，也表达了作家渴望安定的愿望。月光静谧如水，夜色温柔如丝，象征着甜蜜的爱情和幸

---

[1] Antoine de Saint-Exupéry, “Courrier sud” dans *Oeuvres complètes*: Tome Ⅰ. (Paris: Gallimard, 1994), p. 53.

福的家庭生活。蝉、青蛙、牛等动物都是这首动人“夜曲”的伴奏者，树木花草是这优美夜色的装饰，偶尔传来的丧钟声传递着世俗生活的讯息，而所有这一切都与飞行员惊心动魄的故事形成鲜明对比。

圣莫里斯不仅代表着作家的家园和童年，也包含着伤痛和束缚；既是作家一生的眷恋，也是他心中的最后一丝羁绊。它的形象不断出现在圣埃克絮佩里的回忆中，但他最终还是回不去了。

第二节 天空的启示

当他驾驶着飞机，他不仅仅是在飞行，也不单单是在履行战争飞行员的使命。飞机让他有了更多的思考，因为天空也是他修行的密室，精神的家园。❶

置身于夜色笼罩下的圣莫里斯城堡，安托万（作家）最喜欢做的事情就是仰望天空。星光下的少年想象着童话、旅行和大自然中的旖旎风光，萌生出翱翔宇宙的愿望。他渴望摆脱人世间的束缚和痛苦，去探索宇宙的奥秘，寻找幸福的“别处”。当时，飞行是一项时髦而危险的活动，却不乏爱好者。热气球飞过巴黎的上空，飞行俱乐部相继在各地成立，报刊长篇累牍地报道

---

❶ Alain Vircondelet, *La véritable histoire du Petit Prince* (Paris: Flammarion, 2008), p. 193.

莱特兄弟的发明，所有这些消息都让安托万感到好奇和兴奋。

为了达成自己的梦想，这个沉默聪颖的少年将圣莫里斯的花园当成自己的飞行实验室。他将树枝绑在自行车的把手上，再将床单罩在上面，就制成了一个看起来有些可笑的“飞行器”。在各种冒险的尝试之后，1912 年安托万终于经历了人生的飞行“洗礼”。在离圣莫里斯六公里的地方有一个叫昂贝里约（Ambérieu）的试飞基地。据当时的一位机械师阿尔弗雷德·特诺兹（Alfred Thénoz）回忆，这位好奇的少年不停地向他和其他工作人员提出问题——关于机器的性能、旋转马达和控制台，等等。但显然，最让少年感兴趣的还是飞上天空。虽然母亲再三反对，但是在这年七月的一天，安托万最终说服了母亲玛丽，使自己不再有任何阻碍。特诺兹后来回忆道：“那一天天气晴朗，气流平稳，飞行员带着他在基地上空兜了两圈。我还清楚地记得他下飞机时容光焕发的样子，让人感到在他身上刚刚诞生了一种使命感。”❶ 圣埃克絮佩里曾对少年时期的好友夏尔·萨勒斯（Charles Sallès）描述过他的第一次飞行，并感叹：“我登上飞机，你不能想象，这是多么美妙的感觉！”❷

1921 年，已经成年的圣埃克絮佩里应征入伍，作为地勤的一名二级士兵被编入斯特拉斯堡第二飞行团。随后，他参加了斯特拉斯堡飞行基地的训练课程，并最终获得民用飞机驾驶执照。同年，圣埃克絮佩里被派往摩洛哥执行第一次任务。出发前，他一想到将要驾驶飞机俯瞰沙漠就兴奋不已，但想象和现实之间的

---

❶❷ Alain Vircondelet, *Dans les pas de Saint-Exupéry* (Paris: L'Oeuvre, 2010), p. 37.

差距给他上了职业生涯的第一课。《一千零一夜》中的沙漠并没有出现在他的眼前。真实的沙漠对于不了解它的人来说只是寸草不生的荒地，生活在其中的孤独和寂寞难以排遣，让初来乍到的圣埃克絮佩里十分想念故土和家人。未踏入这片土地时，这个年轻人想象中的沙漠是一个种着棕榈树、流动着甘泉、充满异域风情的世外桃源，但是进入这片荒芜之地之后，孤独、恐惧和极端艰苦的生活条件都让他心生怨艾，甚至后悔不已。在之后的一年中，他对沙漠有了更多的了解，也认识了当地的朋友。逐渐适应了环境后，作家眼中的风景又变得不一样了。在给母亲的信中，他欣喜地描述了这些微妙的变化："在这个到处是花的国家里，我的生活过得既轻松又甜蜜。因为摩洛哥这个可怕的穷乡僻壤已经披上崭新的绿装，而且绵延的草原绚丽多彩。现在漫山遍野都是红花和黄花，它们竞相开放，这给平原增添了无数光彩。"❶

1923 年 1 月，圣埃克絮佩里在一次飞行中受伤严重，导致他不得不提前退役。当他重回巴黎时，久违的繁华却让他心情烦躁，再也找不到身处沙漠时的平静。不管是与路易斯·德·维尔莫兰（Louise de Vilmorin）订婚，还是在制瓦厂和卡车公司任职，都让圣埃克絮佩里感到沮丧和挫败。当时，他的姐姐玛丽-玛德莱娜因为肺结核去世，在城市生活中痛苦徘徊的圣埃克絮佩里最终选择回到飞行员的岗位。他进入拉特哥尔航空公司（la Compagnie Latécoère），真正开始了他的职业飞行员生涯。在这里，他遇到了教官、航线开发负责人迪迪埃·多哈（Didier Daurat），

❶ Antoine de Saint-Exupéry，"Lettres à sa mère" dans *Oeuvres complètes*：Tome Ⅰ.（Paris：Gallimard，1994），p. 719.

认识了他今后的两位好朋友纪尧梅（Guillaumet）和梅尔莫兹（Mermoz）。圣埃克絮佩里从此以机械师的身份，进入一个职业的飞行员团队。在此期间，他的第一部短篇小说《飞行员》于1926年出版，记录了他对飞行员职业的初步体会和认识。

对天空的向往源于年少的作家探索神秘宇宙的理想，而对于青年时期的圣埃克絮佩里来说，这是他抛开日常生活的琐碎和平庸的寻梦之旅。那个爱幻想的少年曾经渴望超越一切限制去寻找一个新的世界，并获得更为精彩的人生体验。在选择了职业飞行员生涯之后，圣埃克絮佩里感受到前所未有的自由，使他更加向往一种有意义的、充实的人生。在他看来，天空能让人更接近上帝，让人视野开阔，获得更为丰富的人生体验。初出茅庐的飞行员是如此向往天空，以至于降落在大地上都会让他感到些许失望。他希望用狂风、马达的轰鸣和最后一次加速盘旋来替代外地令人窒息的宁静生活。当他驾驶着飞机直上云霄时，重新感受到孩子般的兴奋。他漫游在无际的“宇宙”中，怀着自由的梦想，渴望成为不可战胜的斗士，与狂风骤雨匹敌。

随着现代科技的发展，人类改造自然的能力不断得到提高，而这种进步在很大程度上是因为工具的发明和完善。在圣埃克絮佩里看来，各种职业的人使用不同的工具改造大自然——农民用犁耕地，园丁用锄头修整花园，水手驾驶航船探索新大陆。圣埃克絮佩里是一名早期的邮航飞行员，飞机就是他开辟航线、运送邮件的工具。不仅如此，飞机能够帮助人摆脱地心引力，像鸟儿一样翱翔于天地之间，从几千米的高空重新审视这个人类既熟悉又陌生的星球。飞机让人类获得了更大的自由和更强的力量，给生活带来了很多的便利和意想不到的改变。圣埃克絮佩里和他的战友们驾驶飞机穿越高山大海，开辟航线，为人类传递信息，让整个世界成为一个紧密相连的大家庭。

对于飞机，圣埃克絮佩里感情深厚，从少年时第一次飞上天空直到 1944 年去世，他几乎没有停止过飞行。飞机对于他而言，不仅是工作中使用的工具，更承载着他的人生理想，是他向大自然发起挑战的武器，是他躲避“宇宙”中风雨雷电的“避风港”，也是他如影随形的“密友”。在他的作品中，我们可以欣赏到其他作家难以描述的风景。当置身于无限的宇宙来观察人类居住的星球和人类自身时，不管是作家还是读者，都会反思人类与大自然的关系并受到启示。

因为有了飞机，人类可以更好地了解大自然，了解这个星球的历史和变迁。在飞机发明之前，人类只能欣赏步行或车行沿途道路上的风景，认为这就是自己所生活的世界。但是在这个星球上，还有许多人类所不能企及的地方，或是千里沙漠，或是万仞高山，抑或是磅礴的火山，人类并不能真正了解全部。但是有了飞机，人类就能够拥有更广阔的视野，不仅可以了解自己居住地区的地貌，还可以观察一些人迹罕至、自然条件恶劣的角落，除了村庄和绿洲，人类还可以俯瞰沙漠和高山。有了“飞机”，人类的足迹甚至可以到达无垠的宇宙。在星辰和云雾之间，人类认识到自身的渺小和大自然的奥妙。于是，一个更为真实、复杂、丰富和神秘的世界展现在我们面前。

飞机让人类能够到达尚未被开发的荒凉之地，了解来自大自然的最原始的信息，甚至可以让人类对更为久远的历史有一个相对完整的认识。圣埃克絮佩里曾经在一片由贝壳类生物的遗骸所堆积形成的山上发现了由不知多少年前的星辰碎屑化成的陨石。

当他从高处俯瞰时，大地呈现出不一样的面貌：这是一片“由岩石、沙漠、盐碱组成的地面”❶，和草原、丘陵、山地、村庄覆盖的人类的大地截然不同，但这的确是这个世界的又一个真实的侧面。他在作品中多次讲述了飞行时所看到的这类奇妙景象。在他观察的真相中，人类历史的痕迹被重新发现，让我们不仅可以看到现在的世界是怎样的，还可以了解这片大地过去的面貌，并知晓其中变化的原因。当他飞过火山的上空时，周围的地貌让他联想到地形渐变的过程。当他驾驶飞机穿越撒哈拉沙漠时，他发现朱比角附近有许多石柱，这些石柱证明了沙漠中的这片地区曾经是广阔的高原。于是，当飞行员在几千米的高空观察这个他生活的星球时，他所见到的不寻常的风景会让他联想到这个星球“扣人心弦的被缩略的历史，这是创造大地的历史，是土地、水、天空和火被创造的历史”❷。

飞行员翱翔于天地之间，从一个普通人变成一个与大自然搏斗的英雄，而飞机则成为他们脱胎换骨的“修炼场”，连接着平凡和梦想。驾驶飞机需要对大自然的各种信号了如指掌，因为稍不留心就会陷入万劫不复的境地。飞行员对大自然的感受完全不同于普通人。他们身处危险一触即发的境地，任何的疏忽都将带来灭顶之灾。在地面上，再大的风雨也只是普通人窗外的风景。因此，每一位飞行员都能够从蛛丝马迹中把握大自然最微妙的变化，比如沙漠上出现蜻蜓很可能就是沙尘暴的前兆；热气旋之后也许就是电闪雷鸣和倾盆大雨；在高空中看到的如同棕榈叶般的

---

❶ Antoine de Saint-Exupéry，“Terre des hommes” dans *Oeuvres complètes*：Tome Ⅰ.（Paris：Gallimard，1994），p. 201.

❷ Françoise Brin，*Étude sur Terre des hommes*（Paris：Ellipses，2000），p. 39.

“白色海洋”，能将每一架靠近它的飞机击得粉碎。当人类借助飞机更加接近大自然时，就更能体会生命的渺小。

在大自然中，人类留下的痕迹是“一段被祝福的日子”❶，作家认为这是大自然的历史中最神奇，也是最有意义的部分。但是，飞行员的所有经验都告诉我们一个人类文明的事实：“……只不过是一层单薄的烫金装饰，一次新的火山爆发、一片新的海洋、一股新的风沙都会把这些文明抹擦得一干二净。”❷ 他在书中描述人们把房屋建造在还温热的熔岩上，新的火山喷发在一瞬间就能毁灭几代人的家园。对于大自然，人们永远都无法穷尽它的秘密，也无法预测自己下一秒的命运，因为大自然存在的力量是人类无法反抗的。因为有了飞机，人类可以见证大自然中许多无法解释的秘密，比如在《人类的大地》中，作家描述了一个在看似普通的池塘底下压抑着的低沉海潮。大海近在咫尺，地面上的村庄却好似岿然不动，村民们也茫然不知。人类永远都不可能真正认识脚下的这片土地，也不可能知道海洋的脉搏深入到哪里。飞行员永远都不可能高枕无忧，因为飞机让他看到了一个无穷无尽的“黑洞”，他确信这个世界上存在着许多只有大自然才知道的秘密。

充满危险和未知的航线让飞行员变得更加强大也更加谨慎，同时使他认识到人类生存状态的局限性。圣埃克絮佩里游历四方，见识了各种民族风情和习俗文化。他认为每一个人都生活在

---

❶ Antoine de Saint-Exupéry, “Terre des hommes” dans *Oeuvres complètes*: Tome Ⅰ. (Paris: Gallimard, 1994), p. 202.

❷ Antoine de Saint-Exupéry, “Terre des hommes” dans *Oeuvres complètes*: Tome Ⅰ. (Paris: Gallimard, 1994), p. 203.

自己的精神世界中，而旁人则无法进入，所以人与人之间有了隔阂和冲突。一个普通人只会关心自己的利益，局限于自己的生活圈子，即使是在熙攘的城市，也往往会感到孤独无依，陷入迷惘和焦虑。飞行员过的是另一种生活，他们居无定所、身若浮萍，但是见证了宇宙的博大和生命的奇迹。他们与世俗格格不入，寡言笨拙；然而在万里长空，他们威风凛凛，英勇无比。因此，在圣埃克絮佩里的作品中，主人公真正的快乐都是在驾驶飞机翱翔天际时感受到的，飞机就是他摆脱平庸生活的外化力量。于是，飞机与飞行员融为一体，冲破一切世俗的束缚，飞向更为广阔的世界。

因为有了飞机，人类能够更好地认识自我、完善自我。在条件极其恶劣的地方，人类能够建立自己的家园并顽强地生存下来；在靠近死火山的地方，飞行员发现了生机盎然的村庄；在熔岩和冰层之间，人们建造了房屋。人就像随风而落的种子，在这个星球的各个角落生根发芽，开垦出人类的大地。在圣埃克絮佩里所记录的飞行经历中，他不仅见证了大自然中人类存在的奇迹，也切实感受到了生命历程的艰辛。圣埃克絮佩里曾经在位于沙漠腹地的朱比角度过了三年的时光，负责交接来往信件和营救失事的飞机。在这个远离文明的角落，他经历了精神上的孤独痛苦和物质上的极度贫乏；在有关沙漠的各种充满异国风情的想象泯灭之后，随之而来的是无尽的乡愁和孤苦。其间，他与同伴曾经因为飞机故障在沙漠中几近渴死，最后偶然遇见了贝都因人才侥幸得救。但也正是在这片荒芜之地，在日复一日的坚持中，圣埃克絮佩里真正认识了文明世界之外的真相，明白了幸福和物质并没有太多联系，也明白了生命的意义其实就在于个体对集体的奉献。对于一个曾经生活在与沙漠万里之遥的青年，飞机带给他的不仅是对世界的认识，还有对自身的反省。

因为有了飞机，人类更加依恋大地。在“飞机和星球”（“L’Avion et la Planète” dans *Terre des hommes* Ⅳ）[1] 中，作者在不同的段落反复用“桌布”比喻“星球”。他习惯用一系列和家庭有关的词汇描述地球给他的印象，比如“墙基”“罐”“公园”“草坪”“花园”，等等。同时，当他回忆家庭时，也会使用一系列与自然风景相关的词，比如“高原”“泉水”“水源”“世界尽头”，等等。因此，在飞行员的视野中，家和大地实际上是融合在一起的。并且，作家还习惯用与身体有关的词形容各种地貌，比如“手”“脚步”“胳膊”“激动的心”“腰”“肩膀”等，这些词汇让人联想到与地面的一种触觉，让大地与人更加亲近。[2] 总之，对于飞行员而言，大地代表着他熟悉的生活环境，象征着家庭和个人幸福。同时，大地是人类生命的源泉，当飞行员迷失在宇宙中时，他的唯一愿望就是回到这个熟悉的星球，因为回到大地就等于脱离危险，重新找回生之幸福。天空，对于飞行员来说，是探索的空间，是事业的所在。就像大地无法束缚飞机，地面上的各种牵绊也不能阻止飞行员对新世界的好奇心。但是在虚无缥缈的宇宙中，飞行员始终无法忘怀人类村庄的灯光，这也是他们心中永远无法真正舍弃的依恋。正因如此，在圣埃克絮佩里的作品中，远离家园的飞行员永远

---

[1] “飞机与星球”是圣埃克絮佩里在 1931 年出版的哲理散文集《人类的大地》的第四章。

[2] Antoine de Saint-Exupéry, “Terre des hommes” dans *Oeuvres complètes*: Tome Ⅰ. (Paris: Gallimard, 1994), pp. 200-209.

都有一个遥远而模糊的梦想，那就是难以忘怀的童年和少时乐园。也许只有在那万籁俱寂的星空下，思念才会如此强烈，即使暂时摆脱了人世纷扰，他也无法忘记那座永远矗立在大地上的城堡。

第三节 朱比角的发现

我在撒哈拉生活了三年。和众多人一样，我也拥有魔幻般的梦境。任何一个了解撒哈拉生活的人，在那几年中，都会如迟暮的美人一般哭泣，那儿表面看上去只有孤寂和匮乏，……只不过是文学的字眼，根本解释不了什么……❶

圣埃克絮佩里第一次执行运输任务的目的地是与撒哈拉沙漠隔海相望、位于西班牙东南部的阿利坎特（Alicante）。随后，他承担了图卢兹至卡萨布兰卡（Toulouse－Casablanca）和卡萨布兰卡至达喀尔（Casablanca－Dakar）两条航线的开发和运输任务。在一次执行任务的途中，他驾驶的飞机在沙漠中发生了故障，同

❶ Antoine de Saint-Exupéry, "Lettres à un Otage" dans *Oeuvres complètes*: Tome Ⅱ. (Paris: Gallimard, 1994), p. 92.

行的机组成员里格尔（Riguelle）和纪尧梅一起出发寻求帮助，圣埃克絮佩里留在原地守护邮件和设备。在这个前途未卜的夜晚，他却能够享受星空下的宁静和独处的快乐，并将这段回忆记录在作品当中。1927年10月，圣埃克絮佩里被任命为朱比角中转站的负责人，必须长期驻守沙漠。从此，他开始真正了解这片看似荒凉却蕴含着人类宝藏的土地。

现属摩洛哥的朱比角是图卢兹至达喀尔航线上的飞机中转站，当时属于西班牙的殖民地，同时还驻扎着摩尔人的游击队。初到朱比角，圣埃克絮佩里看到的是贫瘠和荒凉，感受到的是孤独和苦闷，他在给母亲的信中写道：

> 我过着怎样一种修士般的生活呀！在非洲最荒芜的角落，在西班牙控制的撒哈拉，海岸边只有一座堡垒，小屋背靠着它，除此之外，几百公里又几百公里，再看不到任何东西……小屋的另一面，正对着沙漠。屋内几乎空空荡荡，床就是一块木板，铺着薄薄的草褥，还有一个脸盆和一口水缸……真是修士住的房间。[1]

但是，随着时间的推移，他渐渐地发现了沙漠生活的乐趣，就像他所说："这里的生活虽非丰富多彩，充满故事，但也不乏生动。"[2] 圣埃克絮佩里的工作十分繁忙，他要试飞各种型号的飞机，运送邮件，开辟航线，救援发生意外的同事。另外，抵抗

---

[1] Antoine de Saint-Exupéry, "Lettres à sa mère" dans *Oeuvres complètes*: Tome Ⅰ. (Paris: Gallimard, 1994), p. 764.

[2] Antoine de Saint-Exupéry, "Lettres à sa mère" dans *Oeuvres complètes*: Tome Ⅰ. (Paris: Gallimard, 1994), p. 765.

区的游击队武装一直威胁着驻守人员的安全，所以他需要和当地人保持良好的关系，努力融入沙漠所特有的文明。在飞行员的不断努力下，沙漠终于向真正进入它的人呈现出不一样的景致。在这里，圣埃克絮佩里发现了史前的石柱、远古时代的海洋遗迹、蓬勃生长的沙棘和灌木、灵巧的沙狐……他也开始享受与当地居民一样的平淡隽永的日常生活。在他看来，这是一种看似贫乏却深蕴哲理的生活方式，是远离现代文明的返璞归真的人生选择。他学会了享受异域生活的乐趣：捕猎狮子，教阿拉伯小孩英语，去摩尔人首领的帐篷里喝茶……慢慢地，他眼中的沙漠不再只有一望无际的单调色彩，他在不知不觉中爱上了这片充满诗意的土地。

繁星闪烁的夜空让他感受到久违的安宁和美好，生机勃勃的绿洲让他体会到生命的丰富和强大，关于沙漠深处宝藏的传说常常让他浮想联翩。在这个远离浮华、被世人遗忘的角落，飞行员思考和反省了自己的人生，重新开始认识自我和世界。这片曾经让他觉得冷漠而贫瘠的土地给他带来了无尽的美好遐想和对生命本质的领悟。从此，沙漠成为他的一生挚爱，是他每每遭遇挫折、经历苦难时的“避风港”，也是他精神上的“乌托邦”。对于沙漠，他始终怀有“一种无法解释的复杂情感”[1]。于是，他不断地在作品中回忆和描述这个地方，但是每一次的尝试都带给读者不一样的印象：他笔下的沙漠既是单调的、广阔的，又是多彩的、亲近的，有时危险，有时神秘，有时寂静，有时喧闹……

---

[1] Antoine de Saint-Exupéry，“Articles” dans *Oeuvres complètes*：Tome Ⅰ.（Paris：Gallimard，1994），p. 310.

但不论哪一种印象都不能够概括其全貌，这里始终是人类无法探其究竟的神秘之域。

在圣埃克絮佩里的笔下，沙漠是一个矛盾的统一体。一方面，它是单调的、荒芜的；另一方面，它蕴含着丰富多彩的文化和旺盛的生命力。这里既有炙热的阳光，也有寒冷的夜晚；既荒凉寂静，又充满活力。漫漫黄沙中的每一个生命都让人惊叹，每一个声音都引人遐想。来到这里之后，作家所有关于沙漠的想象如同幻影般一一破灭。那些绿洲中歌舞升平的景象和泉水边茂盛的椰子树都被一望无际的黄沙掩埋而被人遗忘。在这里，圣埃克絮佩里首先体会到的是无法排遣的孤独，而正是在孤独和寂寥中，他远离了尘世的喧嚣，找到了久违的安宁和精神的栖居。

在一望无际的沙漠上，矗立着人类建造的城堡，在满目黄沙的旷野中，生长和栖息着顽强的植物和动物，隐藏着生机盎然的村庄，也生活着神秘的贝都因人。对于文明世界的现代人来说，这是“一个寓意的空间，让高雅后退，同样将平庸拒之门外”[1]。在圣埃克絮佩里的笔下，沙漠不仅是他生活过的地方，也成为其文学世界中充满寓意的重要符号。小说《南线邮航》和散文集《人类的大地》中关于沙漠和绿洲的故事，就取材于作家在沙漠生活和战斗的经历；而寓言童话《小王子》和哲理散文集《城堡》中虚拟化的背景，也来自他对沙漠的回忆和精神内化。几乎在他所有的作品中，沙漠的影像都时隐时现。与其他的自然景观相比，这个亦真亦幻的空间更让人不禁想去探寻其中深刻的寓

[1] Alban Cerisier, *Il était une fois ... Le Petit Prince* (Paris: Gallimard, 2006), p. 276.

意，它就像是打开作者精神世界的一扇大门，启示读者探寻人类和宇宙的奥妙。

沙漠代表着原始的大自然。连绵的沙丘和突如其来的沙暴让一切生命都凝固在无边的黄沙当中。在这片不毛之地，贝都因人与大自然融为一体，凭借顽强的生命力成为沙漠的主人。即使在条件极端恶劣的环境中，人和动物仍然生存了下来。在这里一切的需求都接近生命的本质，一切的浮华都如云雾般消散，所有的生命都让沙漠更加生动和美丽，而象征生命的泉水是其中最珍贵的宝藏。在这里，人类和大自然息息相关，作家看到的完全是一幅天地交融的苍茫景象，“大海、天空、沙漠，连成一片。一幅开天辟地的荒凉景象”❶。

沙漠对未进入它的人来说是孤独寂寞的荒域。当年轻的飞行员怀着对沙漠的想象进入这片不毛之地后，严峻的考验接踵而来，让他猝不及防，深感困惑。精神上的孤独、物质上的匮乏、生活的单调和无处不在的危险，这一切的困难都让他感到失落和烦闷。这样的情绪表现在作品中，使得作家笔下的景致大都呈现单调的色彩：灰色、蓝色、白色、漫天盖地的黄色……1926 年，圣埃克絮佩里初到朱比角，让他感到震惊的是无处不在的匮乏，“在这里，他不得不独自面对孤寂和贫穷，还有最起码的人性”❷。沙漠中的生活一成不变，送给养的船一个月才来一次。在这个被人遗忘的地方，年轻的飞行员禁不住心生沮丧，甚至心

❶ Antoine de Saint-Exupéry, “Lettres à sa mère” dans *Oeuvres complètes*: Tome Ⅰ. (Paris: Gallimard, 1994), p. 766.

❷ Alain Vircondelet, *Dans les pas de Saint-Exupéry* (Paris: L'Oeuvre, 2010), p. 46.

怀恐惧。在执行任务的途中，沙暴常常不期而遇，能将血液吹干的西风就像利刃一般在脸上刻下风霜的痕迹。摩尔人的枪口隐藏在暗处，水的匮乏让生命变得并非理所当然。对于新来者，沙漠似乎是一片禁忌之地。

沙漠远离繁华的城市，生命在这里才是真正的财富，而物质被遗忘在经年累月堆积的黄沙之中。人生活在沙漠之中，褪去了尘世的浮华，与大自然融为一体，渐渐放下对物质和名利的执着，就像传记作家拉布吕耶尔（Stacy de La Bruyère）所说："随着圣埃克絮佩里对沙漠日益了解，这片土地也开始影响他。"[1]飞行员在撒哈拉沙漠度过了难忘的三年时间，"他辗转于达喀尔、艾迪安港、朱比角、卡萨布兰卡……"[2] 忙碌而简单的生活平息了他心中的怨艾，坚定了他寻找人生意义的心志。三千公里的海岸线，一边是大海，另一边是沙漠，尽管物质匮乏到了极点，作家却找到了久违的安宁和幸福。在这里，水是最基本的生活资源，也是最宝贵的财富，文明社会中以金钱为量度的规则完全失去了意义。《人类的大地》中记录了一段飞行员沙漠遇险的故事：飞机失事迫降在沙漠深处，两个飞行员想尽一切办法寻求救援却一无所获；在他们濒临死亡之际，偶然路过的贝都因人带来的一点点水拯救了他们的生命。这段经历让圣埃克絮佩里认识到只有超越物质才能看清生命的本质，而沙漠就是教会他这一真理的地方。

---

[1] Stacy de La Bruyère, *Saint-Exupéry, une vie à contre-courant* (Paris: Albin Michel, 1994), p. 23.

[2] Antoine de Saint-Exupéry, "Lettres à sa mère" dans *Oeuvres complètes*: Tome Ⅰ. (Paris: Gallimard, 1994), p. 768.

沙漠中心的居民创造出了巍然矗立的“城堡”，表面荒凉的沙土地孕育出丰富的人类文明。在《人类的大地》中，作家讲述了沙漠居民的日常生活，展示了他们的真实情感，揭示了远离物质文明的另一种存在的可能性。其中，有一个奴隶的故事发人深思：一个叫巴克（Bark）的黑人奴隶想方设法摆脱了奴隶的身份，当他终于得到自由的时候，却仍然要用物质去换取尊严。我们看到，在这样一个身份卑微的奴隶心中，同样有着人类共同的情感，有着自尊、骄傲和对人类之间联系的渴望。许许多多像巴克一样的人世代居住在沙漠中心，建立起他们的家园，留下了悲欢离合的故事，也在黄沙中创造了真正的人类文明。与被钢筋水泥封闭、人情冷漠的城市相比，这里展现的是不假于物的人类生活。沙漠中的居民如此拼尽全力地争取生存的权利，更加反衬出现代文明社会中人类虚无和荒谬的生存状态。

在圣埃克絮佩里的作品中，沙漠有时候也会从另一侧面被当作现实的缩影：贫瘠的外表影射出人类社会的冷漠和浮光掠影下的荒凉。作家对城市的描述大都让人感到失望——拥挤、潮湿、混乱、让人窒息。沙漠虽然远离现代社会，但是因为人在这里生活，所以也难以避免矛盾和纷争。事实上，在圣埃克絮佩里驻守朱比角期间，法国和西班牙正在争夺撒哈拉地区，而当地的抵抗武装也加入了这场战争。一时间，游击队、殖民者、当地部落、往来不绝的外国人，各种势力纠集混战，形势动荡不安。1935年，圣埃克絮佩里参加了法国航空公司组织的飞行竞赛。在从巴黎飞往西贡的途中，他的飞机撞上山峰，他和同事普雷沃（Prévot）虽侥幸逃离飞机，却迷失在利比亚的荒漠之中。在经过各种尝试之后，他们不得不放弃得救的希望。濒临生存之绝境，作家眼中的沙漠又是另一番景象，“地面是覆盖着一层黑黝黝石子的沙地，石子好像一些金属鳞片，我们周围所有的岗丘就像盔甲似的闪闪发光。我们跌进了一个矿物世界，被困在一片钢铁天地里。”❶ 此时，在飞行员眼中，沙漠由金属构成，这和他一贯对于城市的印象是如此相似，连色调也变得冷漠阴沉。作家使用了“跌”和“困”两个动词，表达出焦虑、忧愁和无可奈何的心情。显然，此时的心境既不同于初来乍到时的沮丧，更不似适应之后的随遇而安。因此，沙漠对处于不同境况下的人具有不同的寓意。一方面，充满各种纷扰的人类社会从某种意义上来说已经成为“虚妄的存在”（l'existence nihiste）或“不真实的存在”（l'existence irréelle）；另一方面，作家认为现代人的精神世界已经贫瘠到除了金钱不能容纳其他存在的“不毛之地”。因此，不论是从整体的生存环境，还是从个人的精神世界，沙漠都成为作家心中人类社会的一个复像。

在作家的笔下，沙漠也像人类自身，不仅具有生命，还充满情感。在一次执行任务的途中，圣埃克絮佩里、纪尧梅和里格尔三人在沙漠中迫降，偶然遇到了一位独自守卫堡垒的士兵。这个和外界几乎断绝联系的战士怀着对远方家人的思念、对爱情的憧憬和对文明世界的依恋，孤独地坚守在一座沙漠中心的废弃城堡之中。漫漫黄沙对他到底意味着什么？在书中作家给出了一个让人意料不到的答案：“中士，撒哈拉对你来说意味着什么呢？它意味着总在向你走来的一位神明，同时也意味着离沙漠五千公里

❶ Antoine de Saint-Exupéry, “Terre des hommes” dans *Oeuvres complètes*: Tome Ⅰ. (Paris: Gallimard, 1994), p. 247.

之遥的一位温柔、可爱的金发表妹。沙漠对我们呢？它意味着在我们心中所产生的一切。它意味着我们从自身所学到的一切……”❶ 显然，中士对沙漠的情感已经融入了他对家人、爱人、自己，乃至对神祇的向往。此时，这片外人看来空无一物的土地被赋予了人性和神性。在这里，人、大自然和神灵终于合为一体。

作家关于沙漠和圣莫里斯城堡的回忆有时会混淆在一起，因此沙漠从某种意义上来说成为作家投入职业生涯后的精神家园。一旦他回到喧嚣的现代都市，很快便会想要回来。与童年的老屋一样，关于沙漠的回忆是圣埃克絮佩里心灵的安慰剂，是他疲倦灵魂的归处。在作家的笔下，沙漠寂寥荒凉又生机勃勃，单调贫瘠又丰富多彩，呈现出复杂甚至矛盾的意象。同时，沙漠并不仅限于作家的真实经历，更是他精神世界的地理外延。沙漠是封闭的，但这里的人们创造出一种封闭的文明，就像生活在当地的摩尔人有着自己的风俗和信仰。沙漠并不属于哪一个族群，各个族群之间的界限被漫漫黄沙淹没，所有的居民都成为沙漠的一部分，与黄沙、大海、天空融为一体，归入这片广袤的和谐之中。在沙漠，与世隔绝的文化表现出一种兼容并蓄的情怀，上演着人世间的一切悲欢离合，这里就是人类的家园。在城市的繁华和沙漠的贫瘠之间，圣埃克絮佩里选择了后者，他逃离了现代文明，忘记了“城市中的人原本是怎样的”❷。因为在沙漠中，他找到

---

❶ Antoine de Saint-Exupéry, “Terre des hommes” dans *Oeuvres complètes*: Tome Ⅰ. (Paris: Gallimard, 1994), p. 217.

❷ Antoine de Saint-Exupéry, “Reportages” dans *Oeuvres complètes*: Tome Ⅰ. (Paris: Gallimard, 1994), p. 372.

了生命的真谛和精神的乐园。

在沙漠中的三年，作家就像经历了一场化蛹为蝶的历程，坚定了他对于人生和职业的信念。在这片被世人遗忘的荒凉土地上，他第一次感到是自己生命的主人，并且意识到必须为他人承担责任。就这样，一个不一样的人诞生了，那便是另一个“我”。这一段无法估量价值的经历将两个真实存在又截然不同的“人”分隔开来，沙漠就是“我”重生的地方。

第四节　布宜诺斯艾利斯的畅想

我因为一个我并不期盼的角色而压力重重、心力交瘁——因为我是阿根廷邮政航空公司的经理……我有一个三千八百公里的航线网，它每分每秒都在吸取我身上剩下的年轻和自由的一切。[1]

1929年10月，圣埃克絮佩里被阿根廷邮政航空公司（拉特哥尔航空公司分公司）任命为航线开发经理。他重新回到城市，虽然生平第一次不用为金钱发愁，但对都市的繁华难以适应，唯有继续飞行，才能找回内心的平静。于是，他承担了开发蓬塔戈尼航线（la Ligne de Patagonie）的任务，从布宜诺斯艾利斯

[1] Antoine de Saint-Exupéry, "Lettres à Rinette" dans *Oeuvres complètes*: Tome Ⅰ. (Paris: Gallimard, 1994), p. 821.

（Buenos Aires）到蓬塔阿雷纳斯（Punta Arenas），途中须飞越安第斯山脉（la Cordillère des Andes），往返于阿根廷首都和偏僻的山村之间运送邮件。在此期间，他发表了小说《夜航》。这部作品讲述了飞行员法比安（Fabien）在执行任务途中遭遇雷雨，地面上的机组成员全力以赴营救他的故事。法比安的妻子来到指挥官李维埃（Rivière）的办公室与之争辩，后者为了邮航事业殚精竭虑，忍受着身体和心灵上的折磨，但是从来都没有改变过心意，一直都将飞行事业置于自己和飞行员的生命之上。在小说的结尾，法比安最终不敌雷雨，牺牲在夜航的途中；机场内下一班装满邮件的飞机照常在夜色中起航。作品揭示了职业与家庭之间不可调和的矛盾，反映了飞行员的现实生活，也展开了关于生命意义的讨论。圣埃克絮佩里通过描述人与大自然的较量和各个人物的心理活动来表达自己的思考与观点，赞扬了人类“明知不可为而为之”的奉献精神，而这种精神正是在现代文明中建立“人类城堡”的基石。事实上，圣埃克絮佩里对于人与自然的思辨贯穿了他的整个人生和创作。可以说，他是一个在行动中思考的人，他的作品表现的是践行不断的勇者的人生。

除却他在作品中讲述的故事，人类与大自然的较量在作家的现实生活中也不断上演，发生在他和战友的身上。圣埃克絮佩里的好朋友纪尧梅执行任务时在安第斯山脉遭遇暴风雪，因为挂念妻子和仍在搜救他的同事，纪尧梅在没有食物和水的条件下坚持了五天最终获救，创造了生命的奇迹。作家在《人类的大地》中详细描述了纪尧梅在极端的自然条件下突破生理极限，对生命和责任绝不放弃的感人经历。在故事的开端，“一场持续了四十八个小时的暴风雪，封锁了所有的空间，使智利境内的安第斯山脉山坡上积满了五米厚的白雪……”[1] 纪尧梅驾驶的邮政飞机因为天气恶劣迫降在安第斯山脉之中。他先是在雪地上挖出一个洞，把装信的口袋放在里面，然后徒步出发寻找帮助。他在雪地上艰难前行，没有食物，没有工具。从第二天开始，他已经感觉不到身体的难受，而最大的困难是不去思考。第三天，他感觉心脏衰弱了，但是仍用信念支撑着，始终没有放弃。

> 你仍然在那里行走，没有爬山用的冰镐，没有绳索，没有干粮，你在那里攀越四千五百米的山峰，攀登陡峭的悬崖，在零下四十度的严寒气温中，手脚和膝盖都在流血，你体内的血液在慢慢减少，你的精力在逐渐衰竭，你的神智越来越模糊，可你像一只蚂蚁似的仍然在顽强地朝前爬：碰到障碍时便折回来，绕过障碍继续爬，跌倒了又爬起来，滑到坡底后再往坡上爬，绝对不能让自己停下来歇息一会儿。因为你知道，只要一歇下来，你便再不能从雪地里站起来。[2]

在描写纪尧梅竭力摆脱困境的这一段文字中，作家使用了一系列的动词表现纪尧梅所做出的最大限度的努力，也反映了生存条件的恶劣。五天四夜之后，他终于得救了，这场人类与大自然的较量有了和《夜航》不一样的结局。作家见到脱险之后的纪尧梅时，用“美丽的相遇”[3] 形容当时的情景。正是这种志同道合的“相遇”，让孤身奋战的飞行员充满斗志。即使是旅途中的

---

[1][3] Antoine de Saint-Exupéry, “Terre des hommes” dans *Oeuvres complètes*: Tome Ⅰ. (Paris: Gallimard, 1994), p. 192.

[2] Antoine de Saint-Exupéry, “Terre des hommes” dans *Oeuvres complètes*: Tome Ⅰ. (Paris: Gallimard, 1994), p. 194.

擦肩而过，也能让飞行员感到自己并不是唯一为了这项事业而奉献的人。这些偶然而美丽的相遇也许只是只字片语的问候，却成为把整个飞行团队紧紧联系在一起的纽带。

现实中，纪尧梅是圣埃克絮佩里的良师益友，较之于梅尔莫兹的暴烈性格，纪尧梅显得更有亲和力。这是一种与生俱来的稀有品质，让所有的年轻飞行员都乐于向他请教。当圣埃克絮佩里作为机械师开始自己的职业生涯时，纪尧梅已经是一名经验丰富的飞行员了。他总是面带微笑、热心助人，他曾经教导年轻的飞行员怎样绘制地图和识别地图上的符号。纪尧梅专业、耐心、善良、有责任感，是一个真实的榜样、一个忠实的朋友、一个在生活中亲切随和的兄长。1940 年，圣埃克絮佩里在前往纽约的旅途中得知纪尧梅牺牲的消息，感到无比的震惊和悲伤，在给朋友的信中写道："纪尧梅死了，今晚我觉得我已经没有朋友了。"[1] 作家经常会回忆这位亲密的战友。在《人类的大地》中，他使用第二人称讲述纪尧梅从雪山脱险的经历。通过这样的方式，不仅营造出一种身临其境的气氛——似乎他亲眼见证了纪尧梅在绝境中自救的场面，还表明了他和纪尧梅之间的亲密关系。这也是作家唯一一次运用第二人称叙述人物。

和梅尔莫兹一样，脾气温和的纪尧梅也是战功累累的英雄，他曾经无数次打破各种飞行纪录，执行过多次险象环生的任务。难得的是，当人们称赞他的勇敢时，纪尧梅只是耸耸肩膀，并不在意。因为在他看来，勇敢是每个飞行员必备的品质。事实上，

---

[1] Antoine de Saint-Exupéry, "Lettres Amicales et Professionnelles" dans *Oeuvres complètes*: Tome Ⅱ. (Paris: Gallimard, 1994), p. 950.

这个人物真正打动人心的地方并不在于他辉煌的职业经历，而在于他超乎常人的坚忍品质中所包含的对家人、同事和飞行事业的责任心。纪尧梅在雪山中徒步寻找救援的第五天终于得救，他所说的第一句话就是："我敢发誓，我所做的事，是任何别的动物绝对做不到的。"[1] 的确，他做到的已非寻常生物之所及，而他之所以能做到，是源于内心强大的信念，那便是承担对他人的责任。这种信念也是支撑着所有飞行员不畏艰险、勇敢奉献的精神力量。当纪尧梅在冰天雪地中看不到生还的希望时，他想到了还在竭力寻找他的同伴，所以无论如何他都不能放弃。当他陷入无粮无水的境地、几乎生机断绝的时候，他想到了妻子，想到了家人的痛苦和无助。他将对所有人的责任当作前进的动力，因此才能最终突破生理的极限，战胜恶劣的生存条件。在作家看来，勇于承担对他人的责任不仅是一名飞行员需要具备的优秀品质，更是一个人为追求生命的意义而必须经历的精神和肉体的考验。

---

[1] Antoine de Saint-Exupéry, "Terre des hommes" dans *Oeuvres complètes*: Tome Ⅰ. (Paris: Gallimard, 1994), p. 192.

第五节　航线的故事

我们不得不承认，我们的同志们再不会回来了，他们已经安息在他们曾经时常在其上空耕耘的南大西洋。就像与庄稼相依为命的庄稼人长眠在庄稼地里那样……❶

1931 年，小说《夜航》出版并获得费米娜奖。彼时，圣埃克絮佩里已离开邮政航空（I' Aéropostale），负责北非卡萨布兰卡和埃蒂安港（Port-Etienne）之间的邮政航线。一年之后，他被派往马赛（Marseille）和阿尔及尔（Alger）之间的航线执行任务，之后去往摩洛哥，负责将邮件送抵塞内加尔的首都达喀尔。他很高兴可以再次找到独自穿越沙漠的快乐，但是发生在圣拉斐尔海

❶ Antoine de Saint-Exupéry, "Terre des hommes" dans *Oeuvres complètes*: Tome Ⅰ. (Paris: Gallimard, 1994), p. 188.

湾的一次事故，让他不得不暂时放弃飞行。1934 年，他作为宣传专员进入新成立的法国航空公司（Air France），为《法航杂志》（*Air France*）写一些关于飞行员的生活和工作的报道文章。1935 年，圣埃克絮佩里和机械师普雷沃为法航做了两次远程航行测试。11 月，他们进行了围绕地中海的第一次远航，从卡萨布兰卡出发，途经阿尔及尔、突尼斯（Tunisie）的黎波里（Tripoli）、班加西（Bengazi）、开罗（Le Caire）、亚历山大（Alexandrie）、大马士革（Damas）、贝鲁特（Beyrouth）、阿达纳（Adana）、伊斯坦布尔（Istanbul）至雅典（Athènes）。全长一万一千公里的旅途极为艰辛，但好在两人完成了任务，平安归来。12 月，圣埃克絮佩里和普雷沃进行了从巴黎到西贡（Saïgon）的第二次远航，但这次没有第一次那么幸运——他们的飞机撞上了高山，脱险之后两人在利比亚的沙漠中徒步寻找救援，途中几近渴死，最后偶然遇到了贝都因人而获救。这一段历险后来被作家写进了《人类的大地》的《在沙漠中心》（*Au centre du désert*）一文。1938 年，圣埃克絮佩里和妻子龚絮萝前往纽约。在这里，他计划进行一次横跨美洲的长途飞行，从纽约出发一直到阿根廷最南边的蓬塔阿雷纳斯（Punta Arenas），全长一万四千公里。飞行途中再一次发生了事故，圣埃克絮佩里受了重伤。虽然多次涉险，甚至濒临死亡，但圣埃克絮佩里并没有停止飞行。康复后，他在 1939 年 7 月创造了飞越大西洋的纪录。

事实上，飞行员的命运就如作家本人和他笔下的主人公一样，最终都会“躺在自己耕耘过的田野上”[1]。当圣埃克絮佩里写下这个结局的时候，梅尔莫兹于 1936 年 12 月因飞机引擎发生故障坠入大西洋。

在作家记忆的长廊中，梅尔莫兹是让人印象深刻的，就像史诗中的英雄。他跌宕起伏的经历为年轻的飞行员展现了绚烂无比的职业生涯。和纪尧梅“如沐春风”般的印象不同，梅尔莫兹一出现便是“英勇无敌”“所向披靡”。为了开辟新航线而身陷险境时，他从不退却，从不惧怕，往往能在极端危险的处境下表现出令人敬佩的沉着冷静。梅尔莫兹创造了无数的奇迹，打破了无数的纪录，留下了一份辉煌的职业履历——“是他，承担了南美洲早期夜航的任务；是他，与群山亲密接触，发现了每一道隐藏的裂缝。是的，是他，驾驶着不合适的飞机，却敢于飞跃蛮荒的安第斯山脉。”[2] 和纪尧梅一样，梅尔莫兹性格坚韧，在困难和危险面前永不言败，对飞行事业充满了赤子之情。为了开辟从卡萨布兰卡到达喀尔的航线，他驾驶飞机穿越撒哈拉沙漠，却因为发动机故障而落入摩尔人手中，当了十五天的俘虏。但是获救后，他立刻继续投入航线开发的工作，甚至反复经过自己被俘地区的上空。在作为先锋开辟从布宜诺斯艾利斯到圣地亚哥的航线时，他驾驶的飞机最高只能上升到五千二百米的高空，但是途中经过的山脉最高处达到七千米。面对困难，梅尔莫兹没有退缩。他细心寻找群峰之间的隘口，迂回绕过障碍物，最终顺利到达目的地。在他首次驾驶水上飞机穿越南大西洋时，龙卷风不期而

[1] Antoine de Saint-Exupéry, “Terre des hommes” dans *Oeuvres complètes*: Tome Ⅰ. (Paris: Gallimard, 1994), p. 188.

[2] Joseph Kessel, *Mermoz* (Paris: Gallimard, 1965), p. 288.

至，不久黑夜降临，情况变得异常危险。“海面上，旋风卷起的水柱高高耸起。它们就像庙堂里的黑色大柱子那样立在那里一动不动。这些顶端鼓鼓胀胀的水柱支撑着暴风雨中低矮而阴暗的穹窿……”❶ 梅尔莫兹透过夜色中落下的几缕月光，从一处光亮驶向另一处光亮。他绕过那些巨大的水柱，飞过波涛澎湃的海面，冷静沉着地坚持了整整四个小时，终于脱离了危险。

作为一个标杆式的人物，梅尔莫兹的魅力当然不仅在于他的性格，更来自他的智慧——对存在本质的清醒认识。在圣埃克絮佩里的回忆中，梅尔莫兹是少数能够区分“占有”（la possession）和“真正的财富”（la vraie richesse）的人，“他拒绝欺诈人的市场，再一次投入艰难的冒险活动以享受真正的拥有”❷。在梅尔莫兹看来，人们往往被金钱所迷惑而对其趋之若鹜，但物质财富恰恰是这个世界上最浅显也最没有意义的部分。梅尔莫兹将世人眼中的财富称为“贫穷的珍宝”（de pauvres trésors）❸，而他将自己的一切乃至生命都奉献给飞行事业是为了追求“真正的财富”（de biens véritables）❹，即人类之间真实而广泛的联系。关于这一点，圣埃克絮佩里也有相似的表述，他将人类关系（la relation humaine）看作“真正的奢侈品”（un luxe véritable）❺。论及价值观，梅尔莫兹与圣埃克絮佩里的观点显然是一致的。在他看来，对他人承担责任和无私奉献的品质才是人生真正的财富，才值得

---

❶ Antoine de Saint-Exupéry, “Terre des hommes” dans *Oeuvres complètes*: Tome Ⅰ. (Paris: Gallimard, 1994), p. 181

❷❸❹ Antoine de Saint-Exupéry, “Articles” dans *Oeuvres complètes*: Tome Ⅰ. (Paris: Gallimard, 1994), p. 333.

❺ Antoine de Saint-Exupéry, “Terre des hommes” dans *Oeuvres complètes*: Tome Ⅰ. (Paris: Gallimard, 1994), p. 189.

不惜生命去拥有。反观世人对物质的执迷和占有欲，只能让他们陷入虚无和孤独。对每一个飞行员来说，并肩作战的友谊让人精神振奋，历险之后的平安返航让人体会到生命的可贵，对职业的投入让人感到存在的价值，而所有这一切美好的感受都与金钱无关，就像“这片飞行的夜空以及几万颗星星，这种静谧的、至高无上的时刻，用金钱是买不到的”❶。

虽然梅尔莫兹脾气火暴、不善与人交流，但他并不孤独，因为他属于一个紧密团结的集体，一个“超越于各种语言和所有差别的阵营”❷。重要的是，整个集体的行动不是为了个人的利益，而是为了服务整个人类大家庭。在这个团体中，“行动”就是成员之间交流的语言。每一个成员虽然在表面上有明显差异——或是个性、爱好不同，或是年龄、出身不同，但他们都表现出高尚的品德和卓越的职业素养，都有相同的价值观。同时，他们和执迷于物质表象的现代人在认识上有本质上的差别。因此，对于人潮涌动的城市，圣埃克絮佩里一直表现出格格不入的态度。连他笔下的主人公，也是在繁华都市中显得“不合时宜”的人。

在飞行员的眼中，世人对个体、财富、当下、享受、幸福的执着是短视的、浅薄的和无意义的。他们认为个体生命相较于整个人类存在的历史，只是昙花一现。他们用生命交换的是一种真正的人类文明，一种可以延续、发展和升华的文明。基于这样的信念，他们勇敢、有责任心、充满奉献精神、自愿承担这种交换给个体带来的损失。就像小王子哪怕以死亡为代价也要回到玫瑰

---

❶ “Mermoz, le pilote de ligne”, *Marianne*, No. 8 (7 août 1935), p. 1.

❷ Antoine de Saint-Exupéry, “Articles” dans *Oeuvres complètes*: Tome Ⅰ. (Paris: Gallimard, 1994), p. 336.

的身边，因为他对玫瑰负有责任。也正是基于这种信念，他们投入危险的职业当中，放弃了个人幸福，战胜了对伤害和死亡的恐惧，不惜牺牲生命来追寻存在的意义。在战死沙场的“宿命”中，他们表现出让人钦佩的平静。书中，作家这样描述梅尔莫兹的结局：“……就像与庄稼相依为命的庄稼人长眠在庄稼地里那样，梅尔莫兹最终安息在他的岗位上。”❶ 当战友们一个个离去，圣埃克絮佩里的内心感到惆怅和悲伤。在给友人的信中，他倾吐了自己的孤独，但绝没有流露出一丝恐惧和悔恨。相反，他更加渴望飞行，渴望战斗。因为在飞行员的世界中，“死亡”并不是痛苦的结束，而是通向永恒的涅槃。

---

❶ Antoine de Saint-Exupéry, “Terre des hommes” dans *Oeuvres complètes*: Tome Ⅰ. (Paris: Gallimard, 1994), p. 188.

第六节　战场的见证与思考

目前，我完全像一个被抛弃的基督徒，我将和杜泰尔特一起扮演我们的角色——老老实实地，这是肯定的——但又如要拯救毫无实际内容的宗教仪式。当上帝回避的时候，我等待着夜晚，如果我还活着，我将在横贯村庄的大路上散一会儿步。村庄被笼罩在我所钟爱的孤独之中，而我将想明白为什么我得死去。❶

1939 年“二战”爆发前夕，圣埃克絮佩里回到法国。他在图卢兹（Toulouse）入伍，负责教授飞行课程。尽管超龄且健康状况不佳，他仍然想尽办法奔赴前线，并如愿加入了声名卓越的“2/33”飞行大队。1940 年 5 月德军开战之后，基地从上马恩省

❶ Antoine de Saint-Exupéry, “Pilote de Guerre” dans *Oeuvres complètes*: Tome Ⅱ. (Paris: Gallimard, 1994), p. 120.

的奥尔孔特（Orconte en Haute-Marne）迁到萨瓦省的布尔热(Bourget en Savoie)。三个星期之内，他所在的飞行大队的二十三个机组“消失”了十七个，纪尧梅也牺牲在一次执行任务的途中。圣埃克絮佩里被派往北部加莱大区的阿拉斯（Arras）进行飞行侦查。虽然圆满地完成了任务，但是他知道对于这场战争和人民所受的痛苦，他所做的努力毫无作用，对此他感到十分痛苦和无奈。之后，他的部队撤退到阿尔及尔，很快德、法签订了停战协议，他不得不退役了。

根据在“2/33”飞行大队的经历，圣埃克絮佩里写下了《战争飞行员》。他在书中描述了自己从高空视角所见证的战争场景，与战争给人类带来的痛苦和遗留的严重后果。行文中叙事的疏离感让读者对于这场灾难产生了更为深刻和残酷的印象。作家目睹了人间悲剧，困惑于人性堕落和信仰崩塌。然而，当人类陷入惨淡的处境时，上帝却似乎隐遁了行踪。人类不能期待外来的帮助，必须依靠自己的力量才能获救。因此，圣埃克絮佩里主张通过行动改变自己、改变世界，把人类从悲剧性的虚无状态中拯救出来，歌颂人类的团结和博爱，追求一种“以‘大写人’为拱顶石的人类文明”[1]。

圣埃克絮佩里对战争并不陌生，他见证了两次世界大战，并目睹了战争中的流血牺牲。1914 年第一次世界大战爆发时，他正在外省上寄宿学校；1917 年他到巴黎备考航海学校时，在这里目睹了被炮火摧毁的城市，经历了日常生活的物资匮乏。20 世纪前期，除两次世界大战之外，整个欧洲都处在动荡之中，到

---

[1] Pierre-Henri Simon, *L'Homme en Procès* (Paris: Payot, 1968), p. 143.

处都有战火冲突：日俄战争、巴尔干战争，还有意大利和土耳其的战争。1935 年，圣埃克絮佩里受《巴黎晚报》委派前往斯大林领导下的莫斯科参加“五一庆典”，并写下一系列报道，记录自己的所见所闻和感受思考。1936 年西班牙内战爆发，圣埃克絮佩里再次被派往马德里记录这场残酷战争的真相。当时，法国人和摩尔人也处于反复的开战和休战之中。在沙漠服役期间，圣埃克絮佩里和他的战友们经常受到当地游击武装力量的威胁。可以说，圣埃克絮佩里的一生都笼罩在战争的阴影之下。战争对圣埃克絮佩里影响至深，也让他对人性的理解更加深刻。

作为战争的见证人，圣埃克絮佩里表达了坚决反战和反法西斯的立场。他认为，战争不管以何种借口发生都是不合理的。他从始至终都避免被划入任何一个政治团体，拒绝参与任何的党派之争。如果说他信奉过某种学说的话，那么就只有一种，即关于“人”的学说。从这个立场出发，他反对独裁、专政和法西斯主义。在圣埃克絮佩里眼中，战争是残酷的。作为战争的见证人和参加者，他见证了人类在战争中的悲剧命运：“我看见一位家庭主妇被开膛破肚，我看见一个小孩的脸被打得扭曲，我看见一位年老的地摊女商贩正用海绵拭去飞溅在货物上的脑浆……”[1] 他以飞行员的独特视角和作家悲悯的同理心，将战争的残酷淋漓尽致地呈现在作品中。几千米的高空，距离消弭了声音，飞行员所看到的发生在地面的悲剧尽管静默却更加凝重。作家在书中描写了被炮火点燃的村庄；没有火苗，没有

[1] Antoine de Saint-Exupéry, “Reportages” dans *Oeuvres complètes*: Tome Ⅰ. (Paris: Gallimard, 1994), p. 411.

声音，也没有气味，表现出一种静止和沉默的状态。所有景物的视觉尺寸都被大大缩小，声音被屏蔽，气味被隔绝，灾难带来的印象完全脱离了惯常的经验，给人一种对世界的疏离感，同时也让人对自己的命运感到无所适从和无法把握。在作家的描述中，硝烟如同“静止的白雾，类似某种白霜”,❶ 火苗好似“凝结在琥珀上的淡灰色奶斑”,❷ 从高空往下看地上逃亡的人群，就像“不停流动的糖浆”❸。作家以“奶斑”形容“火苗”，用“糖浆”形容逃亡的人群。这些日常的词汇被用来描述沉重的战争，给读者一种错觉，而这种错觉与人心中对于灾难的一贯认知形成的反差，加深了读者对现实残酷的感受。同时，由于超远距离的视角，地面上的动作似乎停滞了。这种静态和静音的效果让人感觉到尤其压抑，战争的残酷以一种意料不到的荒诞呈现出来。在这种看似静止的状态下，时间好像被放缓了，一切都在无休止的绝望中停滞下来。大火是“一种秘密的消化”,❹ 人间上演着无声的悲剧。

在作家的笔下，战争是荒谬的。他在书中讲到一个人被一个男孩揭发是法西斯分子，于是被枪毙了。之后，那个人被证明不是法西斯分子，于是男孩也被打死了。这种对于生命随意处置的做法让人的存在显得荒诞和虚妄，这便是战争中人类的处境。悲剧中的人无力反抗，旁观的人无能为力。从飞行员的高空视角看

---

❶❹ Antoine de Saint-Exupéry, “Pilote de Guerre” dans *Oeuvres complètes*: Tome Ⅱ. (Paris: Gallimard, 1994), p. 152.

❷ Antoine de Saint-Exupéry, “Pilote de Guerre” dans *Oeuvres complètes*: Tome Ⅱ. (Paris: Gallimard, 1994), p. 153.

❸ Antoine de Saint-Exupéry, “Pilote de Guerre” dans *Oeuvres complètes*: Tome Ⅱ. (Paris: Gallimard, 1994), p. 162.

去，生命是如此渺小和脆弱，距离感让万千生命的毁灭给人一种奇怪的、“微不足道”的印象。这种对生命的否定表现出作家的痛苦和无奈，他写道：“我想象着，在云层下，一片黑暗。那儿是一个大汤碗，里面煨着战斗。路上交通阻塞，到处是火，是散落的设备，被蹂躏的村庄，杂乱无章，……到处都杂乱无章，阴云下，他们在荒谬中挣扎着，如同石块下的甲壳虫。”❶ 在莫斯科期间，圣埃克絮佩里曾经遇到一位女士，她这样评价人的存在：“在一只灰色老鼠的眼中，当它周围的一切都崩溃的时候，它又怎样继续生存呢？”❷ 战争的荒谬还在于它的不可控性——战争由人发起，却不受人的控制。战争就像一场没有规则的游戏，使人类陷入虚无和绝望之中，再找不到自己的生存价值和意义。这场荒诞的“游戏”由人发起，规则由人制定，但是结果却不由人控制。一旦爆发，就像火一样迅速四处蔓延，直至毁灭整个人类。

作家认为战争真正让人感到恐惧的不仅是它的残酷性，更因为它具有欺骗性。当死亡被认为是一种合情合理的牺牲、一件再正常不过的事情时，战争中的谋杀就成为一种具有宗教意义的行为。“谋杀就是人类的牺牲，并且没有什么立竿见影的作用，但就是从这一点来说，应当让公众的意识把它和平常意义上的谋杀显著地区分开来”。❸ 事实上，所有让人互生仇孽的理由都不存

---

❶ Antoine de Saint-Exupéry, “Pilote de Guerre” dans *Oeuvres complètes*: Tome Ⅱ. (Paris: Gallimard, 1994), p. 161.

❷ Antoine de Saint-Exupéry, “Reportages” dans *Oeuvres complètes*: Tome Ⅰ. (Paris: Gallimard, 1994), p. 386.

❸ Roger Caillois, *L'Homme et le sacré* (Paris: Gallimard, 1950), p. 226.

在，人们认为他们在为尊严而战，而恰恰忘记了对生命最基本的尊重；人们认为他们在为保护土地而战，而所有的人拥有的是同一片土地，战争只会让这片土地生灵涂炭。因此，战争是一场人类自我欺骗直至自我毁灭的悲剧。在“复兴日耳曼帝国”的口号中，多少年轻人满怀热情地战死在前线，他们为之奋斗的所谓帝国从来就不曾存在，只是在狂热呐喊声中自我沉溺的幻影。他们年轻的生命被利用的真正目的在于扩张和侵略，他们到死都不知道自己的“牺牲”与理想完全背道而驰，他们以为的创造实际上是在毁灭人类创造的一切文明，甚至毁灭人类自身。在《道德的斜坡》（*La morale de la pente*，1956）中，圣埃克絮佩里讲述了德国人利用被俘的飞行员，收集他们在受伤或神志不清的时候所说的只言片语用以广播宣传。这样的骗局在整场战争中只是冰山一角。在作家眼中，战争本身就是一个大骗局，而被卷入其中的很多人到死都不明白，促使自己行动的目的只是一个谎言。

在圣埃克絮佩里看来，战争的危害不亚于一场“斑疹伤寒”，[1] 甚至有过之而无不及。因为它不仅扼杀生命，摧毁人类文明，还毁灭人性。战争以某种理由让人聚集起来，或者以某种事业为借口让人全力以赴甚至付出生命，但是带给人类的只有仇恨和悲剧。圣埃克絮佩里将战争比作致命的疾病，因为它们都带给人类痛苦和绝望。战火烧毁了无数人的家园，即使能够侥幸生存，人们也变得一无所有。就像作者描述的莫斯科火车上的波兰劳工，他们因为战争而不得不背井离乡，被迫放弃自己熟悉的一

[1] Antoine de Saint-Exupéry, “Pilote de Guerre” dans *Oeuvres complètes*: Tome Ⅱ. (Paris: Gallimard, 1994), p. 146.

切，不知道前方的路到哪里，也看不到未来和希望。战争甚至比疾病更加可怕，不仅是人的生命，和人息息相关的一切都可以在顷刻间被毁于一旦，甚至人世间的一切都失去原有的意义。一个村庄在士兵眼中成为一个“耗子窝”❶；一片三百年历史的树林在射击手看来就是一个可以在十分钟内毁掉的目标，“三百年的耐性和阳光”❷ 瞬间灰飞烟灭。如果说死亡是疾病的终结，那么战争的影响远不止于此，它毁灭的不仅是人类创造出来的文明，更是人类自身。战争不仅会导致大量个体的消亡，更会泯灭人性，使人失去良知，从本质上对人类造成毁灭性的打击。在《莫斯科》一文中，作家描述了一列载满波兰劳工的火车在夜间行进，他在车上见到一对夫妇和一个孩子。孩子的面孔如同天使，而那对夫妇在作家眼中已经形同“野兽”。❸ 这群劳工流离失所、筋疲力尽，麻木得似乎对自己的处境并不感到痛苦，他们都像那对夫妇一样失去了人本来的情感，失去了爱与渴望，成为行尸走肉。因此，在战争中被毁灭的不仅是死去的人，还有活着的人，所有人都逃不过这场灾难。如果人类不自救，那就只能沉沦下去。作家对矿工的描写表达了他对战争中人类命运的忧虑和悲悯。

战争中的世界是一个被毁灭的空间。飞行员从几千米高空看到的不仅是个人的毁灭，更是大范围内人类命运的悲剧，整个世界的秩序、规则、习俗、历史等一切文明都被毁于一旦。敌人的

---

❶❷ Antoine de Saint-Exupéry, “Pilote de Guerre” dans *Oeuvres complètes*: Tome Ⅱ. (Paris: Gallimard, 1994), p. 153.

❸ Antoine de Saint-Exupéry, “Reportages” dans *Oeuvres complètes*: Tome Ⅰ. (Paris: Gallimard, 1994), p. 371.

飞机掠过地面，向逃难的人群扫射，制造混乱和恐惧，大地变成了废墟。与此同时，天空也成为另一个战场。那些“群匿在黑暗中的猛兽”❶ 组成“发射的壁垒”❷，被击中的飞机顷刻就会着火爆炸。不管天上地下，一切都笼罩在战火中。战争因人而起，也带给人无尽的灾难。在作家的笔下，飞行员不仅是这场悲剧的见证人，也是被裹挟入战争的参与者，不管是被动反击，还是主动出击，伤亡都在所难免。然而，《战争飞行员》中的杜泰尔特（Dutertre）和战友们仍然希望能以一己之力拯救世界，争取以己方的胜利结束战争，即使他们明白自己所承担的任务万分危险，自己的力量微乎其微，如同杯水车薪般已无力扭转整个局势。在小说的结尾，一切的努力都是徒劳，所有的奉献和牺牲都无法平息这场毁灭性的灾难，毁灭才是战争的最终结局。

圣埃克絮佩里曾经回忆他在阿根廷度过的一个夜晚。在漆黑寂寥的夜空中，每一颗星星都像一盏明灯，照亮了作家的心灵。怀着对人类的希望，他思索着将人类从战争悲剧中解救出来的办法。万籁俱寂之时，他意识到为了治愈这场席卷世界的“流行病”，人类必须依靠精神的力量，以希望和良知拯救自身。面对战争的废墟，人们不但需要重建物质意义上的人类社会，更重要的是，要重新唤起人类对生命的尊重和对人性的美好记忆。

---

❶❷ Antoine de Saint-Exupéry, “Pilote de Guerre” dans *Oeuvres complètes*: Tome Ⅱ.（Paris: Gallimard, 1994）, p. 190.

第七节　纽约的成功与失落

所有的大人都曾经是孩子，只是他们当中很少有人能记得这一点。[1]

圣埃克絮佩里一直试图在政治立场上保持独立，“二战”中，他既没有支持维希政府，也不愿意被归入戴高乐阵营。在他看来，前者没有作为，后者则急功近利，他有自己的主张，那便是反对分裂，主张法国统一。当时，他遭到了周围几乎所有人的排斥，冷漠和敌对的气氛让他不得不寻找一个“避难所”。为了联合美国参战，1940 年圣埃克絮佩里从里斯本上船辗转去往纽约。然而，他没能如预期般适应异国他乡的生活。繁华的都市对

---

[1] Antoine de Saint-Exupéry, “Le Petit Prince” dans *Oeuvres complètes*: Tome Ⅱ. (Paris: Gallimard, 1994), p. 233.

作家而言并不比贫瘠的沙漠更有吸引力，恰恰相反，在新的环境中，他感到无所适从。他拒绝说英语，因此也失去了促成法美联盟的机会。他向美国国防部提交了两项飞行器械的发明，结果都杳无音信。1942 年，来到纽约的龚絮萝却如鱼得水般地融入当地的艺术圈，结交了一群超现实主义作家，其中就包括她的丈夫并不想结交的安德烈·布勒东（André Breton）。圣埃克絮佩里住在另外的房子里，和他出版界的朋友以及诸多女性朋友往来甚密。可以说，纽约的经历是他们婚姻的分水岭。虽然龚絮萝是圣埃克絮佩里心中最重要的那朵“玫瑰”，但现实的分歧给这段婚姻逐渐蒙上阴影。

虽然家庭生活不如意，政治理想也无法实现，但圣埃克絮佩里却因为他的作品在美国声名大振。1931 年，他的小说《夜航》在法国获得了费米娜文学奖，随后被翻译成英文，并且在美国被拍成电影，名为《夜间飞行》（*Night Flight*）。影片由当时最耀眼的明星克拉克·盖博（Clark Gable）出演。1939 年，他的作品《人类的大地》出版，获得法兰西学院小说大奖，并于同年被翻译成英文，更名为《风、沙和星辰》（*Wind*，*Sand and Stars*）。1942 年，《战争飞行员》出版，尽管这本书在法国只印刷了两千一百册，但因为当时正值美国在珍珠港被袭之后向日本宣战，所以《战争飞行员》在大洋彼岸成为畅销书，更名为《飞向阿拉斯》（*Flight to Arras*）。与此同时，圣埃克絮佩里开始构思一部特别的作品，这就是之后给他带来世界声誉的《小王子》，他将这部作品献给他的好朋友莱昂·维尔特（Léon Werth）。作家通过一个小小孩童的几段相遇故事，倾吐了他内心的隐秘和对生死、爱情、友谊、存在的看法。这部作品情节生动、人物鲜明，充满哲学思辨的启示，反映了社会现实与人类的生存状态，引起了无数人内心的感动和共鸣。

圣埃克絮佩里的作品与他的生活经历和职业生涯密切相关，真实性和思辨性是其独特的艺术风格。他的文学之路可以追溯到童年时期。虽然生活动荡，但是宽容慈祥的母亲玛丽，鼓励孩子们发挥艺术和音乐才能，给幼年的圣埃克絮佩里和他的兄弟姊妹创造了良好的学习环境和创作氛围。孩子们在圣莫里斯城堡里上钢琴课、小提琴课，学习唱歌、绘画，并且在游戏时排演剧本，朗诵自己创作的诗歌。圣埃克絮佩里从小开始写作，他的玩伴就是他忠实的读者，他甚至会在夜里叫醒母亲向她询问意见。文学的种子早就被埋在在圣埃克絮佩里的生活中。

1914 年第一次世界大战爆发，当时正读中学的圣埃克絮佩里开始阅读巴尔扎克（Balzac）、陀思妥耶夫斯基（Dostoïevski）、波德莱尔（Baudelaire）、马拉美（Mallarmé）等人的作品。1917 年，他去巴黎准备报考航海学校。当时，在圣路易中学集结了一群备考大学的学生。在这里，他认识了好朋友亨利·德·塞戈涅（Henri de Ségogne）和他今后的人生导师苏度神父（Abbé Sudour）。两次考试失败之后，因为年龄问题，圣埃克絮佩里失去了报考航海学校的机会。漫无目的的他随后在美术学院建筑系注册，但是他显然对此并没有多大热情，不久之后就放弃了学业。自此，圣埃克絮佩里真正开始了他在巴黎的自由生活。在此期间，他认识了笔友勒内·德·苏西（Renée de Saussine），两人之间的通信之后被收录在《青春信札》（*Lettres de jeunesse*，1953）中。经表妹伊万娜介绍，他认识了安德烈·纪德（André Gide）、加斯东·伽利玛（Gaston Galliard）、让·施兰贝格（Jean Schlumberger）

等文学界和时尚界人士。1926 年，圣埃克絮佩里发表了他的第一部短篇小说《飞行员》，写作的野心和对飞行的渴望点燃了他生命中的理想和激情。

圣埃克絮佩里作品中的主人公大多是和他一样的飞行员，其他的人物也大都能在其现实生活中找到原型。比如评论家普遍认为，《小王子》中的“玫瑰”就是作家的妻子龚絮萝，两者的性格特征十分相似。当然这种推测的前提是“小王子”代表的就是作家本人。还有一种从心理学角度分析的不同结论：“玫瑰的形象蕴含着作家对母亲的情感寄托”[1]。此外，圣埃克絮佩里曾经的未婚妻路易斯·德·维尔莫兰被认为是《南线邮航》中的吉娜叶薇芙的原型。在《夜航》中的指挥官李维埃身上，还可以发现圣埃克絮佩里的良师益友——航空公司负责人之一的迪迪埃·多哈的影子。作家在《人类的大地》中更是直接使用了纪尧梅、贝勒汗（Pèllerin）和梅尔莫兹等现实中真实存在的飞行员的名字。

回顾圣埃克絮佩里早期的作品，如《飞行员》《夜航》《南线邮航》等，作家以其亲身经历为素材讲述了飞行员的生活、职业，记录了他的见闻和思考。这些作品结合时间和空间叙事，塑造出一系列性格鲜明的人物，而且主要采用叙事性体裁。之后，作家的风格逐渐转变，从《人类的大地》开始将故事情节淡化，文体上也接近哲理散文，打破了线性时间叙事模式，实现了空间并置和跳跃，将回忆与思考相结合，夹叙夹议，探讨人与大自然的关系。1939 年，圣埃克絮佩里暂居美国，在异乡所承受的失

---

[1] Eugen Drewermann. *L'Essentiel est invisible*（Paris：Cerf，2001），p. 23.

落和孤独让他对自己的人生和创作进行了深刻反思。从那时开始，他的作品逐步从现实中抽离，并彻底超越了时空的束缚，在人物塑造、背景设置和情节构思上更加虚拟化，创造的各类形象也往往具有深刻的寓意，构建出一个人与大自然相互依存的充满诗意的空间。在此期间出版的《小王子》以寓言童话的形式表达了作者的人生观和世界观，而他的最后一部作品《城堡》则明显模仿了尼采的《查拉图斯特拉如是说》，完全脱离了叙事文学的范畴。作家这样做固然是出于对尼采的崇拜，这种倾向在其青少年时期就已现端倪，但他的文学主张也随着视野的拓展而发生变化。圣埃克絮佩里在一个超越时空的范畴内阐述自己的哲学观点，开辟出一个更为广泛的多维度的人类存在空间，发掘出关于生命和思想的更多可能性。《城堡》不仅是故事情节被淡化，时间和空间因为虚拟的语境更无从考证。文本以死去的酋长将毕生的经验传授给王位继承人为基本叙事轨迹，大量采用倒叙和插叙，以及诗歌中常用的“瞬间记忆”技巧，在空间构建时更加频繁地使用并置和跳跃手法，彻底放弃了线性时间叙事，将人类历史凝结于须臾，将视野聚焦于人类大地的一隅。作品中以沙漠实景为基础，虚构了一个柏柏尔族的王国。事实上，所有的场景和形象不仅象征着现实中的人类社会，还隐含着人类的精神家园。整部作品意义深远，每一章都可独立成文，形散但神不散，始终围绕人与自然的主题，反映作家复杂而矛盾的哲学思想。

从《夜航》《南线邮航》中的豪情万丈，到《人类的大地》中的坚韧不拔；从《战争飞行员》中的视死如归，到《小王子》中的满怀憧憬，作家在自己的每一部作品中都表达了对人类生存和奋斗的渴望。这种渴望在《城堡》中凝聚为对一个理想的

“人类帝国”的憧憬。同时，这部作品虽然强调人在大自然中的独特地位，但是作家对大自然明显表现出与以往不同的态度，即对神秘自然力的敬畏甚至膜拜。圣埃克絮佩里在《城堡》中表达的犹疑在其以往作品中很少出现，他笔下的大自然显然超出一切人类认知的范畴，所以全书呈现出一种神秘的色彩，就像书中写道：“那些看出山岭销蚀而人将继续存在的逻辑学家的预言落空了。他们怎么会预见将要发生的事呢?”❶ 虽然作家并没有对人与自然的关系得出结论，但是他所有的怀疑都终结于人类的行动，正如他在全书的结尾写道：“今天早晨，我修剪了我的玫瑰。”❷ 由此，作家呼吁所有人，不管是农民、工人、水手、工匠、家庭妇女，甚至妓女和强盗，只要不懈地用行动向积极的方向改变世界，改造自然，不管力量多么微弱，都是意义非凡的，而这种意义正是人类的伟大之处，并终将改变人类的命运。

❶ Antoine de Saint-Exupéry, “Citadelle” dans *Oeuvres complètes*: Tome Ⅱ. (Paris: Gallimard, 1994), p. 434.

❷ Antoine de Saint-Exupéry, “Citadelle” dans *Oeuvres complètes*: Tome Ⅱ. (Paris: Gallimard, 1994), p. 834.

第八节　从地中海上空坠落

假如我坠落了，我绝无遗憾……我生来就是园丁。[1]

1943年3月，圣埃克絮佩里终于回到了“2/33”飞行大队，此时，飞行大队的指挥官是他昔日的战友勒内·卡乌尔（René Gavoille）。随后，圣埃克絮佩里跟随机组从摩洛哥迁往阿尔及尔，在那里他执行了几次任务并得到了晋升。但是，几次飞行事故让他被列入“预备队”行列，他的健康状况和年龄都让他不得不暂时停止飞行。圣埃克絮佩里从来都不会让自己陷入无所作为的状态。在这段时间，他专注于《城堡》的写作，直到1944年春天他被允许回到飞行大队。同年，部队撤回法国，先是驻扎

[1] Antoine de Saint-Exupéry, “Lettres Amicales et Professionnelles” dans *Oeuvres complètes*: Tome Ⅱ. (Paris: Gallimard, 1994), p. 1051.

在撒丁岛（Sardaigne），之后转移到科西嘉岛（Corse）的博尔格（Borgo）。尽管身体条件不符合驾驶 P-38（闪电）战斗机的要求，圣埃克絮佩里还是极力要求执行任务，并得到了五次额外的飞行机会。1944 年 7 月 31 日 8 点 30 分，圣埃克絮佩里出发执行航空拍摄任务，为下一次盟军登陆复核地图信息。他驾驶的飞机配备了可以使用六个小时的燃油，但在规定时间过后，却再没有回来。所有人都在期待他的出现，就像期待“小王子”的归来。1948 年，圣埃克絮佩里被法国政府授予烈士称号。1950 年 3 月，法国空军追认圣埃克絮佩里的功绩，表彰他在战争期间为祖国所作的贡献。圣埃克絮佩里失踪后，他的母亲玛丽一直隐居外省专心整理儿子的手稿。

一段英雄的传奇就此落幕。然而大半个世纪以来，圣埃克絮佩里的失踪之谜一直没有明确的结论，这引起了公众的广泛关注。1950 年，一名前德军情报部门的军官声称他获知德军在 1944 年 7 月 31 日曾在地中海海域击落一架 P-38（闪电）战斗机。1972 年，德国的一家历史小说杂志宣称德国前军官罗伯特·海切尔（Robert Heichele）在死前承认，正是他击落了圣埃克絮佩里的飞机，但是罗伯特·海切尔早在 1944 年 8 月的一次事故中丧生，因此这一说法很快被否认。除此之外，从 20 世纪 60 年代到 90 年代，出现了众多“目击者”，他们声称曾经看到圣埃克絮佩里的飞机被击落在马赛附近海域。直到 1998 年 9 月，马赛的一名渔夫从地中海打捞出一只刻有圣埃克絮佩里名字的手镯，近半个世纪的“飞行员失踪之谜”才有了切实可信的线索。2000 年，圣埃克絮佩里曾经驾驶的 P-38（闪电）战斗机座舱部分的残骸，在马赛附近海域被发现并确认。2003 年 9 月，在法国政府的许可下，对圣埃克絮佩里飞机残骸的打捞工作正式开始。二十多天以后，工作人员终于发现了一块标有飞行员飞机注册号的残骸，就此确认了圣埃克絮佩里牺牲的地点。新闻发布以后，大家重新开始热烈讨论飞行员的死亡原因，专家们提出飞机故障、飞行员身体疾病、遇袭，还有自杀等多种推测，甚至有人认为圣埃克絮佩里不是死于飞机失事，而是死于被劫持。在所有对飞行员失踪之谜的解释中，德国空军退役军官霍斯特·里珀特（Horst Rippert）的证词是目前最为可信的一个史料版本。2008 年 3 月，历史学家利诺·冯·加岑（Lino von Gartzen）在德国北部找到了霍斯特·里珀特。采访中，这位经验丰富的飞行员承认，他在 1944 年 7 月 31 日，于圣埃克絮佩里飞行经过的区域击落了一架 P-38（闪电）战斗机。当时，他正在寻找一架飞越安纳西地区的敌机。据霍斯特·里珀特描述，他在地中海上空盘旋了几分钟，但并没有发现任何目标。突然，一架盟军飞机从他身边经过，距离并不是太远，于是他开了火，对方被击中后迅速坠入地中海。但是，有研究者提出了反对意见，认为并没有记录证明德军当时在科西嘉岛附近海域采取过军事行动。所以，众说纷纭的圣埃克絮佩里失踪之谜，在大半个世纪之后仍无定论。无数的人期待着或许圣埃克絮佩里如“小王子”一般，终有一天会回到我们这个星球。

作为飞行员，首先要面对的问题就是如何克服恐惧。20 世纪初，在飞机投入民用的早期阶段，机械故障时有发生。对于飞行员来说，与死神擦肩而过是他们职业生涯中的寻常经历。然而，在随时都可能失去性命的航程中，他们沉着冷静、无所畏惧，因为他们对生命有着不同于世俗的理解，就像作家在《小王子》中所写："（死亡）就像是蜕去一层旧皮"❶。飞行员面对死亡的勇气来自精神永存的信念，但这样的信念和勇气并非出于天性。在圣埃克絮佩里的生活中，早逝的父亲让·德·圣埃克絮佩里给他留下了非常模糊的印象，但是影响深远，就像作家所说："他在我小的时候就教会我面对死亡"。❷ 随母亲在外祖父家的庄园度过一段平静的生活之后，年幼的圣埃克絮佩里不得不再一次面对死亡，外祖父的去世让寡居的母亲再度面临无处安身的困境。青少年时期也许是圣埃克絮佩里一生当中最幸福的时光，但是弟弟弗朗索瓦因为风湿性心脏病去世，让还未成年的圣埃克絮佩里第一次独自面对了死亡。1926 年，他的姐姐玛丽 - 玛德莱娜因为结核病去世，这让圣埃克絮佩里陷入了长久的沉默。无人知道他是怎样从恐惧和悲伤中慢慢解脱出来的，也没有人了解他在此后多次与死神擦肩而过的时候，是否也会心生惶恐。

死亡对普通人来说是生命的终结，是痛苦的悲剧。为了从人类注定要面对的悲剧中解脱出来，圣埃克絮佩里用智慧重新定义了生命，定义了死亡。他身边的战友相继牺牲——纪尧梅、梅尔莫兹、贝勒汗、奥士德……尤其是他的好朋友纪尧梅和梅尔莫兹的去世，让他不得不独自面对无法避免的宿命。虽然战友之间并非没有差异，但是他们志同道合，守望相助。圣埃克絮佩里冷静、执拗、沉默寡言，梅尔莫兹则热情、坦率、脾气暴躁。但是，他们一生保持着牢固的友谊，互相欣赏、互相信任。

❶ Antoine de Saint-Exupéry, "Le Petit Prince" dans *Oeuvres complètes*: Tome Ⅱ. (Paris: Gallimard, 1994), p. 315.

❷ Antoine de Saint-Exupéry, "Citadelle" dans *Oeuvres complètes*: Tome Ⅱ. (Paris: Gallimard, 1994), p. 368.

当得知梅尔莫兹的飞机在大西洋失事时，圣埃克絮佩里痛心疾首，随即写下了《献给梅尔莫兹》（*A Mermoz*）一文，以此纪念这位勇敢无畏的飞行员。在《人类的大地》中，他再次回忆了这位身经百战的勇士，并表达了无限的敬意和深沉的怀念。对纪尧梅，作家更是怀有一种亲密的情谊。在他刚刚入行时，纪尧梅已经是一位经验丰富的飞行员，一堂让人印象深刻的地理课让年轻的学员意识到职业赋予存在的意义。当纪尧梅在安第斯山脉因遭遇暴风雪而失踪的时候，圣埃克絮佩里从始至终都没有放弃搜寻。1940 年，纪尧梅驾驶的飞机在地中海上空被击落，圣埃克絮佩里伤心欲绝，哀叹此生不再有朋友。

尽管死亡如此频繁地出现在他的生活中，圣埃克絮佩里并没有退缩，反而更加勇敢地继续飞行。他一生当中经历了大大小小无数次事故，多次绝境逢生。他似乎对人人都心怀恐惧的死亡并不在意，每一次从危险中生还之后踏上新的征途。1944 年 7 月 31 日，因为年龄和伤病已经被多次劝说退役的圣埃克絮佩里坚持执行了最后一次任务，起飞后不久就与地面失去了联系。每一个人都拒绝相信他已经牺牲，而是希望他能像“小王子”一样得到了永生。大家都不愿接受现实中的结局，所以将希望寄托于童话。

圣埃克絮佩里用自己的亲身经历启示人们要勇敢地面对死亡。在《人类的大地》中，作家描述了一个园丁在工作中忘却了对死亡的恐惧，平静地面对人类宿命的场景。园丁得了严重的风湿病将不久于世，但他仍然在劳动。在翻土的时候，他全然没有想到自己的病痛，而是十分享受劳动的快乐。他蹒跚的脚步踩在自己耕种的土地上，他操心的不是自己的身体，而是这片他洒下汗水、收获丰硕果实的大地。工作到生命的最后一刻，承担责任到最后一刻，这就是“大写人”（L'Homme）的结局。死亡在圣埃克絮佩里看来并不可怕，在园丁劳作过的土地上结出了累累硕果，“小王子”的归去是为了奔赴与“玫瑰”的重逢。因此死亡并不是终止，而是希望的延续。个体的逝去只是肉体的消亡，而精神的永存才是人类生生不息的源泉。

面对死亡的宿命，圣埃克絮佩里和他的战友们投入集体的事业，用行动承担对他人的责任。尽管基于人的天性，人对死亡难免会有恐惧，飞行员也不例外，但是他们仍然选择面对既定的命运，勇敢面对死亡。因为他们相信总有什么比生命更宝贵，那便是勇于承担、无私奉献的人类美德，而这样的美德正是人类文明的本质。《战争飞行员》中的士兵“T”接到任务时面色苍白，从表情上就可以看出他的恐惧，但他坚定地拒绝了由别人来替代的安排，因为他觉得这是他的职责。主人公杜泰尔特出发之前就知道没有生还的希望，并且即使牺牲，整个机组也不过是“如同用一杯水去浇灭森林大火”[1]，但他还是义无反顾地接受了指挥官的命令。《夜航》中的法比安，《南线邮航》中的贝尔尼，《人类的大地》中的梅尔莫兹、纪尧梅、贝勒汗，还有像士兵“T”一样无名的飞行员，包括圣埃克絮佩里本人都牺牲在执行任务的途中，牺牲在自己曾经耕耘过的土地上。从客观上来说，肉体的毁灭是必然的，这是大自然亘古不变的规律。人只有经历了毫无遗憾的人生，才有可能淡然地面对死亡，而这种人

[1] Antoine de Saint-Exupéry, “Pilote de Guerre” dans *Oeuvres complètes*: Tome Ⅱ. (Paris: Gallimard, 1994), p. 114.

生需要用行动来实现，用责任来充实。圣埃克絮佩里和他的战友们正是这种人生体验的践行者，他们付出所有乃至生命，为的就是重新定义存在，对抗人类的宿命，开启一个以“大写人”为拱顶石的新世界。

第二章

作品的空间

第一节　《飞行员》——职业的空间

皮雄学员明白了些什么：人是会死的，而死亡不会有多大动静。这种与死亡的亲密接触让他们几乎感到骄傲……然而，死亡就在那里，毫不夸张，纯粹地存在着。❶

圣埃克絮佩里的第一部作品是短篇小说《飞行员》，于1926年4月1日刊登在杂志《银舰》（*Le Navire d'Argent*）上，主编为阿德里安·莫尼尔（Adrienne Monnier）。《银舰》是由书友出版社（La Maison des Amis des Livres）发行的文学月刊。该出版社由阿德里安·莫尼尔于1915年创办，收录法国和外国作家的作品。杂志的编辑秘书让·普雷沃斯特（Jean Prévost）在一次文

---

❶ Antoine de Saint-Exupéry, "L'Aviateur" dans *Oeuvres complètes*: Tome Ⅰ. (Paris: Gallimard, 1994), p. 33.

学沙龙上认识了圣埃克絮佩里并被他的飞行故事所吸引。《银舰》杂志于1925年6月1日首发，圣埃克絮佩里的这部作品被刊登在第十一期。1921年到1923年，圣埃克絮佩里入伍服兵役，其间获得了民用和军事飞行员的执照。但由于飞行时间的限制，他并没有立刻成为职业飞行员。在找工作期间，他写了一篇小说名为《雅克·贝尔尼的逃亡》（*L'Évasion de Jacques Bernis*），《银舰》杂志刊登了其中的一部分，分为八小节，并重新起名为《飞行员》。作家从旁观者的角度，用冷静的语调讲述了飞行员贝尔尼和他的同学在训练场上的经历，其中描述了莫尔蒂埃（Mortier）发生事故和贝尔尼最终牺牲的场景，真实地反映了飞行员的职业生活。

圣埃克絮佩里认为，行动无所谓正确与错误，因为即使是错误的，也能为成功积累经验。在他看来，行动是所有人共同的尺度，衡量着人的价值；行动是所有人都能理解的一种语言，能将人类团结在一起并为共同的目标而奋斗乃至牺牲；行动也是人类超越平庸、实现自我提升的必要手段，能让虚无的存在获得新生；行动是神圣的阶梯，引导人们走向圣庙，从平凡的人成为英雄，并蜕变为能和伟大的自然力量对抗的“大写人”；行动衡量着人与神祇之间的距离，将人不断地推向无所不在的上帝。

圣埃克絮佩里所定义的行动绝不是庸庸碌碌的墨守成规，也不是不计后果的冲动冒险。他认为行动首先是一种以共同目标为动机的集体行为。《城堡》中的老酋长想建造一座城市，他把工匠、游民、盗贼、流氓都聚集起来，命令他们共同完成这项伟大的工程。在辛苦的劳动中，这群人往日的傲慢和残忍被磨砺成勇气和热情。在日复一日的苦役中，他们不得不相互帮助才能克服困难完成工作。不知不觉间，他们从陌生人变成合作者，之后成为朋友、同事、兄弟，建立起真实而有意义的联系。耸立的城墙见证了人性的改造，一座城市在他们的手中被创造出来，建立城堡的人成为文明的创造者。

关于行动，圣埃克絮佩里还给出了一个具体的范畴——职业。他将人类改造大自然的行动按照职业划分。对他而言，行动，更确切地说是指“职业行动”。事实上，他和战友们都是将职业溶入血液的人。《飞行员》中的贝尔尼在吃饭的时候听到一群下级军官聊天，他们聊到泥泞的跑道对飞行带来的不便、执行运输任务拿到的津贴，还有在飞行时面对的危险。贝尔尼喜欢听这样的谈话，因为他喜欢这种像报告般简单平实的故事，喜欢这群实实在在、全身心投入职业的人。作家之所以用“职业”限定“行动”，是因为职业性的行动更加有秩序，更加理性，更具有目的性。和圣埃克絮佩里同时代的另一位法国作家安德烈·马尔罗（André Malraux，1901—1976）也主张用行动对抗人类的悲剧命运，改变现代人的生存处境，平息他们精神上的焦虑，并以此摆脱现实的荒诞和虚无。但是，两人对于行动的理解却大相径庭：马尔罗主张的是冒险行动，是激情爆发下的全然不顾后果的行为；圣埃克絮佩里则将行动定义在职业的范畴，显得更加合理，更具可行性。在他通过作品所呈现的职业世界中，所有的机组成员，包括指挥官、飞行员、监督员，甚至普通的修理工都必须遵守严格的纪律。同时，作为一个以职业目的为核心的集体，所有的人在生活和情感上都不得不保持自制，甚至需要做出牺牲，因为他们明确自己行动的目的，也自愿承担行动的结果。因此，马尔罗作品中的主人公充满激情，盲目冲动，往往拼尽全力，却徒劳无功，直至陷入绝望的泥沼不得而出。圣埃克絮佩里所塑造的人物则时刻谨记自己的责任，表现出难能可贵的警醒和坚定。他们相信紧张、充实、为他人服务的生活能够让生命更有意义，随时面对危险和与死神擦肩而过的经历让他们更加热爱生命，更加懂得生命的价值。圣埃克絮佩里曾经给朋友德古尔（Decour）写信讲述自己在撒哈拉沙漠中的生活。那里的孤独和匮乏让他不禁自问对这份职业坚持的理由，但是他最终说服了自己，他写道："我选择了最艰苦最冒险的生活，因为我认为其他的方式一无是处。"❶ 正是出于对职业的坚定信念，圣埃克絮佩里式的英雄们通过行动实现了有意义的人生。即使飞行员牺牲在执行任务的途中，其他的战友也会继续其未竟的事业，生命的意义没有因为个体的消亡而终止，人类也因此能够无所畏惧地面对大自然的挑战。

职业行动在作家看来并不是纯粹的个人化行为，而是发生在为达到共同的职业目标而组成的团体（la communauté）之中。因为"职业的伟大之处或许首先在于把人们团结起来"❷，所以圣埃克絮佩里所定义的职业行动是一种集体行为。飞行机组就是一个超越了语言、年龄、性格、立场、出身等个人差别的团体，这个团体以行动为交流方式，以为他人建立联系为职业目标。在这个团体内部有严格的纪律和明确的分工，甚至有森严的等级，所有的机组成员必须无条件地服从为了实现职业目标而制定的行动

---

❶ Antoine de Saint-Exupéry, "Lettres intimes" dans *Oeuvres complètes*: Tome Ⅱ. (Paris: Gallimard, 1994), p. 912.

❷ Antoine de Saint-Exupéry, "Terre des hommes" dans *Oeuvres complètes*: Tome Ⅰ. (Paris: Gallimard, 1994), p. 189.

规则。

在小说《夜航》中，李维埃作为指挥官负责夜航的安排和调度，具体的执行者是督导员罗比诺，而所有的飞行员和机械师以及维修飞机的工人，还有地面工作人员都必须遵守严格的规章制度。在整个夜航机组，没有人可以凌驾于规则之上，没有人情能够超越纪律，甚至个人交往也因为可能会妨碍规则的执行而被杜绝。

现实中，圣埃克絮佩里也曾经对飞行员团体中的严格纪律感受深刻。进入拉特哥尔航空公司后，他才明白任何一次迟到，不管什么原因，都是耻辱。几年之后，当和记者谈到他刚加入航空公司的经历时，他甚至用“修道院”❶ 形容那里的气氛。然而，他和其他的机组成员之所以愿意接受纪律的约束，愿意放弃个人的情感和幸福，是因为他们有共同的职业理想和使命。虽然飞行员们经常分散在各地，只是在执行任务的途中偶然擦肩而过，但他们却被一根看不见的坚实纽带紧密地联系在一起。这根纽带就是对职业的忠诚，对理想的坚持和对事业的热爱。

在圣埃克絮佩里生活的年代，飞机的制造技术远不如今天这样发达，航空邮政运输还未普及，许多航线要靠飞行员亲自开辟探索。面对困难和危险，圣埃克絮佩里和他的战友们仍然选择全身心地投入职业生活，他们居无定所、风餐露宿，甚至不惜牺牲生命。除了对飞行的热爱，更多的是出于他们对人类命运的责任感，就像海德格尔所说：“人道主义，从普遍意义上来说，就是

---

❶ “S. T. ” *Marianne*, No. 10 (26 octobre 1932), p. 2.

为了人类获得自由和尊严而付出努力”❶。正因如此，圣埃克絮佩里号召人们投入职业行动，以更为专业的方式改造这个世界，并与这个世界建立起更为广泛和深入的联系。这些联系，能够让人类摆脱平庸而不自知的处境，成为自觉自愿为他人奉献的“美丽的种族”❷。

在圣埃克絮佩里看来，行动是实现一切上升的必要途径。行动能够创造财富，从物质层面上改造世界，更重要的是，行动能够让人摆脱庸碌的人生，治愈心灵的疾病，实现人性的升华。因为“只有当他们将生命作为抵押并投身于其中的时候，他们才会相信那些关于美德的字眼”❸。飞行员们开辟航线，运送邮件，为素不相识的人建立联系。他们对这个世界的改变或许不如建造一座城市那样明显，但是他们对世界的改造远比表面的改变更为深入和有意义，因为联系才是人类存在价值的决定因素。正是奉献和领悟让人性变得更加美好和高尚，就像作家所说：“你是一个职业人，正因如此，你会更美丽。”❹ 飞行员摆脱了日常生活的琐碎，克服了普通人的痛苦和欲望，翱翔于白云之上，高山之巅。在天空与星辰似乎触手可及之时，他们也许会觉得离上帝更近，他们也不再是庸碌一生的普通人，而是支撑人类文明的“大写人”。

---

❶ Bruno Pinchard, *Heidegger et la question de l'humanisme* (Paris: PUF, 2005), p. 290.

❷ Antoine de Saint-Exupéry, “Articles” dans *Oeuvres complètes*: Tome Ⅰ. (Paris: Gallimard, 1994), p. 338.

❸ Jules Roy, *Saint-Exupéry* (Paris: La Manufacture, 1990), p. 41.

❹ Antoine de Saint-Exupéry, “Articles” dans *Oeuvres complètes*: Tome Ⅰ. (Paris: Gallimard, 1994), p. 337.

作家在《城堡》的最后一章提到一位老园丁想给久未谋面的朋友写信，千言万语落在纸上却只是一句看似简单的话："今天早晨，我修剪了我的玫瑰。"❶ 之所以用这句话作为整部作品的结尾以及他一生哲学思辨的总结，是因为他相信行动是人类改变世界和改造自己的唯一切实可行的方式，是他追求生命意义的最终答案，通过行动，人类才可以实现充实而无憾的一生。于他而言，行动是方法、是过程，也是永远不会结束的征程，是人类不断接近理想的生存状态。

❶ Antoine de Saint-Exupéry, "Citadelle" dans *Oeuvres complètes*: Tome Ⅱ. (Paris: Gallimard, 1994), p. 834.

第二节 《南线邮航》——空间的选择

飞行员出发时，把感情抛至身后，虽然心痛，却有种异样的感觉，仿佛把珍宝藏在了地下。有时，“逃离”饱含了珍贵的爱情。有一天夜晚，在撒哈拉沙漠，面对满天繁星，他畅想着那遥远、炙热的爱情，那爱情犹如种子，被黑夜和时间所覆盖。那时，他突然领悟到：远离，才能体味沉睡中的爱情。[1]

《南线邮航》于1929年出版，是圣埃克絮佩里第一部独立出版的作品，他的命运也随之改变，终于成为一名真正的作家。此后，他究竟是因为飞行而写作，还是为了写作而飞行，已经不再重要也无须评判。圣埃克絮佩里自1926年10月起担任拉特哥尔

[1] Antoine de Saint-Exupéry, “Courrier sud” dans *Oeuvres complètes*: Tome Ⅰ. (Paris: Gallimard, 1994), p. 51.

航空公司的飞行员，一年后，他被任命为摩洛哥南部、西班牙保护区的朱比角机场负责人。那是一个被世人遗忘的、矗立于沙漠和海洋之间的堡垒，白天和黑夜都一样空旷。为了排遣孤独，他决定写一本书，并在工作之余开始思考故事大纲。随着时间的推移，人物逐渐变得清晰和丰满，细节也一步步被呈现于纸上。1929 年 3 月，他带着一百七十页的初稿回到巴黎，并为他的小说做最后的润色。这本小说中的故事延续了《飞行员》的人物和主题，并于 1926 年在《银舰》杂志上连载发表。主人公雅克·贝尔尼和作家一样是拉特哥尔航空公司的飞行员。书中，贝尔尼从事着危险却没有保障的工作，过的是简朴和居无定所的生活，于是他的情人吉娜叶薇芙弃他而去。现实生活中，圣埃克絮佩里也经历过同样的处境。他的第一次订婚因为他与未婚妻路易斯·德·维尔莫兰之间不可调和的矛盾而失败。也许是他对当时的感情难以忘怀，想要重现这次刻骨铭心的初恋，作家设计了小说中男女主人公的再次相遇。当贝尔尼和吉娜叶薇芙都对自己的生活感到厌倦，都想逃离各自的生活空间去尝试不一样的生存方式时，尽管两人抛弃了原有的一切开始新生活，却发现再不可能共同生活。现实中，圣埃克絮佩里曾经为了获得未婚妻家人的支持而尝试过普通人的生活，但是单调乏味的职员工作让他身心俱疲也毫无成就感。他最终选择终止婚约，追求自己的理想。小说中，贝尔尼最终失去了吉娜叶薇芙，重新返回职场，牺牲在执行任务的途中。1929 年 5 月，《新法兰西杂志》（*La Nouvelle Revue Française*）在第一百八十八期上刊登了这部小说的片段。同年 7 月，小说的完整版由伽利玛出版社（Éditions Gallimard）印刷发行，书的前言由记者兼作家的安德烈·贝克勒（André Beucler）撰写。

小说出版后获得了巨大的成功，也鼓励了圣埃克絮佩里继续他的文学创作和职业生涯。不久，他被航空公司派往阿根廷，继续开辟南大西洋航线。

对圣埃克絮佩里而言，飞行是他人生中无可争议的主题，也是他寻找生命意义的方式，同时他的内心对于爱情和幸福也充满了渴望。但是，他发现职业和家庭是完全不能相容的两种人生，他必须在两者之间选择其一。当他将飞行员的生活呈现于纸上之时，也是他在将矛盾的心理带到作品当中，这是他的思考方式。他希望能够得到一个答案，或者说证明一个结论。他选择用空间来诠释不同的人生选择，职业生涯与私人生活之间的矛盾在书中表现为两种空间的对立：开放的空间意味着飞行和冒险，封闭的空间象征着家庭和爱情，飞行员的生活就存在于这两种空间当中。我们可以感受到贝尔尼有时候也会对地面上的生活充满向往，甚至会试图逃离危险的职业环境，但是最终他还是选择回到飞行员的岗位，放弃了曾经刻骨铭心的爱情。“这种生活轨迹的变化，既是对地理空间的临摹与再现，也是对小说人物心理变化过程的表述与象征。”❶

男女主人公的命运在不同的时空中发展，经历短暂的相遇之后最终分离。作为邮政飞行员，贝尔尼的生活受限于飞机的起飞和降落。他渴望爱情与家庭，因而一度放弃了自己的职业。当他开始另一种想象中的生活时，却发现已不能接受普通人的命运，于是他放弃了爱情，再次回到飞行员的生活。对他而言，天空和

❶ 张海榕：《空间批评视域下的辛克莱·刘易斯小说叙事研究》，《国外文学》2012 年第 4 期，第 131 页。

地面代表着两种人生：一方面，飞行让他实现了一个男人寻找广阔空间的理想；另一方面，他和地面上简陋的宿舍之间形成了一种临时和动荡的关系，这也反映了他现实中的生活方式。相对来说，地面的空间对他而言反而显得陌生，倒是几千米的高空让他觉得熟悉和自在。然而，吉娜叶薇芙则正相反，她习惯了家庭生活中各种舒适而讲究的细节。她和贝尔尼一样选择了放弃原有的生活方式，但最终发现自己已无法摆脱对物质的依赖，因而无法进入贝尔尼所熟悉和依恋的职业空间。最终，她不得不再次回到自己已经习惯的生活，哪怕对此感到无奈、不甘和痛苦。小说的一开始，贝尔尼怀着对过去生活的怀念和对昔日恋人吉娜叶薇芙的向往，试图从天空回到地面，这样的行动轨迹符合一个普通人的心理和需求。同样，对自己原有的生活感到厌倦的吉娜叶薇芙渴望从爱情中找回对生命的热情。对于贝尔尼的职业，她既不了解，也不感兴趣，她尝试的“逃离之旅”从一开始就没有明确的方向。他们都想摆脱自己熟悉的生活、熟悉的不满足、熟悉的空缺、熟悉的痛苦，尝试进入陌生的空间。但最终职业和家庭之间的矛盾不可调和，贝尔尼回到属于他的“天空”，吉娜叶薇芙也不得不留在她已经习惯的地面。故事的背景一开始设定在沙漠，最后贝尔尼也牺牲在沙漠中，空间的前后呼应象征着主人公的命运轨迹在一系列变化之后回到原点。吉娜叶薇芙在经历“逃离之旅”之后，也回到了原来的生活空间。随着情节的发展，人物经历了多个空间的转换，男女主人公生活的空间在短暂的重叠之后重新分离。这样，空间的变化和情节的发展相互推进，构成了小说中想象与现实交织的世界。在线性的时间叙事之外，作家采用了插叙、倒叙、夹叙夹议的方式，表达了主人公充满矛盾的心理。同时，文本中多重空间的跳跃、并置和重组突出了职业和家庭的对立，表现了人物对既定命运的反抗精神。

列斐伏尔认为："空间是一种社会产物"❶，从某种意义上来说，文学作品中的空间就是作者对现实社会的观照，表达了作者的世界观和价值观。在圣埃克絮佩里的作品中，封闭性的空间产生了一种相对闭塞的文明，"在这种文明里，走路有走路的讲究，事物有事物的意义，这种讲究和意义在其他任何文明里都是不存在的。"❷ 在以这种文明为主导思想的现代社会中，人生的意义与价值被局限于单一的物质利益，人们生活在孤独与对抗之中。圣埃克絮佩里笔下的主人公怀着对天空的向往，突破了闭塞文明的局限，摆脱了封闭空间里的一切羁绊，投身于为他人服务的集体事业当中。他在探寻人类更广阔的生存空间的同时，建立起另一种文明——一种职业的文明，并重新定义了爱情、友谊、生命、财富和与人类相关的一切命题。伴随着空间的转换，人类创造出以"人类关系"为基石的新文明。

《南线邮航》中两种空间的对立不仅体现为家庭和职业的矛盾，也表现为贝尔尼与吉娜叶薇芙所代表的两种截然不同的人生观和价值观。贝尔尼是圣埃克絮佩里所塑造的"大写人"的形象之一，较之于其他人物，他具有更为明显的矛盾性。爱情的吸引力让他一度放弃了飞行员的职业，但是根植于他精神中的使命感和责任感让他最终回到职业的集体中，继续履行飞行员的职

❶ Henri Lefebvre, *The Production of Space*, trans. Donald Nicholson-Smith (UK: Wiley-Blackwell, 1992), p. 26.

❷ Antoine de Saint-Exupéry, "Terre des hommes" dans *Oeuvres complètes*: Tome Ⅰ. (Paris: Gallimard, 1994), p. 236.

责。相同的犹豫，相同的选择，相同的命运让贝尔尼、法比克、纪尧梅等成为圣埃克絮佩里所定义的“大写人”。在生活条件艰苦的职业环境中，在随时都可能发生的致命危险面前，他们也会像普通人一样感到厌倦和恐惧，会本能地产生动摇。在作家的笔下，飞行员刚从险境中脱困之后，会因为一顿普通的早餐而留恋日常生活的美好；傍晚时分降落在机场时，也会向往舷窗外的万家灯火。但是，他们仍然放弃了个人的生活乃至生命，选择了超越物质、实现精神意义上的永存。因为，闭塞文明中的一切利益，都不能与向大自然挑战所产生的作为人的骄傲相提并论。圣埃克絮佩里式的英雄们从封闭的空间奔赴开放的空间，是出于对人类处境的清醒认识，对虚无和荒诞的反抗。他们渴望用人类的美德定义真正的人类文明，并由此建立一个新的人类世界。正如学者米尔恰·伊利亚德（Mircea Eliade）所说：“开放的空间是职业的空间，是神圣的空间，因为这种神圣空间的经验让世界的建立成为可能。”[1]

[1] Mircea Eliade, *Le Sacré et le Profane* (Paris: Folio, 1965), p. 60.

第三节 《夜航》——空间蒙太奇

邮政班机在某个地方搏斗。夜航像一种疾病似的延续，因为必须守夜，必须帮助那些用双手和双膝，用胸膛顶着胸膛去迎战黑暗的人。他们什么都不知道，只知道有些活动的东西，看不见的东西。他们必须依靠两条盲目胳膊的力量摆脱这些东西，就像摆脱波涛汹涌的海洋一样。❶

小说《夜航》于1931年由伽利玛出版社出版发行。著名作家安德烈·纪德在听到圣埃克絮佩里向他讲述自己在南美的冒险经历之后，主动提出为《夜航》作序，并指出作品的主题为：超越自我和履行职责的意义。对作家而言，这是又一次以亲身经

❶ Antoine de Saint-Exupéry, "Vol de nuit" dans *Oeuvres complètes*: Tome Ⅰ. (Paris: Gallimard, 1994), p. 132.

历为素材进行的文学创作。书的第一页注明这部作品献给邮政航空公司开发部负责人迪迪埃·多哈先生，因为书中的指挥官李维埃就是以他为原型塑造的。故事发生在南美，航空公司于 1928 年开启了夜间飞行的航线，并组织了一个“夜航”飞行机组。于是，圣埃克絮佩里前往布雷斯特（Brest）接受夜间飞行训练。1929 年 10 月，他被迪迪埃·多哈任命为阿根廷邮政航空公司的航线开发负责人。同年，公司建立了从布宜诺斯艾利斯飞往智利圣地亚哥的新航线（Buenos Aires – Santiago du Chili），途中经过的安第斯山脉就是小说中的主要背景之一。

故事讲述了飞行员法比安在执行任务时遭遇暴风雨并驾驶飞机勇敢地与风雨雷电搏斗。同时，地面上以指挥官李维埃为首的全体机组成员全力开展援救行动，飞行员的妻子西蒙娜（Simone）也来到总指挥办公室，向李维埃提出对飞行员职业的质疑。最后，法比安驾驶的飞机被雷电击中，然而夜航并没有结束。夜幕降临，下一班飞机按时起航。和《南线邮航》中构建的对立空间相似，《夜航》中也形成了富有寓意的多组空间，而且其中的关系更为具体和复杂。在这部作品中，作家延续了《南线邮航》中的空间叙事风格，采取时空并置、跳跃与转换的技巧，以空间的变换推动情节的发展，刻画了指挥官李维埃、督察员罗比洛（Robineau）、飞行员贝勒汗、法比安等一系列为了“夜航”事业忠于职守、无私奉献的人物形象。书中以法比安在航线上经历危险最后牺牲的情节为主线，并通过空间转换和并置的手法，描写了飞行员贝勒汗在安第斯山脉的图蓬加托火山（Tupungato）附近遇到暴风雪的场景。在淡化的时间线上，两个相似而平行的职业空间互为对应，进一步丰富了飞行员的形象，表现了他们优秀的职业素质与高尚的品德，突出了英雄主义和集体主义的主旨。

小说出版后受到读者的热烈欢迎和文学界的好评。圣埃克絮佩里凭借《夜航》获得了在法国颇具声望的费米娜奖，并跻身当时法国最有影响力的作家之列。《夜航》的英文译本于1932年分别在美国和英国出版，并立刻登上各地的畅销书榜。1933年，《夜航》在美国被改编成电影且上映后大获成功。这部电影于1934年3月在法国上映，时间持续了十个星期，将圣埃克絮佩里的作品介绍给了更为广泛的群众。

《夜航》是一本有关“黑夜”的书，其中的“黑夜”既是时间也是空间。黑夜中，执行任务的飞行员面临生死考验；黑夜中，飞行员必须随时警惕雷雨和风暴，还有像“暗礁”般的高山，一不小心就会机毁人亡；黑夜中，飞行员驾驶飞机离开地面，经历考验，完成任务。夜空既是他们与自然力较量的战场，也是他们完成人生蜕变的历程。“黑夜”既是故事发生的背景，也是介入人与大自然之间的神秘力量。它不仅隐含危险，也带给人希望，因为在“黑夜”的尽头，黎明即将到来，经历了“黑夜”之后的飞行员将成为无所畏惧的“大写人”。

书中的多组空间可归为三类：第一类空间是航线，主要由自然空间构成，包括平原、大海、天空、高山等场景；第二类空间是李维埃的办公室、机场和维修车间等工作地点，这里也是夜航的指挥中心和飞机的起落点；第三类空间是家——飞行员法比安的家，其中包括窗帘、床、电话、桌布等元素，构成了一个日常生活的空间。飞行员接到命令立即出发，房间的门将这个封闭的空间与飞行员的职业空间隔离。另外，还有督察员罗比洛的家，其中包括了箱子、照片、信件等物品，反映了机组成员简单朴素的生活环境。与惊心动魄的“夜航”事业相比，这个空间显得暗淡和平庸。通过三类空间的转换，书中人物的命运也相继发生改变。当飞行员离开家进入航线时，他们即将面临大自然的考验——贝勒汗从雪山脱险，法比安牺牲在雷雨之夜，但是他们的精神因为集体的事业而得到传承，生命也随之得到升华。在家与航线之间，是“夜航”的指挥中心，李维埃作为整个机组的枢纽，安排所有航班的行程；机场的其他工作人员，包括维修工人，也为了保障“夜航”的顺利进行，在各自的岗位努力工作。因而，他们同样是“夜航”的参与者。通过行动，他们也实现了自身的“蜕变”。

《夜航》中的空间转换节奏多变，揭示了更为激烈的矛盾冲突，也反映了更为复杂的人物心理。故事的一开始，法比安在平静的航线上飞行，他俯瞰大地，渴望普通人的家庭生活。这时，空间内情节发展节奏平缓。同时，危险已经潜伏在航线的某处，飞行员的视角从平原延伸至大海，再回到天空，平静的气氛中隐约透出一丝紧张。随后，场景切换到飞行员的家中，节奏再次放缓。这里是插叙的片段，作家使用镜像式语言描绘了飞行员和妻子的日常生活，同时揭示了西蒙娜的心理活动。突然，电话铃声响起，法比安接到立刻出发的命令，叙事节奏加快。此时，他即将从生活空间转换到职业空间。随着大门的关上，这一次的空间转换完成。接下来，场景回到航线，节奏在逐步加快，气氛也变得越来越紧张，危险也不知不觉地临近，乌云预示着即将到来的雷雨。与此同时，空间迅速切换到李维埃的办公室。指挥官在两架飞机安全到达之后开始担心法比安所行驶的航线。他从办公室来到机场，然后又回到办公室，空间转换的节奏进一步加快，渲染出紧张和压抑的气氛，反映了飞行员命运的不确定性。接着，故事发展到高潮，法比安在夜空中正面迎战雷雨，一系列连续的动作和频繁介入的自然元素使得叙事节奏持续加快，气氛也变得更为紧张。此时，场景又一次转换到地面的控制中心，包括李维埃在内的所有工作人员正在全力援救处于另一个空间的飞行员。在紧张的气氛中，空间再一次切换到李维埃的办公室。西蒙娜来到这里，她终于对“夜航”提出质疑，她无法理解自己的丈夫为什么要放弃家庭和个人生活而投入危险甚至是致命的工作之中。西蒙娜作为家庭的守卫者，向“夜航”的支持者李维埃质问飞行员牺牲的意义。这样的情节进一步表现了《南线邮航》中空间的对立。在这个短暂的插叙之后，空间再次转换到航线，即法比安和雷雨搏斗的战场，飞行员尝试穿过云层避开雷电。当他终于飞到乌云之上，几乎看到光明的时候，飞机却被雷电击中。此时，紧张的节奏突然变得平缓，色调变得明亮，法比安的命运就此定格。小说的结尾，场景回到“夜航”的起点——夜色之中，下一班飞机再次起航，预示着飞行员未知的前途和新的希望。

事实上，空间转换的循环既揭示了个人既定的命运，也意味着集体事业的延续和传承。作为一名邮政飞行员，圣埃克絮佩里和他笔下大多数的主人公有着相似的经历和相同的结局。在他的作品中，每一次空间的转换都推动了生命意义的改变。他所构建的文学空间不仅是故事发生的背景，同时也和人物一样，是文本的重要构成部分。对其多维度的观照，则是对作家思想的另一种诠释。

第四节　《人类的大地》——人类开垦的空间

关于我们自己，大地对我们的教诲胜过所有的书本，因为大地并不是任我们摆布的。当人类与障碍进行较量时，人类便发现了自己。但是，为了达到这一目的，必须有一个工具，一把锄头，或者一架铁犁。农民在种庄稼的时候逐渐发现大自然的一些秘密，无处不在的真理具有普遍意义。同样，作为航空工具的飞机，也使得人类面临所有古老的问题。[1]

1936年，作家将《破碎的飞行》（*Le Vol Brisé*）、《沙的牢笼》（*Prison de sable*）等几篇作品结集出版，取名为《不妥协的人》（*L'Intransigeant*），其中讲述了他在利比亚沙漠因为飞机故障

---

[1] Antoine de Saint-Exupéry, "Terre des hommes" dans *Oeuvres complètes*: Tome Ⅰ. (Paris: Gallimard, 1994), p. 171.

而遇险的经历，之后这些被收入散文集《人类的大地》的第七章“在沙漠中心”。1938 年，圣埃克絮佩里受到安德烈·纪德的启发，开始写作《人类的大地》。纪德建议他写一本集子，而不是一个连续的故事，不用考虑时间与地点，而是记录作为一名飞行员的感受和思考。1938 年 12 月，根据他的堂兄安德烈·德·冯哥伦布（André de Fonscolombe）的建议，圣埃克絮佩里将原来的书名《风中之星》（*Etoile par grand vent*）改成《人类的大地》（*Terre des hommes*）。这部作品于 1939 年 2 月由伽利玛出版社发行，随后获得了法兰西学院小说大奖（Grand Prix du roman de l'Académie française）。这本书在美国同样获得了成功，英译本由里维斯·加朗蒂耶（Lewis Galantière）翻译，雷纳尔－希区柯克（Reynal & Hitchcock）出版社发行，并更名为《风、沙和星星》（*Wind, Sand and Stars*）。

书名《人类的大地》点明了作品的主旨：讲述人类改造自然、建立家园的故事，阐释作家关于“人化自然”的哲学思辨。马克思认为人类始终是改造大自然的主体，同时，人在改造自然的过程中也实现了自我改造。和马克思一样，圣埃克絮佩里也强调人对大自然的改造，并指出人类通过行动不仅改变了外部的世界，还改变了自身存在的意义。相较之下，圣埃克絮佩里更注重人在改造自然的行动过程中赋予生命的意义，而非物质层面上的改造结果。对飞行员来说，航线就是他们“耕种”（labourer）的大地，见证了人类为理想而付出的时间、精力，乃至生命。作品中频繁出现一系列与“耕种”意义相近的动词，如开垦（défricher）、种植（cultiver）、开发（explorer）、建造（construire）、创造（bâtir）、建立（établir）等。作家描述了人类改造大自然的行动和过程。在他看来，不管是何种职业，行动的本质都是一样的。并且，他认为飞机对于飞行员如同犁对于农民，船对于水手，锄头对于园丁，都是人类改造大自然的工具。因此，飞行员开辟航线就像农民开垦土地，水手航行于大海，园丁种植花草，工匠琢磨作品，各行各业的人都通过自己的职业行动改造自然，耕耘大地，并创造出人类文明。

圣埃克絮佩里在《人类的大地》中专注于自己的职业领域，讲述了飞行员在航线上的经历。书的第一章名叫“航线”（*La ligne*），作家在这个部分回忆了自己职业生涯的开端，揭示了职业的神圣性——飞行员在航线上经历的风雨雷电让他从普通人成为与大自然抗衡的“大写人”。因此，作家在文中使用了一系列宗教词汇。

> 应该让纪尧梅来教化我。❶
>
> 在我执行第一次航行任务的那天清晨，轮到我来参加神圣的就职仪式了。❷
>
> 我们职业的洗礼就是这样进行的……❸

在航线上，飞行员能够看到更具多样性的大自然的全貌。首先，从几千米的高空看去，自然是一个整体，而非地面上所看到的被分割的局部。在相对广阔的视野中，天、地、人融为一体。

---

❶ Antoine de Saint-Exupéry, “Terre des hommes” dans *Oeuvres complètes*: Tome Ⅰ.（Paris: Gallimard, 1994）, p. 175.

❷ Antoine de Saint-Exupéry, “Terre des hommes” dans *Oeuvres complètes*: Tome Ⅰ.（Paris: Gallimard, 1994）, p. 179.

❸ Antoine de Saint-Exupéry, “Terre des hommes” dans *Oeuvres complètes*: Tome Ⅰ.（Paris: Gallimard, 1994）, p. 180.

其次，当飞行员飞跃江河湖海、高山荒漠时，大自然对于他的意义不同于常人：飞行员不像普通人那样只是欣赏风景，更多的时候需要密切地观察自然，就像农民熟悉四季更替对农作物生长的影响，飞行员通过观察各种自然现象推测天气的变化和航线上可能出现的情况。最后，飞机让人类进入一个新的世界。飞行员在沙漠中看到史前的巨石；在山顶上发现远古时代坠落的陨石；从几千米的高空目睹火山喷发的整个过程……这些大自然的历史和景象是普通人无法见证的奇观。

在航线上，飞行员实现了从普通人到“大写人”的蜕变。他翱翔在天地之间，一种自豪感在心中油然而生，那是作为人的骄傲，是对这份敢和大自然较量的勇气的嘉奖。尤其在遇到恶劣天气的时候，他必须冒着生命危险与强大的自然力对抗，因为他肩负着职业的使命。不管行动的结果如何，航线上发生的一切都证明了生命的价值和存在的意义。圣埃克絮佩里的所有作品几乎都在讲述航线上发生的故事，对他而言，航线就是“大写人”的熔炉，是让人脱胎换骨的“修炼场”。

在《杂文集》（*Articles*）中，圣埃克絮佩里回忆了战友约瑟夫－玛丽·勒布里（Joseph-Marie le Brix）的事迹。这个人物虽然没有像纪尧梅和梅尔莫兹那样出名，却是作家所定义的“大写人”的典型代表。勒布里是一个几乎完美的人，他直爽、诚实、谦虚、勇敢、慷慨大方、坚定乐观。在一次执行任务的途中，他驾驶的飞机在蒂梅丽斯海角发生故障，这是撒哈拉沙漠最炎热的地方。在五十摄氏度的高温下，他几乎渴死，并且发起了高烧。然而在这样的生死关头，他首先想到的是修好飞机继续飞行。事实上，支持勒布里超越生理极限的职业信念，就是“勒布里身上所具有的高贵的道德品质”❶。圣埃克絮佩里将美德与职业相连，使得行动成为塑造人的途径。正如他所说：“超凡的信念，是可以造就命运的信念之一。”❷ 圣埃克絮佩里认为，这种超凡的信念能够让人无坚不摧、不惧艰险。具有这种信念的人即使失败，也是个人的失败，因为他们维护了作为人的尊严，而个人的失败是人类神圣事业的一部分和必经阶段，可以提供经验参考。

在航线上，飞行员能够深刻体会人与大地无法割舍的联系。在执行任务的途中，他们与日月星辰做伴，没有城市的喧嚣，也感受不到家庭的温暖，孤独在漫长的旅程中逐渐演变成强烈的渴望：一种对平凡幸福的向往，包含了家庭、爱情、日常的一切细节。当飞行员在几千米的高空遭遇危险的时候，他最大的愿望就是竭尽所能回到他熟悉的大地。圣埃克絮佩里在《人类的大地》中描述了脱险之后的亲身感受：一个普通的清晨，对于雷里和“我”却意义重大，因为“我们”刚刚死里逃生，差一点就回不到这个熟悉的星球。绝境中偶然生还的两个人在着陆后止步于路边的一家小饭馆，享受了一顿平凡的早餐。然而，此刻“我们”体会到从未有过的幸福，那是在激动人心的战斗之后才能感受到的平静和愉悦，也是对生命的赞赏与珍惜：

> ……雷里和我，平平安安地在桌旁就座，笑谈着夜间的经历。在我们面前的桌子上，摆着热乎乎的新月形的小面包

---

❶ Antoine de Saint-Exupéry, “Terre des hommes” dans *Oeuvres complètes*: Tome Ⅰ. (Paris: Gallimard, 1994), p. 180.

❷ Antoine de Saint-Exupéry, “Préfaces” dans *Oeuvres complètes*: Tome Ⅰ. (Paris: Gallimard, 1994), p. 429.

和牛奶咖啡，雷里和我享用着生活中的这份早点……对我来说，生的欢乐就表现在喝这第一口香喷喷、热乎乎的牛奶咖啡上，就表现在搭配牛奶咖啡的面包上。而这些食品又使人们联想到安静的牧场、外来的作物和被收割的庄稼，从这些食品，人们想起了整个大地。在众多的星球当中，只有在它这里才能制作出这份一伸手就能拿到的芳香可口的早餐。[1]

然而，圣埃克絮佩里依恋的人类的大地并不包括城市，他所向往的是童年的城堡，田野中的村庄，甚至是荒芜贫瘠的沙漠。在他看来，钢筋水泥砌成的高楼大厦千篇一律，表面上的繁华桎梏了人的眼界，喧闹的人声并不能让人摆脱孤独与无助，城市中营营役役的生活与对物质的执念让人的思想变得狭隘与虚妄。只有这一次，在险些丧生的飞行员眼中，黎明的小城充满了“生的欢乐”，洋溢着生命的活力和热情。这一次，圣埃克絮佩里笔下的主人公对城市表现出稍许的亲近。彼时在远离地面的夜空，飞行员俯瞰地面的万家灯火，不禁向往普通人生活中微小而平凡的幸福。这也是他用生命去捍卫的幸福，而他自己却鲜少体验。然而，放弃个人幸福换来他人享受幸福的权利，是飞行员自愿做出的选择和牺牲。大地上的人们在陈规旧俗中度过重复的日月，对生活的细节早已麻木，一切都是按部就班和理所当然。但是，黎明时分的小饭馆、第一口香喷喷的面包和牛奶咖啡，这些被普通人习以为常的事物，却被飞行员看作上帝的馈赠，让他感到生之幸福和人间的美好。作家用了“香喷喷”“热乎乎”等一连串形

---

[1] Antoine de Saint-Exupéry, “Terre des hommes” dans *Oeuvres complètes*: Tome Ⅰ. (Paris: Gallimard, 1994), p. 183.

容词让人感到生活的温暖和片刻的满足。然而，飞行员注定要“从日常生活中的这些琐碎中摆脱出来，仔细地权衡自然的力量”❶。在作家眼中，普通人的幸福虽长久却平庸，飞行员感受到的幸福虽短暂却意义非凡。这两种幸福之间是大地和天空的距离，分别投射于存在的现实和理想。

在航线上，集体成员之间建立起真正的友谊，是一种以共同理想和集体事业为基础的相互联系，被圣埃克絮佩里定义为“真正的人类财富”❷。在一味追求物质利益的现代社会，圣埃克絮佩里更加关注人类的精神世界。他认为，人与人之间只有建立真实的、相互的、整体的联系才能体现存在的意义。机组成员之间的友爱之情首先是一种职业关系，是建立在“志同道合”基础上的互相信任、互相合作、互相承担的平等关系。这种关系不受世俗的影响，甚至超脱了时空的约束。飞行员们偶尔会在长时间的分别后短暂相聚，虽然行色匆匆，却丝毫不妨碍他们之间的默契和友爱。在作家看来，真正的友谊是分享共同的经历、投入共同的事业、拥有共同的理想，是“……超于世俗琐碎之上的精神大巡游”❸。在《人类的大地》中，作家讲述了在抵抗区度过的一个夜晚。三名机组成员因为飞机出现机械故障而迫降在里奥德奥罗附近，在随时都可能面临生命威胁的荒漠深处，“光秃秃的

❶ Françoise Brin, *Étude sur Terre des hommes* (Paris: Ellipses, 2000), p. 31.

❷ Antoine de Saint-Exupéry, "Terre des hommes" dans *Oeuvres complètes*: Tome Ⅰ. (Paris: Gallimard, 1994), p. 189.

❸ Antoine de Saint-Exupéry, "Citadelle" dans *Oeuvres complètes*: Tome Ⅱ. (Paris: Gallimard, 1994), p. 507.

地壳犹如洪荒年代的孑遗”❶，然而“一无所有的男子汉们却分享着一份肉眼看不到的财富”❷。他们在等待着被救或被摩尔人屠杀。在如此危险的处境中，他们却安之若素。对他们来说，这一夜就像节日的前夜，在风沙、星辰的背景下，他们感受到“同属于一个团体”❸ 的快乐。于是，他们在荒漠上建立起一个“人间村落”❹，肩并肩分享着这份“看不见的财富”❺。

在航线上，飞行员通过为他人服务与奉献的职业行动和大地上的居民建立起更为广泛的“人类联系”（la relation humaine）。航线连接着世界的每一个角落，飞行员为相距遥远的人们搭建起交流的“桥梁”，也让人类与大自然联系得更加紧密。虽然履行职责需要放弃个人的家庭、爱情、幸福乃至生命，但他们自觉自愿地做出选择并接受了既定的命运。梅尔莫兹在无数次的探险之后最终魂归大海；纪尧梅从雪山死里逃生之后也牺牲在一次执行任务的途中；曾经战胜巨龙般暴风雪的贝勒汗却最终葬身于山峦之间。圣埃克絮佩里和他的战友们飞跃高山大海，切断了自己和大地的联系，在万里长空开辟出一片更为广阔的“人类的大地”。他们的努力与牺牲换来了无数陌生人的幸福生活，而他们也将这份无私的爱与责任传播到世界的每一个角落，创造出一个普遍相关、紧密相连的团结大家庭。

在航线上，飞行员经历各种考验直至牺牲。他们欣然接受既定的命运，因为他们相信人类生命的旅程并不会因为个体的消亡而结束。航线赋予存在新的意义，让人类得到整体意义上的延续

---

❶❷❸❹❺ Antoine de Saint-Exupéry, “Terre des hommes” dans *Oeuvres complètes*: Tome Ⅰ. (Paris: Gallimard, 1994), p. 190.

和发展。这是圣埃克絮佩里作品中的主人公接受命运的唯一理由。在几千米的高空中危机四伏，稍有疏忽就可能送掉性命。狭小的机舱内，飞行员必须独自面对苍茫宇宙中的风云变幻和一切难以预料的危险。有时候，执行任务的旅程安宁平静，飞行员得以顺利返航；有时候，坏天气不期而至，飞行员不得不全力与力量悬殊的大自然周旋较量，或是平安脱险，或是机毁人亡。即使是经验丰富的飞行员，如纪尧梅、梅尔莫兹、贝勒汗等，最后都牺牲在执行任务的途中。这似乎成为圣埃克絮佩里那个时代飞行员的宿命，而他们从一开始就已经明了这样的结局。年轻的飞行员在职业生涯的开端往往被郑重地告诫："在云海的上空，凭着指南针飞行是很有意思的，很痛快，但是你要记住：云海下面那可是永恒。"[1] "永恒"对于普通人来说就是"死亡"，但是圣埃克絮佩里在作品中描述的"死亡"却充满诗意，给人一种优雅而动人的印象。就像小王子说："我看上去死了，但那不是真的……你知道，（我的星球）太远了，我不能带着这副身躯，它太重了……就像是蜕去一层旧皮，这一切并不悲伤。"[2] 在圣埃克絮佩里生活的时代，飞机还是一种仍不完善的新鲜事物，不仅频繁发生故障，即使没有遇到坏天气，也可能导致飞行员在行程中随时丧命。虽然离死亡如此之近，作家笔下的飞行员们却冷静而潇洒。在小说《飞行员》中，作家就用一种淡然的语调描述了一场事故的结果："皮雄学员明白了些什么：人是会死的，而死

---

[1] Antoine de Saint-Exupéry, "Terre des hommes" dans *Oeuvres complètes*: Tome Ⅰ. (Paris: Gallimard, 1994), p. 175.

[2] Antoine de Saint-Exupéry, "Le Petit Prince" dans *Oeuvres complètes*: Tome Ⅱ. (Paris: Gallimard, 1994), pp. 314-315.

亡不会有多大动静。这种与死亡的亲密接触让他们几乎感到骄傲……然而，死亡就在那里，毫不夸张，纯粹地存在着。”❶ 这种一反常态的冷静，既表现了飞行员们的勇敢无畏，也暗示了他们既定的命运。

诚然，航线寄托了飞行员的人生理想，但也充满了难以预料的致命危险。他们驾驶飞机在天地之间翱翔，在云海之上盘旋，实现了人类接近神祇、探索自然的梦想。然而在梦想之外，是孤独和痛苦，是放弃与牺牲。即便如此，他们仍然坚持履行自己的职责，他们甚至为能与死亡亲密接触而感到自豪，因为他们摆脱了地面上世俗生活的惯例，实现了一种更为积极、更为充实和更有意义的人生。因此，航线对他们而言，是战场，是圣地，是一段脱胎换骨的历程，也是一条联系着人类和大自然的纽带。贝尔尼在《南线邮航》中借一封信吐露了职业人追求理想的渴望："我又急于离开，急于去远方寻找我的感受、我的未知，因为我就是那个寻找水源的勘探者，我渴望挥动探测棒，走遍世界，直至找到宝藏。”❷ 的确，航线延伸到无边无际的宇宙，通向人类未知的领域，向人类预示着无限的可能性。它所连接的空间浩瀚无垠、惊心动魄，其中的每一条新的航线都激起飞行员心中新的情感、新的热忱和新的希望。

---

❶ Antoine de Saint-Exupéry, "L'Aviateur" dans *Oeuvres complètes*: Tome Ⅰ. (Paris: Gallimard, 1994), p. 33.

❷ Antoine de Saint-Exupéry, "Courrier sud" dans *Oeuvres complètes*: Tome Ⅰ. (Paris: Gallimard, 1994), p. 52.

第五节 《战争飞行员》——被摧毁的空间

我们清楚地知道，我们别无选择，只能飞蛾扑火，即便毫无作用。我们在全法国有五十个机组！我们肩负着法国军队的战略任务！森林大火一望无际，尚有几杯水来灭火的话，那就牺牲这“几杯水”吧。❶

1939 年 9 月 3 日，法国对德国宣战。圣埃克絮佩里再次入伍并被分配到“2/33”飞行大队，执行摄影侦察任务。1940 年 6 月 22 日，法、德签署停战协定。1940 年夏天，圣埃克絮佩里复员，因不愿归属任何政治集团而遭受各方排挤，不得不流亡美国。

---

❶ Antoine de Saint-Exupéry, “Pilote de Guerre” dans *Oeuvres complètes*: Tome Ⅱ. (Paris: Gallimard, 1994), p. 115.

1940 年 12 月，《战争飞行员》在美国出版。作家讲述了“2/33”飞行大队的机组成员在战争中执行任务的故事，从飞行员的视角描述了他眼中的战争，倾诉了他感受到的恐惧、耻辱和挫败。其中，1940 年 5 月 23 日，他在阿拉斯执行任务的经历也成为此书英文版标题的来源。

圣埃克絮佩里通过这部作品揭示了 1940 年 6 月前后法国投降的一部分历史，为读者展现了法国空军所进行的艰苦而卓绝的战斗。该书于 1942 年 2 月在美国以法文和英文同时出版，英文标题为《飞往阿拉斯》（*Flight to Arras*）。这本书的法文版由美国的法国之家出版社（Éditions de la Maison Française）出版，英文版由雷纳尔 - 希区柯克出版社（Reynal & Hitchcock）出版，译者是里维斯・加朗蒂耶（Lewis Galantière）。书中描写的情景和作者讲述的故事在美国读者中引起了强烈的反响，连续六个月占据最畅销小说榜的榜首，更重要的是，这本书改变了当时在美国公众眼中的法国形象。1942 年年底，法国伽利玛出版社将这本书提交德国宣传部门并获准在法国出版发行。战争时期，法国国内出现了许多关系复杂甚至对立的政治运动，如维希主义、贝当主义、马尔萨斯主义、戴高乐主义……因此，《战争飞行员》在法国并没有像在美国那样被当成一部没有政治意图的单纯的作品。相反，当时的法国媒体对圣埃克絮佩里表现出明显的敌意。戴高乐的拥护者也谴责这本书中所描写的暴力和残酷的场面。最后，当局查禁了这部小说，只有一些地下的抵抗运动者秘密印刷了数量不多的版本。

小说讲述了 1940 年 6 月，圣埃克絮佩里所在的“2/33”飞行大队积极参战但伤亡惨重的经历。他和副手杜泰尔特接到指挥官阿里亚斯的命令，飞到阿拉斯海拔七百米的坦克营上空执行任务。作为职业飞行员，他意识到这样的命令无异于想以杯水车薪之力扭转整个战局，不仅没有实际的意义，而且执行任务的人必定有去无回。但他们仍然接受了任务，就像守护没有内容的仪式。荒诞的现实让飞行员不禁质疑法国卷入这场战争的意义。在圣埃克絮佩里看来，尽管人们明白战争会剥夺人的生命和尊严，但是法国仍不可避免地陷入战争，并试图通过牺牲无数的生命来保卫某种局限的、荒谬的、虚伪的所谓文明。作家通过对战争中人类悲剧的描写和思考阐明了自己对战争的看法。他怀着对同胞和国家的热爱，从西方文明的根源与发展历史反思人类战争，同时表现出乐观主义精神，他相信人类能够在战争的废墟之上重建家园。因对美德的信仰，他强调精神的力量能够激励人类超越自我，牺牲自我，创造真正的人类文明。《战争飞行员》延续了作家一贯冷静和客观的笔调，在夹叙夹议中揭示了战争残酷、荒诞和虚伪的本质。他所描述的或许不是很多人所能看到和愿意看到的，但其中的场景却曾经真实存在。通过这部作品，圣埃克絮佩里给人们留下了关于那个时代的一份独特的笔记。

除了《战争飞行员》，圣埃克絮佩里还写了不少的随笔、杂文和报道，阐述了自己对战争的感受和反思。在作家的青少年时期，适逢第一次世界大战，夜空中刺耳的轰炸警报让他一生都难以忘怀。1921 年，刚刚获得飞行员资格的圣埃克絮佩里第一次执行的任务就是驾驶飞机侦察敌情。“二战”期间，他加入声名卓著的“2/33”飞行大队，看到了战争给人类带来的痛苦和悲剧。因此，他在停战期间远走美国，呼吁当时的美国政府能够介入战争，挽救当时一再战败的法国。1943 年 4 月，他重新回到法国，担任飞行大队教官，但在1944年7月执行任务时失踪。直到六十多年以后，他当时驾驶的飞机残骸才被发现。可以说，圣埃克絮佩里的一生都在观察和经历战争，对战争的思考是其哲学思想的重要组成部分。同时，他作品中所描写的战争场景，因为观察的角度不同，给人留下了独特的印象。

当飞行员从远距离的高空向地面靠近时，他对这场战争的悲剧也看得越来越清楚，高空的疏离感随着与地面的接近而逐渐消失，他的感受如同地面上的人一般身临其境。先前不同寻常的印象转变为对这场悲剧的亲身感受。当他回到地面，他意识到所有在高空看到的缓慢的，甚至静止的场景在这里都变成了摧毁一切的打击，所有在机舱内听不到的绝望呼喊在此时听起来都撕心裂肺。不管是在几千米的高空还是在大地，人类都无法摆脱荒谬而悲惨的命运，他在书中写道："我想象着，在云层下，一片黑暗。那儿是一个大汤碗，里面煨着战斗。路上交通阻塞，到处是火，是散落的设备，被蹂躏的村庄，杂乱无章，……到处都杂乱无章，阴云下，他们在荒谬中挣扎着，如同石块下的甲壳虫。"❶

不管是天空，还是地面，战争的残酷都让人无法回避，而飞行员往来于这两个空间，看到的是被战争摧毁的大自然和人类社会以及整个人类的历史与文明。敌人的飞机掠过地面，向逃难的人群扫射，大地变成了废墟。天空也不平静，成为另一个战场。那些"群匿在黑暗中的猛兽"❷ 组成"发射的壁垒"❸，被击中

---

❶ Antoine de Saint-Exupéry, "Pilote de Guerre" dans *Oeuvres complètes*: Tome Ⅱ. (Paris: Gallimard, 1994), p. 161.

❷❸ Antoine de Saint-Exupéry, "Pilote de Guerre" dans *Oeuvres complètes*: Tome Ⅱ. (Paris: Gallimard, 1994), p. 190.

的飞机顷刻就会着火爆炸。不管天上地下，一切都笼罩在战火中被毁灭殆尽。战争飞行员在无力扭转的现实面前，仍然不顾一切地尝试以一己之力拯救被毁灭的人类与文明，表现出深刻的人文主义情怀和高尚的道德品质。作家亲历了这场人类历史上的灾难，感叹战争毁灭了一切存在的意义，就像一片三百年历史的森林因为阻碍了狙击手的射程而被烧毁。在战火中，不仅是房屋、森林、道路被摧毁，生命、历史、宗教都失去了存在的意义。在书中，“我”、杜泰尔特、奥士德，以及所有飞行大队的成员与敌人的战机周旋于火海之中。尽管他们不惧危险，直面死亡，但他们的倾尽全力在战争中只是“杯水车薪”，他们无法改变面前的现实，无法拯救被战争摧毁的家园、历史、文明乃至人性。就像圣埃克絮佩里在《莫斯科》中描述的矿工，他们被剥夺了一切，家园、财富、工作，乃至亲人、朋友，仅仅保留了性命却成为一群“野兽”[1]：无法在他们身上找到文明、优雅、幸福和历史留下的美好的痕迹。在逃亡的火车上，他们不知道终点在哪里，或许对他们来说这并不重要。因为他们没有选择，没有希望，没有未来，这就是战争带给人类的除死亡之外的唯一命运。

---

[1] Antoine de Saint-Exupéry, “Reportages” dans *Oeuvres complètes*: Tome Ⅰ. (Paris: Gallimard, 1994), p. 371.

第六节 《小王子》——相遇的世界

本质是肉眼看不见的，只有用心才能看得清楚。[1]

圣埃克絮佩里在1942年流亡美国期间开始构思《小王子》。这段时期作家心情郁闷，生活和事业都不顺利。一方面，他原本希望美国能够帮助法国摆脱战争的阴影，但是他的诉求一直没有得到官方的回复，同时，他难以适应在美国的生活，他的朋友很少，不擅交际，又拒绝讲英语，因此他不可避免地感到孤独和失望；另一方面，随他定居美国的妻子龚絮萝与他的关系时好时坏，两人分别住在不同的公寓，各自有不同的社交圈，夫妻感情十分微妙。此外，在几次严重的飞行事故中受伤所导致的后遗症

[1] Antoine de Saint-Exupéry, "Le Petit Prince" dans *Oeuvres complètes*: Tome Ⅱ. (Paris: Gallimard, 1994), p. 298.

使他不得不停止飞行，并且需要他人的照顾和安慰，而龚絮萝因忙于社交，也因为圣埃克絮佩里与其他女性密友的交往而刻意地与之保持距离。身在异乡的孤独和伤痛让作家想摆脱眼前无可奈何的现实，他想起了已经牺牲的战友，回忆以往甜蜜的爱情，思考人生的意义和职业的使命。他渴望通过下一部作品来观照自己的内心，寻找幸福的意义。在不自觉的“涂鸦”中，“小王子”诞生了——就是那个长着一头金发的男孩，也是困惑和忧伤的旅行者；纯真简单如孩童，勇敢坚定胜成人。

1943 年 4 月，《小王子》在美国出版，法文版在作家去世后的 1946 年由伽利玛出版社出版发行。这部童话体裁的作品充满诗意和哲理，涉及几乎所有人类存在的重大命题：爱情、友谊、死亡、生命、幸福、孤独、空间和时间，等等。作品讲述了飞行员由于飞机故障迫降在撒哈拉沙漠，遇到了从外星球来的小王子，而两人的友谊始于一幅关于羊的画。之后，小王子向他讲述了自己和“玫瑰”的相遇，在宇宙中访问各个星球的经历，以及到达地球之后的所见所闻。随着对小王子的了解，飞行员对人生的意义逐渐有了新的认识。为了在沙漠中求生，他和小王子一起出发去寻找水源。长途跋涉之后，他们终于在天亮时分找到一口井。于是，作家指出，原来幸福很简单，也许是一朵玫瑰花，也许是一点点水。为了回家去找玫瑰，小王子请求蛇的帮助，以死亡为代价回归 B612 星球。临行前，小王子平静而坚定，在所有人都惧怕的死亡面前镇定自若，他告诉飞行员“也许我看上去是死了，但是这不是真的”[1]。

即使在最残酷的现实面前，小王子仍然平静、勇敢。他接受了自己选择的命运，牺牲自己的一切，留给人们的却是希望和对美好爱情的向往。小王子虽然是童话的主人公，但是他就像我们身边的普通人，甚至是我们自己——曾经迷茫，因而想寻找答案；曾经奋斗见识过外面的世界，因而更加清醒；曾经爱过、痛苦过，因而更加渴望幸福。《小王子》并不是一个结局皆大欢喜的简单童话，在这个虚构的世界中，永远隐藏着成人们无法了解的真相，那是作家面对心中的困惑所进行的反省和思辨。他不相信眼前的现实，也显然不满足于这样的现实，他希望自己能够发现获得幸福的途径，找到人生的意义和方向。书中的“我”和小王子的对话就像是作家在现实和理想之间的自我审视与自我询问，但圣埃克絮佩里最终给这个他并不满意的现实世界留下了理想和希望。在书的结尾，六年之后，飞行员仍然等待着小王子归来。当看到天空中的星星时，他会想到这个朋友，因为小王子也许就在其中。

小王子来自一个虚构的、宇宙中的遥远小星球。事实上，这是作家借助童话构建的一个远离战争、远离痛苦的“别处”。小王子单纯善良、不谙世事，但他坚定勇敢，对外面的世界充满了好奇心。他没有占有欲、没有仇恨、没有偏见，只有对玫瑰的念念深情和对家园的赤子之心。如果说之前作家在其他作品中塑造的飞行员诠释了他所定义的“大写人”形象，那么这一次他选

---

[1] Antoine de Saint-Exupéry, “Le Petit Prince” dans *Oeuvres complètes*: Tome Ⅱ. (Paris: Gallimard, 1994), p. 314.

择了小王子来扮演这个角色。只不过小王子还融入了作家执着的童年梦想，显得更加惹人怜爱。小王子就像现实世界中的孩子，他的价值观、世界观与现代社会中的“大人们”背道而驰。回顾圣埃克絮佩里的作品，其中总抹不去对童年的美好回忆。在残酷的现实中，童年代表了他唯一确实经历过的美好生活。因此，从某种意义上来说，小王子也是作家理想中的“我”，一个成年人心中永远不变的天真少年。

另外，小王子和玫瑰的故事也恰恰契合了圣埃克絮佩里和龚絮萝的爱情经历。作家在执行最后一次任务的前夕，给妻子写下了最后一封信，似乎已然预见他们之间永远的别离。怀着留恋之情，他在信中写道：“你将不再是带刺的玫瑰，而是永远等待着王子的公主。”❶ 作家是多么希望再次和心爱的“玫瑰”重逢，忘却以往两人之间的争执，但是一切都在 1944 年 7 月的那一天定格了。从此，“玫瑰”永远等候着她的“小王子”，龚絮萝写下了《玫瑰的回忆》纪念自己和圣埃克絮佩里相识相知的岁月。鉴于所有的这些“巧合”，我们没有理由否认作家和小王子之间的联系，以及作家对这个理想人物的向往，正如圣埃克絮佩里传记的作者皮埃尔·舍傅里耶（Pierre Chevrier）所说：“圣埃克絮佩里留给我们的最真实的写照就是他的小王子形象。”❷

在这个以沙漠为背景的关于“相遇”的故事中，作家采用了第一人称讲述他与小王子、小王子与玫瑰，还有狐狸与小王子之间的相识，并在对话中称对方为“你”，而当他谈到大人们的

---

❶ Consuelo de Saint-Exupéry, *Mémoires de la rose* (Paris: Plon, 2000), p. 272.

❷ Pierre Chevrier, *Saint-Exupéry* (Paris: Gallimard, 1958), p. 73.

时候，使用的则是第三人称。显然，第一人称和第二人称更能让读者产生“共情”，而用第三人称所描述的人与世界，让我们本能地感到疏离。参考德国哲学家马丁·布伯的关系论思想，“我和你”是理想的、平等的人类关系，而“我和它”是利用和征服的关系。前者是真实的、相互的联系，而后者是表面的、断裂的联系。因此，在“我”和“你”之间才会产生真正的友谊和爱，而“我”和“它”之间不存在有意义的交流和联系，彼此之间分离而陌生。作家采用童话的体裁，表现了他对现实的抗拒。他希望能够“在别处”找到自己的生活和理想。他用第三人称描绘“成人世界”，显示出他对“成人世界”的不适应和不满意。他需要一个童话来实现超越现实的意图。

与圣埃克絮佩里的其他作品相比，《小王子》的叙事和题材独具一格，但主题与其他作品相通。首先，从作家的第一部作品《飞行员》开始，他所讲的故事就没有离开过飞行的主题。在《小王子》中，作为主角之一的飞行员，还有作家真实经历过的沙漠生活以及感悟都呈现在作品中。其次，作品探讨了与飞行主题密切相关的生与死的问题，《小王子》中的飞行员在一次飞机事故中迫降在沙漠，这是一个了无生机的地方，而恰恰在这里，他找到了象征生命之源的“井”。当小王子意识到他对玫瑰的责任比生命更为重要的时候，他选择“就像是蜕去一层旧皮”[1] 一样抛弃生命的表象，追求存在的意义。小说围绕小王子和玫瑰的故事，阐释了“爱”与“责任”之间的联系，因为小王子意识

---

[1] Antoine de Saint-Exupéry, “Le Petit Prince” dans *Oeuvres complètes*: Tome Ⅱ. (Paris: Gallimard, 1994), p. 315.

到正是他为玫瑰付出的时间才让她变得如此重要。花园中的五千朵玫瑰虽然看上去和他的玫瑰没有什么不同，但对他毫无意义。最后，通过小王子和狐狸以及飞行员的相遇，作家表达了对“友谊”的认识。他使用“驯化”来定义真正的“友谊”，并生动地描述了小王子和狐狸相互驯化的过程，以及他们双方因为“驯化”所发生的本质上的改变。另外，作家提到小王子生活的星球上存在着“种子”和“猴面包树”。这些元素显然具有影射和象征的意义，倘若结合当时的创作背景，不难发现其中蕴含着作家对战争和法西斯主义的批判。

《小王子》这部作品呈现了两个世界：一个是“孩子的世界”，另一个是“大人的世界”。小王子居住的 B612 星球属于前者，是远离人类文明的地方；小王子在宇宙旅行经过的六个星球则属于后者，象征现实的人类社会。所以“我”和小王子的相遇才会发生在人迹罕至、与现代文明相隔的沙漠。因为童话的美好难以存在于现实。从一开始对童年画作的回忆，到执着地等待小王子归来的故事结尾，童话的世界超乎想象地简单，却被赋予了人性的温暖、良善和希望。一如小王子对玫瑰的爱情，再如小王子和狐狸的友谊，还有飞行员对童年的眷恋，以及所有人对小王子的希冀。

第七节 《城堡》——寓意隽永的诗意空间

因为我觉得人与城堡很相似，人要打破围墙自由自在，就会只剩下一堆暴露在星光下的残垣断壁，置身于无处存身的忧患。他应该把嫩芽萌生的清香、修剪母羊羊毛时的气息看作他的真理。真理就像一口井，越掘越深。左顾右盼不会看清上帝的面目。聚精会神，只知道羊毛重量的贤人要比受黑夜诱惑的轻浮女子更了解上帝。城堡，我将把你建在人类的心中。❶

圣埃克絮佩里曾经称《城堡》是自己的身后作，结果一语成谶。他于1936年动笔，其间陆续完成了最后几部作品：《人类的大地》《战争飞行员》和《小王子》，直到1944年他牺牲之

❶ Antoine de Saint-Exupéry, "Citadelle" dans *Oeuvres complètes*: Tome Ⅱ. (Paris: Gallimard, 1994), p. 374.

时，这本书都没有完成。《城堡》的手稿在圣埃克絮佩里辗转各地时被放在手提箱中，最终在他去世后于 1948 年出版。事实上，书稿并没有完成，出版时被编为二百一十九章，各个部分的顺序有所调整，以便让内容能够更集中地表达作家的思想。

这本散文集讲述了沙漠居民的战斗、劳作和日常生活，表达了作家对大自然的敬畏和对生命的赞美。叙述者是一位柏柏尔族的首领，他在临死前将自己的人生经验传授给他的儿子。在忽略了时空的背景下，情节已经不那么重要，取而代之的是作家精神漫游时对宇宙和人类的观照与思考。关于这部作品众说纷纭，有的人将其看作又一部《一千零一夜》，因为他们关注的是其中充满异国情调和神秘气氛的传说；有的人领悟到的是书中的政治权谋，这种说法也许更符合当时的社会舆论热点：1948 年 7 月刊行的《圆桌》（*La Table ronde*）杂志就以《柏柏尔首领》（*Seigneur berbère*）为标题刊登了《城堡》的一部分；有的人主张要更深入地理解这部作品对人类的精神警诫，特别是人类与大自然的关系。作家不再将大自然和人放在对抗的关系中，而是赋予大自然一种神圣和超然的地位。从更深入的角度解读这部作品，就如同探索作家的整个精神世界：随着作家缥缈的思绪超越时空之外，回溯和展望人类发展的历史，包括他对于人、自然、神、生命以及万物之联系的思考。

《城堡》的故事背景是一望无际的沙漠。作家将整个大自然和人类社会置于这个无法探知边界的空间，向读者描述了去除一切物质粉饰和伪装的人类世界，而其中的人是永远的主角。但和作者以往作品不同的是，《城堡》中的人类与大自然和谐地融为一体，正如作者对“城堡”的解释：“我觉得人与城堡很相似。”[1] 在圣埃克絮佩里看来，人类所有的奋斗都是为了将自己从上帝创造的一块粗坯，靠自己的力量锻造成“大写人”，获得生命的意义而超越生死。同时，人类创造的文明将被铸成永恒的圣殿，就像矗立在沙漠中历经岁月的城堡。在书中，看似缥缈虚无的空间，充满着人类真实的生活和奋斗。所有的收获让人心怀希望，相信在虚无中的挣扎，也许终有一天能够成为人类历史上至关重要的阶段。作品以诗意的笔调，融合了浪漫、忧伤、虔诚和圣洁的气氛，就像一位智者向所有生活在大地上的人们传授关于自然和生命的秘密。

书中的时间模糊不清，各种身份的人物相继登场，看似散乱的片段隐藏着那位濒死的首领向人类传达的信息。显然，作家的思想充满了矛盾，他歌颂人的力量、行动的意义，同时表达了对大自然威力的敬畏和膜拜。因为作品诞生在第二次世界大战期间，所以评论家们也将其看成是作家对现实的绝望书写和对希望的美好憧憬。我们可以在书中找到美妙的比喻、智慧的论断、丰富的想象和生动的画面，这一切都出现在不连续的、甚至矛盾的情节当中。有些人并不认为这是一部成功的文学作品，但它却包含了最美丽的篇章、最真挚的情感、最深沉的思想和最深刻的忧患。至于那些冗长的说教和长篇累牍的内心独白，以及带有神秘主义色彩的隐喻，则表达了作家执着的愿望：他希望人类在这个世界上能够留下痕迹，虽然在大自然

[1] Antoine de Saint-Exupéry, “Citadelle” dans *Oeuvres complètes*: Tome Ⅱ. (Paris: Gallimard, 1994), p. 374.

中，这些痕迹可能一瞬间就会被抹去，但是通过年深日久的劳作和世代延续的坚持，人类终将在不可战胜的自然中建立起“城堡”，留下人类文明的丰碑。作为一个身体力行的实践主义者，这部作品对作家而言是一种大胆的尝试，他在神秘严正的宗教气氛和信马由缰的想象之间徘徊，创造出一个虚实相交的、充满诗意的文学空间。

《城堡》中的人物大都是普通人：工匠、战士、家庭妇女……作家赞赏普通人因为职业而获得的品质。在他看来，行动是人类摆脱虚无的唯一方式，美德则是让人类整体永存和传承的纽带。同时，他将人性中的平凡和伟大扩展向大自然，构建出一个人类、大自然和神祇融为一体的现实与想象交替的空间。所有超然于现实之上的安排，都源于作家无法摆脱的理想主义思想。他的所有实践、所有尝试和所有行动是为了让个体的短暂存在变成永恒，哪怕他明白物质意义上的个体存在必将消弭。而在现实中，人类的生命是脆弱和短暂的，面对大自然的灾难，人类无力反抗甚至不堪一击，所以我们需要建造人类文明的城堡，以期能与一切让个体消弭的力量抗衡。所以，在作家看来，只有人类成为“共同体”，才可以在与任何巨大的力量对峙时势均力敌。

《城堡》作为圣埃克絮佩里一生思想的总结，不仅在作家生前并没有被完成，还包含了明显的矛盾和无法解释的预设。事实上，圣埃克絮佩里不止一次地强调过，在意识的领域需要矛盾和质疑。他就像是一个观察者，每次实践都从不同的角度出发，以发现存在的真实状态和意义。在神秘而超然的气氛中，作家向读者揭示大部分的矛盾都只存在于表象，这种表象通常是逻辑家们的参考，是理性主义者和历史学家的论据。因此，人们认为“眼见为实”的现象往往只是一层外皮，要脱去它才能达到本质。同时，作家所希望实现的存在并不是一种抽象的精神，而是真实的人生。他认为对于本质的追寻就是人类循序渐进、终其一生的目标。在《城堡》中，作家通过对不同人生的描述，揭示了生命的本质和世界的真相，寻找普遍的真理。在这个过程中，他向读者呈现出个体生命所承受的痛苦、紧张、焦虑，还有其感受到的幸福、满足和希望。在他看来，这就是人在改变过程中所必经的道路——在改变自己的同时，也改变了周围的世界，而这一切的变化都是因为行动。在和伟大的自然力对抗的过程中，人克服了人性中的弱点，摆脱了平庸和麻木的生存状态，获得了与自然和天地相融合的本质。在书中，人被比作城堡、雪松、建造教堂的基石……而这种对于人性的物化和拓展，就是让整部作品散而不乱的精髓。

《城堡》的基调平淡而悠远，夹杂着欣喜、希望和忧伤。在自然面前，人类是渺小的，一场灾难就能抹去人类历经几百年甚至上千年留下的文明。然而，人在大自然中顽强地生存下来，用一块块砖石垒砌出人类的城堡，留下了人类的文明。在这座城堡中，拱顶石是“大写人”，而“大写人”实质上是个体人在超越自我时所聚集的精神物化，是人类精神的升华。在建造城堡的过程中，个人付出了时间、汗水，甚至生命。这是他们自愿选择的“交换”，以个体换得整体的永恒。如果说这种“交换”被定义成“牺牲”，也许对于个人来说是一种痛苦、一种失去。但是，千百年来，个体仍然选择用这样的“交换”来实现理想，这便是人类的伟大之处，是人类虽然渺小却仍然可以与大自然对抗、共存的原因。事实上，作家主张的“人类存在”，应该是一个

“整体命运”的概念，个体永远属于这个整体。所以，对于自由的最高层次的定义，就是对服务于“整体命运”的所有规则的无条件接受。

第八节　《给母亲的信》——心灵的休憩之所

妈妈，发自内心地拥抱我吧，就像我拥抱您那样。[1]

圣埃克絮佩里的一生都保持着与母亲通信的习惯，并和母亲始终保持着密切的往来。在飞行员与母亲长达三十四年的通信中，可以发现圣埃克絮佩里除了英勇无畏的飞行员以外的又一面：一个陷入困惑而不得自解，因此时常向母亲求助的儿子；一个在琐碎的日常中并没有刻意掩饰喜怒哀乐的普通人。1944 年，《给母亲的信》（*Lettres à sa mère*）由伽利玛出版社出版发行，其中收录了从 1910 年到 1944 年作家去世前给母亲写的近两百封信件。1959 年，母亲玛丽将其中一部分信件的原件捐赠给了法国

[1] Antoine de Saint-Exupéry, "Lettres à sa famille" dans *Oeuvres complètes*: Tome Ⅱ. (Paris: Gallimard, 1994), p. 851.

档案馆（Archives de France）。

在给母亲的信中，圣埃克絮佩里袒露了自己的情感，毫无保留地向心中最亲密的人描述了自己生活中的快乐和痛苦。20 世纪初，飞行员是一份危险、不稳定且收入不高的职业，因而圣埃克絮佩里一生大部分的时间都经济拮据、居无定所。在英雄光荣的形象背面，伤病、贫穷、孤独和痛苦如影随形。不管作家身在何处，遇到什么困难，他总会向母亲倾诉，在他感到失望和迷茫的时候，母亲也总能给他提供帮助和安慰。除了飞行，这些信件还展现出圣埃克絮佩里对于文学、电影、戏剧和艺术的爱好，勾勒出作家生活和战斗的轨迹，记载了他在各地的历险和奇遇。从信件的手稿可以看出，有的信写在咖啡馆和旅馆的信笺上，有的信则没有写明日期。不过，通过这些或短或长的文字，我们仍然可以将一段段时间碎片中的悲伤和快乐，拼成一个在现实世界中曾经存在过的真实而有趣的灵魂。

少年时期的圣埃克絮佩里曾在信中向母亲宣布自己将成为工程师或作家，他很乐意与最亲近的人分享阅读和旅行的感受。他在信中与母亲谈论文学，讲述自己写作的故事，并期待母亲的鼓励。他渴望将人生的所有经历与感受都分享给他最亲密和最信任的家人，比如，第一次在《新法兰西杂志》（*La Nouvelle Revue française*）发表作品的感受、服兵役期间领取飞行员执照和第一次飞行的经历。当他在各地执行任务的时候，也常常通过写信的方式，事无巨细地向母亲讲述他的冒险经历，并再三保证自己的安全。除文字之外，信笺上还不时出现他自己配的插图，或是风景画，或是人物漫画。这些信件从世界的各个角落发出，有时是从飞行员的临时住所，有时是从他途经的中转站，甚至有时是从航行中的远洋客轮。这些信件承载了游子的生活记录与无限眷恋，慰藉了母亲的感伤与思念。

第一封信写于1910年，安托万（作家）和他的弟弟弗朗索瓦当时在勒芒上学，那一年他十岁。他在信中向母亲讲述了自己的学校生活，表达了对家人的思念。最后一封信写于1944年7月，他失踪的前几天。信中，他仍然像往常一样向母亲讲述自己的工作和生活，表达对未来的憧憬。这些信件表现了作家成长的各个阶段，从童年的寄宿生活，到青少年时期在巴黎求学的经历，再到他成年之后的职业生涯，以及他的恋情与婚姻。信中，圣埃克絮佩里从一个远离母亲的小男孩，成长为一个徘徊在巴黎的年轻人，最终成为献身于职业的飞行员；从小城到巴黎，从沙漠到大海，从祖国到异乡。读者仿佛跟随作家的脚步，经历了他不平凡的人生，也见证了诸多代表20世纪上半叶的重大社会事件，尤其是两次世界大战。信中既有作家在平凡生活中经历的烦恼和幸福，也有他在职业生涯中遇到的困难与危险，还有他在特定历史事件中感受到的沉重与无奈。总之，通过这些信件，读者不仅可以更加全面地了解一个真实的作家，同时这份宝贵的资料还见证了他生活的时代和社会。

母亲玛丽和妻子龚絮萝是作家心中“家”的象征，可以说，她们两人共同构成了圣埃克絮佩里作品中的女性形象。《南线邮航》中，贝尔尼把心中的理想女性——吉娜叶薇芙比作沉静的“泉水”[1]。《夜航》中，法比安的妻子西蒙娜和飞行员的家被比

[1] Antoine de Saint-Exupéry, “Courrier sud” dans *Oeuvres complètes*: Tome Ⅱ. (Paris: Gallimard, 1994), p. 52.

作“一片温馨的海底”❶。《人类的大地》中，纪尧梅在被困雪山的时候，几度想放弃生命，但当他想到如果自己的死亡被当成失踪，保险公司付给妻子保险赔偿就要延迟四年时，便决心要坚持下去，承担对妻子的责任。因此，对纪尧梅而言，妻子是需要他保护的对象，就像玫瑰需要小王子的照料。《小王子》中骄傲任性的玫瑰，在大多数评论家看来是龚絮萝的化身，但是学者欧仁·德利曼在其著作《本质是看不见的》中，从心理分析的角度揭示圣埃克絮佩里的母亲玛丽才是作家心中“玫瑰”的原型，❷而这一点或许是作家本人也没有意识到的。

在圣埃克絮佩里的作品中，女性向来具有矛盾的两面：既代表飞行员所需要的家庭，又立于飞行事业的对立面。作为被迫放弃的对象，女性对于作家来说，一方面是永远不能完全抵达的梦想，另一方面如同地球的引力，是他必须挣脱的束缚。因为他明白“爱，仅仅是爱，真是一条死路!”❸，但唯一的例外就是母亲玛丽。她是作家从始至终都没有放弃过的，是他与人类的大地之间的最后一线联系。在生活中，圣埃克絮佩里一生中的大部分时间都饱受经济拮据的困扰，即使在有了高额的飞行奖金和丰厚的版税之后，也因为经常慷慨地资助朋友，没有留下多少积蓄，甚至不得不经常向经济也不宽裕的母亲玛丽求助。在情感上，母亲玛丽是他最可靠的慰藉，他会向母亲倾诉和路易斯·

❶ Antoine de Saint-Exupéry, “Vol de nuit” dans *Oeuvres complètes*: Tome Ⅱ. (Paris: Gallimard, 1994), p. 140.

❷ Eugen Drewermann, *L'Essentiel est invisible* (Paris: Cerf, 2001).

❸ Antoine de Saint-Exupéry, “Vol de nuit” dans *Oeuvres complètes*: Tome Ⅰ. (Paris: Gallimard, 1994), p. 152.

德·维尔莫兰终止婚约的痛苦，以及他和龚絮萝婚姻中的感受。他在参战期间，曾将妻子托付给母亲照顾。从1943年到1944年的最后几封信中，他试图安慰已经预感到不幸的玛丽。从年少离家直至生命的终结，他从未停止与母亲的联系。在《城堡》中，作家曾经描述了一位母亲给予后代生命而逐渐衰弱直到死去的过程。在他看来，母爱是人类出于天性的、最无私的奉献，是人类美德的制高点；母亲是人类文明血脉之始，是家庭的守护者，是爱的源泉。

第三章

意象的空间

圣埃克絮佩里的故事也是我们周围空间的改变路线，是文本在想象的大树上萌芽或产生的形象，而他的故事从来不是静止和既定的。[1]

第一节　沙漠与绿洲

在圣埃克絮佩里的作品中，沙漠是一个或实或虚的意象。在那满目黄沙的旷野中，矗立着象征人类文明的城堡，生长着顽强的植物和动物，也生活着神秘的贝都因人，这是“一个寓意的空间，让高雅后退，同样将平庸拒之门外”[2]。自从第一次去摩洛哥执行任务，圣埃克絮佩里就与沙漠结下了不解之缘。之后，他曾经在拉特哥尔航空公司和邮政航空公司任职，职业经历让他真

---

[1] Sully Bernadie, “*L'Imagination de l'espace dans l'œuvre de Saint-Exupéry*”, (Phd diss., Université Paris Ⅶ, 1971), p. 11.

[2] Alban Cerisier, *Il était une fois ... Le Petit Prince* (Paris: Gallimard, 2006), p. 276.

正地走进了沙漠。在他的作品中，沙漠作为背景时隐时现，缥缈而神秘，与其他的自然景观相比，沙漠的形象寓意复杂而深刻，就像打开作家精神世界的一扇大门，引导读者洞悉其中的丰富与奥妙。

圣埃克絮佩里最初驻守沙漠的日子十分难熬，在写给母亲的信中他曾抱怨当地艰苦的生活条件，为寂寞和枯燥的日子而沮丧失意。但随着时间的推移，在这广袤的荒芜之地，他学会了寻找生活的乐趣，懂得了生命的价值和意义，也爱上了这片神奇的土地，他在《给人质的信》中写道："我在撒哈拉生活了三年。和众多人一样，我也拥有魔幻般的梦境。任何一个了解撒哈拉生活的人，在那几年中，都会如迟暮的美人一般哭泣，那儿表面看上去只有孤寂和匮乏，……只不过是文学的字眼，根本解释不了什么……"[1] 在荒芜和寂寥中，他找到了精神的家园。

圣埃克絮佩里作品中的沙漠代表了原始的大自然。在这里，时间似乎静止不动，生命仿佛凝固在无边的黄沙之中。然而，即使在极端恶劣的自然条件下，作为生命之源的泉水仍然在沙漠深处淙淙流动，孕育出蓬勃的生机，居民建立起自己的村庄，适应环境的动植物也在这片土地上顽强地生长。在这里，所有的需求都接近生命的本质，一切浮华都在澄明的背景下烟消云散，人类和大自然变得更加亲密。作为其中的一分子，人和谐地融入天地之间，与其他一切生命息息相关，比如，一只低飞的蜻蜓预示着沙尘暴的到来，史前遗留的石柱证实了黄沙下的沧海桑田。在这

[1] Antoine de Saint-Exupéry，"Lettres à un Otage" dans *Oeuvres complètes*：Tome Ⅱ.（Paris：Gallimard，1994），p. 92.

里，“大海、天空、沙漠，连成一片。一幅开天辟地的荒凉景象”[1]，沙漠似乎就是世界原本的样子。

作家笔下的沙漠是一个充满矛盾的意象。年轻的飞行员怀着对异国风情的想象进入这片荒芜之地，但在现实中，接踵而来的却是难以排遣的孤独、物质上的极端匮乏、单调枯燥的生活和无处不在的危险：一切困难都让他感到失落和苦闷。圣埃克絮佩里对沙漠的最初印象是单一和阴沉的色调。在他留下的文字中，对景物的描写大都是灰色、蓝色和白色，当然还有漫天盖地的黄色。1926 年，他被派往朱比角，这是图卢兹至达喀尔航线上的一个战略中转站。起初，他对眼前的一切感到震惊和抗拒。沙漠中的生活一成不变，送给养的船一个月才来一次，初来乍到的飞行员禁不住沮丧地向母亲写信抱怨道：“我过着怎样一种修士般的生活呀！在非洲最荒芜的角落，在西班牙控制的撒哈拉。海岸边只有一座堡垒，我们的小屋背靠着它。除此之外，几百公里又几百公里，再看不到任何东西……屋内几乎空空荡荡。床就是一块木板，铺着薄薄的草褥，还有一个脸盆和一口水缸……真是修士住的房间。”[2] 沙暴常常在他执行任务的途中不期而遇；摩尔人在暗处隐藏的枪口，随时威胁着飞行员的安全。

不管怎样，生活还得继续。随着对沙漠生活的进一步了解，圣埃克絮佩里对这片土地的印象也在慢慢改变。朱比角的生活是忙碌的，他需要试飞各种型号的飞机、运送邮件、开辟航线、救

---

[1] Antoine de Saint-Exupéry, “Lettres à sa mère” dans *Oeuvres complètes*: Tome Ⅰ. (Paris: Gallimard, 1994), p. 766.

[2] Antoine de Saint-Exupéry, “Lettres à sa mère” dans *Oeuvres complètes*: Tome Ⅰ. (Paris: Gallimard, 1994), p. 764.

援发生意外的同事；同时，为了排解孤独和保障安全，他尽力与当地人建立良好的关系，努力融入沙漠特有的文明。渐渐地，沙漠向真正进入它的定居者呈现出不一样的景致，飞行员也开始欣赏沙漠深处平淡隽永的生活——这是一种看似贫乏却蕴含朴素哲理的生存方式，是远离现代文明的返璞归真。于是，沙漠成为作家心中所求的“别处”。在这里，他学会了享受异域生活的乐趣，生活不再只有孤独、苦闷和匮乏，他发现幸福和物质并没有必然的联系，也许就存在于一点点水或一朵花之中。生活中所有的欢乐、新奇、感动、有趣，甚至是令人震惊和害怕的一切细节，让他发自内心地爱上了这片宁静而充满诗意的土地。和初来乍到时的印象相比，沙漠对于熟悉它的人来说简直是一个无比丰富、绚烂多彩的新世界。

那片摆脱真实背景的沙漠，那片远离城市喧嚣的荒地，那片现代文明难以到达的“圣洁之地”，是作家理想世界的“倒影”，映射在他的作品中，俨然一个虚实交替的美妙世界。《小王子》中，地球的背景就是一片无边无际的沙漠，而现实中的人类社会，只是一个在作家的文字间被偶然窥见的陌生空间。在广漠无垠的沙漠中，人褪去尘世的浮华，终于和大自然融为一体。就像传记作家拉布吕耶尔所说：“随着圣埃克絮佩里对沙漠日益了解，这片土地也开始影响他。”❶

在拉特哥尔航空公司工作的三年，圣埃克絮佩里主要承担图卢兹和卡萨布兰卡之间的邮件运输任务，“辗转于达喀尔、艾迪

❶ Stacy de La Bruyère, *Saint-Exupéry*, *une vie à contre-courant* (Paris: Albin Michel, 1994), p. 23.

安港、朱比角、卡萨布兰卡，三千公里的海岸线上”❶，生活忙碌而充实。比起城市中的空虚和沉闷，沙漠更能让人感受生命的价值和意义。一边是大海，另一边是沙漠，周围是抵抗武装，物质的匮乏到了极点，甚至连基本的生存资源——水都供应不足。在这样极端的条件下，飞行员却感到久违的安宁和满足。他发现，原来物质的丰俭与真正的幸福并没有实质上的联系，沙漠中衡量价值的标准和现代社会完全不同。圣埃克絮佩里和他的战友曾经因为飞机失事而迫降在沙漠深处，由于缺水，两个飞行员濒临死亡，最后被偶然路过的贝都因人所救。这段经历让他更加坚定了自己的信念，那就是只有超越物质，才能看清生命的本质；只有抛开对物质的执念，才能获得真正的幸福。在作家看来，沙漠才是人类文明真正繁荣的地方，因此，现代社会中以金钱为标准的量度完全失去了意义。可以说，圣埃克絮佩里以沙漠为物质依托所构建的理想世界代表的是又一种存在条件、又一种习俗以及与现代文明相异的又一种人类文明。

透过圣埃克絮佩里充满矛盾的世界观，不难发现沙漠有时也折射出现实中的人类社会。沙漠中心的居民在这里建造人类的村庄，令表面荒凉的沙漠因为有了人而充满活力。生活在沙漠中的人和生活在其他地方的人一样，都渴望幸福、追求理想，同时具有普通人的人性：有时勇敢，有时怯弱，有时真诚，有时虚荣。总之，他们并没有因为贫瘠的土地而丧失丰富的人性。在作家笔下，沙漠居民的形象栩栩如生，让人印象深刻。作家在《人类的

---

❶ Antoine de Saint-Exupéry, “Lettres à sa mère” dans *Oeuvres complètes*: Tome Ⅰ. (Paris: Gallimard, 1994), p. 768.

大地》中讲述了一个关于自由和尊严的故事。一个叫巴克的黑人奴隶虽然地位卑微，但从未放弃获得自由的希望。他屡次跑到飞行员营地要求飞行员们带他逃跑。终于，在几个飞行员的共同努力下，巴克获得了赎身成为自由人的机会。当他光明正大地走在大街上时，迎面遇到了舞女、服务生和其他的行人。但是，他感到自己与周围的人已经没有联系，他们不需要他，也完全没有把他当作一个与以前不一样的巴克。于是，他拿出自己所有的钱给流浪的孩子买礼物，渴望用金钱换来作为一个真正的“人”的尊严。

在作家的眼中，贫穷而衰老的巴克愿意甚至渴望一个人所能承担的重负，“像一个体重太轻、不能过人的生活，却通过作弊，在自己的腰带上缝上铅块的大天使。巴克被千百个迫切需要金线拖鞋的孩子拖住，举步维艰”❶。然而，即使不堪重负、倾其所有，他也要做一个真正的“人”。巴克只是沙漠居民中的普通一员，他也曾经拥有自己的房屋和土地，因为摩尔人的到来才沦为奴隶。巴克与沙漠中的居民和生活在其他任何地方的居民一样，都经历过“拥有和失去”“幸福和悲伤”“挣扎和反抗”。他们年复一年、日复一日地生活在这片土地上，奋斗着、行动着、存在着、延续着，在大自然中留下人的足迹，在不毛之地刻上人类文明的烙印。

因此，在圣埃克絮佩里的作品中，沙漠成为人类社会的一个复像。沙漠虽然远离现代文明，但因为有人的存在，终究不可避

---

❶ Antoine de Saint-Exupéry, “Terre des hommes” dans *Oeuvres complètes*: Tome Ⅰ. (Paris: Gallimard, 1994), p. 235.

免人世间的矛盾和纷争。作家曾经生活的朱比角并不是一个和平安宁的地方，抵抗武装、侵略者、当地部落，还有外国人，各种势力纠集混战。他们因为利益、偏见、仇恨制造争端和战争，也给沙漠中的居民带来了悲伤和痛苦。于是，广袤的黄沙被染上血色，空旷的大地回响着枪炮声，在人们的心中投射下恐惧的阴影。当时，法国和西班牙正在争夺撒哈拉的部分地区，而本地的抵抗武装也加入其中，沙漠的形势动荡而危险。1935 年，在从巴黎飞往西贡的途中，圣埃克絮佩里驾驶的飞机撞上了山峰，他和同事普雷沃侥幸逃离飞机，但迷失在利比亚的荒漠之中。各种尝试过后，他们不得不放弃获救的希望，在绝望的飞行员眼中，此刻的沙漠显现出另一番景象：

> 地面是覆盖着一层黑黝黝石子的沙地，石子好像一些金属鳞片，我们周围所有的岗丘就像盔甲似的闪闪发光。我们跌进了一个矿物世界，被困在一片钢铁天地里。❶

不同于以往明亮的色调，此时的沙漠成了金属和铁的构造，阴冷暗沉，这样的描述与作家一贯对于城市的印象十分相似，而他此时的心境也与现代人迷失在物质文明中的精神状态相契合。作家使用的动词，表现出人类在绝境中感到的焦虑与无力。因此，沙漠与人以及人类社会之间产生了相互投射：一方面，充满各种纷扰的人类社会从某种意义上来说已经成为虚妄的存在，这种荒凉的感觉和人对沙漠的第一印象一致；另一方面，现代人的

❶ Antoine de Saint-Exupéry, “Terre des hommes” dans *Oeuvres complètes*: Tome Ⅰ. (Paris: Gallimard, 1994), p. 247.

精神世界已经贫瘠到单一地以金钱为一切价值的量度，成为意识上的沙漠。

沙漠就像人类，它具有自己的生命，甚至情感。在一次飞行当中，圣埃克絮佩里、纪尧梅和里格尔三人在沙漠迫降后遇到一位中士，他独自守着一座城堡，怀着对远方家人的思念，坚守自己的岗位。这漫漫黄沙的世界对他到底意味着什么？作者在书中给出了一个让人意料不到的答案："中士，撒哈拉对你来说意味着什么呢？它意味着总在向你走来的一位神明，同时也意味着离沙漠五千公里之遥的一位温柔、可爱的金发表妹。沙漠对我们呢？它意味着在我们心中所产生的一切。它意味着我们从自身所学到的一切……"❶ 可见，沙漠已经融合了中士对家人和爱人的情感、对神祇的膜拜，以及对生命的敬畏。于是，大自然、人、神灵在沙漠中融为一体，投射在作家的笔下，构建出一个虚实交映的寓意空间。怀着对撒哈拉沙漠的神秘亲切感，圣埃克絮佩里在这里找到了人生的真正意义和价值，而这种亲切感或者说情感，就源于人与大自然的共通性。

事实上，作家印象中的沙漠叠加了多重意象，并且不乏矛盾。在没有进入沙漠的人看来，这片贫瘠的土地折射出城市的虚无和现代人精神上的孤独。但是，当人真正定居在这里时，他会被其中顽强的生命力感动。物质的匮乏、不利的自然条件以及难以预料危险，这一切对生命的考验都会让人更真切地感受存在的真实性，并反衬出拥有丰盛物质的现代人存在的荒诞性。总之，

---

❶ Antoine de Saint-Exupéry, "Terre des hommes" dans *Oeuvres complètes*: Tome Ⅰ. (Paris: Gallimard, 1994), p. 217.

对作家而言，沙漠是一个复杂、矛盾、多面的意象，不仅有丰富的内涵，更包含深厚的感情。他笔下的这片土地寂寞、荒凉又生机勃勃，贫瘠、单调又绚丽多彩。在圣埃克絮佩里的文学世界中，沙漠不仅不局限于他的真实生活空间，更是一个精神化的地理外延概念。沙漠是封闭的，这里的人们创造了一种局限的文明——生活在当地的摩尔人有自己的风俗和信仰，村落中的居民也许一生都见不到外面的世界。但是，沙漠并不属于哪一个民族，各个民族之间的界限被漫漫黄沙所淹没，所以这种文明是融合的、丰富的、兼收并蓄的。同时，沙漠地域广袤，神秘莫测，在这里可以找到大自然和人类历史的遗迹。

在作家的印象中，沙漠和大海、天空连接在一起，一直延伸向不可知的远方，那里有另一种文明、另一群人和另一个世界。因此，圣埃克絮佩里所描绘的沙漠是一个引人遐思的寓意空间。在这里，人、大自然和神祇融为一体；在这里，人类回溯历史、观照现在、预言未来；在这里，已知与未知并存、生命与死亡毗邻，人类的精神从此延伸至永存。“这就是沙漠……它把沙漠变成了一个游戏的帝国。”[1] 在这里，作家摆脱了物质的束缚、文明的屏障，忘记了“城市中的人原本是怎样的”[2]，找到了生命的真谛和精神的乐园。

“我很想给你描述一片绿洲，我印象中的那片绿洲并没有消

---

[1] Antoine de Saint-Exupéry, “Terre des hommes” dans *Oeuvres complètes*: Tome Ⅰ. (Paris: Gallimard, 1994), p. 235.

[2] Antoine de Saint-Exupéry, “Reportages” dans *Oeuvres complètes*: Tome Ⅰ. (Paris: Gallimard, 1994), p. 372.

失在撒哈拉的腹地。"❶ 绿洲位于沙漠中心，建立在水源的附近，因而是沙漠中生命力最充沛的地方。与周围荒芜、匮乏的环境不同，绿洲充满了希望和繁荣。对于长途跋涉的行者和渴望得救的迷路人，绿洲就是生命的象征。如果说沙漠是一首由自由流动的沙丘所谱写的乐曲，绿洲就是其中音调明亮的一段间奏；如果沙漠象征着作家的精神家园，其中的绿洲就是他心中所有生命和精神信念的栖息地。《人类的大地》的第五章被命名为"绿洲"，在作家的笔下，绿洲被赋予了理想的光辉，其中隐约可见的是童年的老屋和一切有关幸福生活的回忆。在这一章中，作家用平淡的语调讲述了自己在阿根廷附近的一次奇遇，他在回忆的开始写道："我来谈谈在世界某地的一次短暂着陆。那是发生在阿根廷的贡格尔迪亚附近，不过也可以出现在随便什么地方，因为奥妙是到处都存在的。"❷ 可见，在作家心中，绿洲早已不仅是一个具体的地理概念，它和沙漠一样成为寓意深刻而丰富的文学空间。在这里，某一刻的情景会因为某个契机，就像从普鲁斯特的茶杯中倏然出现的生活片段，超越时空，跃然眼前。可是，人却无法把握这究竟是过去、现在还是将来，抑或是现实，抑或是梦境。

在开启绿洲意象的大门外，读者仿佛置身于一个月光旖旎的晚上，面对着一幢不知年代的、藏在树荫之中的老房子。在这个虚实交映的空间中，一切都是模糊的、不确定的、出人意料的。"故事真实的时间被诗意地浓缩为一瞬"❸，而这一瞬间将容纳作

---

❶❷ Antoine de Saint-Exupéry, "Terre des hommes" dans *Oeuvres complètes*: Tome Ⅰ. (Paris: Gallimard, 1994), p. 209.

❸ Jean-Yves Tadié, *Le récit poétique* (Paris: Gallimard, 1994), p. 7.

家对于幸福的整个想象。接下来，气氛变得诡秘莫测，作家对房子细节的描写充满矛盾，破败不堪的印象既产生了时空上的疏离感，又奇妙地制造出情感上的亲近感，让人觉得眼前的一切既久远又似曾相识，就如作家写道：

> 这地方的一切都呈现出一副令人惊奇的破旧的样子。犹如一棵老树，因年深日久而龟裂，树身还布满青苔；又像一条木凳，坐在上面谈情说爱的情人可能已有十多代了。护壁的木板已经陈旧破损，门窗也被蛀损，椅子缺脚跛腿，不过虽说都没有修理过，但总是有人殷勤地打扫。所以一切都显得很清洁，油光锃亮……❶

这栋房子虽然年代久远，但又似乎有人居住，过去和现在这个奇妙的空间融为一体，完全没有隔阂，成为一个超越时空的独特意象。随后，人物登场了，两位形容奇特的仙女出乎意料地出现在这幢看似破败不堪、无人居住的房屋之中。她们神秘又亲切的举止，让人感到她们好像确实存在。这两位代表着人类的仙女和房子里的各种生命和谐地生活在一起，尽管跨越了人类和动物的界限，但不让人感到突兀。她们是神还是人并不重要，作家在描述中巧妙地抹拭了其中的区别。

在整篇文章中，代表着人类家园的房屋成为绿洲中的主要意象，来自现实世界的来访者偶然进入这个虚实交映的神秘空间，暂时避开了人世的一切烦扰，真实与想象的界限被轻易地跨越，

---

❶ Antoine de Saint-Exupéry, "Terre des hommes" dans *Oeuvres complètes*: Tome Ⅰ. (Paris: Gallimard, 1994), p. 210.

历史与当下被置于同一个空间之中。因此，绿洲不再限于地域和时间，而是成为作家心中隐秘的角落，寄托了作家心中深植的留恋与期待。在真实的背景下，这样一段插叙给迷失在沙漠里的人带来了从现实环境片刻的抽离和内心短暂的平静。文本中的绿洲，和谐、安宁、美好、神秘，“……已经有一条蜥蜴、一只蛇獴、一只狐狸、一只猴子和一窝蜜蜂，所有的动物混居在一起，相处得很融洽，组成了一个新的人间乐园。”❶ 其中，两位仙女“统治着所有的动物，用她们的小手抚弄着它们，给它们吃喝，给它们讲故事，从蛇獴到蜜蜂，动物们都倾听着”❷。可见，在这个远离人类社会的角落，仍然是人在“统治”这片领地，而动物们都“倾听”着主人的指令。因此，绿洲与人类大地上的其他地方一样，人都处于中心位置。

绿洲的间奏虽然明亮，但也隐藏了淡淡的忧伤。除了作家对童年的怀旧之情，还有这个意象所具有的短暂性和局限性给人类带来的空虚和失望。作家将绿洲置于时空之外，引领读者渐渐接近这个梦想之地，他写道：“衡量远近的不是距离，我们家花园里的围墙可以比中国的长城封藏更多的秘密。了解一个沉默不语的小女孩的内心秘密，远比了解广袤无边的撒哈拉沙漠中的绿洲的奥秘要难得多。”❸ 但是，“梦里寻他千百度”，最终只是一场空。进行了短暂的休息之后，飞行员走出了绿洲，不得不回到现

---

❶❷ Antoine de Saint-Exupéry, “Terre des hommes” dans *Oeuvres complètes*: Tome Ⅰ. (Paris: Gallimard, 1994), p. 212.

❸ Antoine de Saint-Exupéry, “Terre des hommes” dans *Oeuvres complètes*: Tome Ⅰ. (Paris: Gallimard, 1994), p. 209.

实之中。他感叹道："而今，我进入梦乡，这一切都很遥远了。"❶ 所有的美好想象都成为过眼云烟，在现代人贫瘠的文明沙漠中，绿洲是一个可望而不可即的"海市蜃楼"。

---

❶ Antoine de Saint-Exupéry, "Terre des hommes" dans *Oeuvres complètes*: Tome Ⅰ. (Paris: Gallimard, 1994), p. 213.

第二节　空间的对立

《南线邮航》的故事发生在属于两个不同空间的人物——贝尔尼和吉娜叶薇芙之间。他们曾经是相爱至深的恋人，却因为人生理想和价值观的差异各自选择了截然不同的生活道路。贝尔尼依照自己的职业理想成为一名邮航飞行员，吉娜叶薇芙则遵从世俗嫁人生子。贝尔尼因为职业的关系居无定所，随时都准备出发执行任务。因此，他与地面（生活的空间）形成了一种临时的、不稳定的关系；与天空（职业的空间）则构成了长期的、稳固的关系，空间的对立也影射到他的个人生活和感情生活之中。他在航线上度过的时间并不少于他在地面宿舍中停留的时间，而且一旦接到任务，他必须立即出发奔赴工作现场。随着飞机的起落，贝尔尼往返于生活的空间和职业的空间，前者代表他不能接受的平庸，后者则象征他憧憬的理想，在意义上处于对立关系的两个空间不仅同时出现在贝尔尼的生活中，还与男女主人公并行的命运交织在一起。作家通过空间的并置和转换推动情节的发展，突出了人物的心理与情感冲突。

从另外一种意义上来说，这两种空间也代表了不同的人生目标。贝尔尼虽然向往爱情与家庭，但是他对地面上的城市、宿舍并不熟悉。他将吉娜叶薇芙比作“泉水”[1]，是将自然之美赋予他所渴望的爱情。然而，现实中的爱情却发生在他并不适应的城市空间。所以，贝尔尼对爱情的错误定位为之后两人的再次分离埋下伏笔。他的人生目标与他对爱情的错误定位相混淆，在原本清晰的职业理想中掺杂了与之相矛盾的个人生活理想，直接导致了这对恋人共同生活计划的失败。可以说，贝尔尼要实现的空间转换，实际上是人生目标的转变，前者是表象上的改变，后者是实质上的改变。

这两种空间的对立和转变还可以从生存方式层面理解。吉娜叶薇芙在第一次与贝尔尼分离的时候，就已经选择了她所熟悉的舒适生活，也就是普通人会选择的稳定的家庭生活：她自愿停留在贝尔尼看来平庸无奇的生活空间。但是，当她遇到生活中的巨大考验而对原有的生活感到不满足甚至痛苦的时候，她决定改变自己的生活方式，尝试进入贝尔尼的生活空间，因为她相信自己在那里有可能重新找到幸福。然而，可能连吉娜叶薇芙自己都没有意识到，她早已习惯了物质富足、条件优渥的生活环境，当她不能忍受飞行员逼仄的宿舍而不得不栖身于条件简陋的小旅馆时，她终于发现自己更不能忍受的居然是之前她所希冀的改变。

---

[1] Antoine de Saint-Exupéry, “Courrier sud” dans *Oeuvres complètes*: Tome Ⅱ. (Paris: Gallimard, 1994), p. 52.

吉娜叶薇芙所习惯的和不能放弃的是以物质为导向、利己的生存方式。可是，贝尔尼所习惯的生存方式是以集体利益为导向的、利他的生存方式，两者之间的矛盾不可调和。当贝尔尼和吉娜叶薇芙双向选择了空间转换之后，彼此都发现无法接受完全不同的生活方式。于是，他们最终都不得不重新回到各自的空间，两人空间转换的失败也揭示了两种生存方式的对立。

《夜航》讲述了飞行员法比安在执行任务的途中遭遇雷雨最终牺牲的故事。书中的“黑夜”既是时间也是空间：夜色笼罩的航线，危险重重犹如“暗礁”，隐藏在黑夜背后的是随时可能降临的狂风暴雨，是矗立在夜色朦胧中的高山，是大雨滂沱中凶险无比的海浪；一夜之间，天气骤变，飞行员的命运有可能从此改变，或是翱翔于云海之上，或是长眠在曾经“耕耘”的“土地”。小说围绕“夜航”的任务，塑造了飞行员法比安、贝勒汗，指挥官李维埃，督导员罗比诺以及飞行员妻子西蒙娜等一系列人物，设定了情节发展的三类空间，揭示了飞行员的职业生活与家庭生活之间不可调和的矛盾，歌颂了主人公勇于奉献的英雄主义和集体主义精神。

作家将情节发展的第一类空间设置为“三条航线”，当前两条航线的飞机顺利返航之后，法比安行驶的第三条航线成为情节发展的主要场景；第二类空间是属于“夜航”任务的指挥和辅助空间，包括指挥官李维埃的办公室、机场、维修车间等地点。这两类空间都是“夜航”的执行空间，属于飞行员的职业空间。第三类空间主要设定在飞行员法比安和妻子西蒙娜的家中。这里是飞行员的个人生活空间，是“夜航”中断的空间，也是飞行员为了执行任务而必须放弃的空间。如果以地面和天空为界，那么李维埃的办公室以及机场属于两种对立空间以外的过渡空间。西蒙娜在丈夫生死未卜之时来到指挥官办公室，向李维埃提出对“夜航”的质疑。这一幕是飞行员职业与家庭矛盾的爆发点，也是整部作品主题的焦点，与其说是两个人的对峙，不如说是两个空间的碰撞，两种生存方式的对抗。李维埃本不想面对西蒙娜，因为他明白自己无法给她答案，“对于他们两个人来说，针锋相对是永远没有结果的”❶。在李维埃看来，感情的因素不能存在于职业空间，就像母亲和妻子不能进入手术室，在航线上，感情是不能救人性命的。面对西蒙娜时，他意识到那是“生命的另一种意义”❷，而这种意义与飞行员生命的意义是不相容的，因为“不管是行动还是个人幸福都是不能兼得的”❸，所以必须选择其中的一种而抛弃另一种。

然而，面对要求获得幸福的西蒙娜，李维埃无言以对，因为他知道西蒙娜的要求是正当的，也提不出什么理由来反对，他甚至发现自己的道理显得不近人情。在两人相持不下之际，文本叙述中插入了一段回忆，发生了时空转换——李维埃曾遇到因修建桥梁而遭毁容的伤者。与航线一样，桥梁的施工地也属于职业的空间，工程的参与者同样经历了与个人利益相悖的奉献和牺牲。当空间再次闪回李维埃的办公室，决断的时刻来临。李维埃不禁自问：“这些人，这些可能就要消逝的人，本来可以生活得很幸福……我凭什么把他们从那些神圣的地方拉出来呢？以什么名义

---

❶❷❸ Antoine de Saint-Exupéry，“Courrier sud” dans *Oeuvres complètes*：Tome Ⅱ.（Paris：Gallimard，1994），p. 151.

剥夺他们的个人幸福?”[1] 但他坚信家庭和爱情最终都会被衰老和死亡摧毁，而集体的事业才是拯救人类的方式。于是，他给出了答案和选择：“爱，仅仅是爱，真是一条死路!”[2] 李维埃做出决断之后，时空又一次发生转换，他想起秘鲁古印加人的太阳神庙，是牺牲了无数人的性命才建造而成。如果没有这些重压在人们肩头的石块，古代的文明只会被掩埋在茫茫黄沙之中。古代君主怜惜的并非个人死亡，而是被埋葬的整个人类。在沙漠中建立的神庙就如同飞行员在大自然中开辟的航线，构成了人类的文明与历史，也将人类从个体的死亡中拯救出来，实现了整体的永存。当时空闪回现实时，西蒙娜无奈地退让了，李维埃获得了无声的胜利——两种空间、两种命运、两种人生的意义在对峙之后，属于个人的、感情的、家庭的空间隐退了。情节继续发展，空间回到了航线和机场所代表的职业空间。自此，空间的对立也消失了。

《战争飞行员》的情节虽然设定在现实的空间，却不同寻常。飞行员在几千米的高空见证了大地上发生的悲剧，他眼中的战争因为距离而显得更加残酷和荒诞。小说的背景设定为三组相互联系的空间。首先是“真实”的空间和“仿真”的空间。事实上，这是对同一个空间的不同角度的审视，后者因为断裂和荒谬的影像产生了震撼人心的艺术效果。飞行员尝试用客观的眼光从远处观察这场毁灭自然、毁灭人类的灾难：拥塞的道路、蔓延的大火、被烧毁的村庄、逃难的人群……但是，在远离这些悲剧

[1][2] Antoine de Saint-Exupéry, “Courrier sud” dans *Oeuvres complètes*: Tome Ⅱ. (Paris: Gallimard, 1994), p. 152.

的几千米高空，呈现在飞行员眼前的是一个“仿真”的世界，让人感到荒诞和陌生。战争混乱场面中的火苗被比作“凝结在琥珀上的淡灰色奶斑”[1]；人成了“显微镜玻片上的纤毛虫”[2]；撤退的人群看起来像“不停流动的糖浆”[3]。所有的这些影像与飞行员意识中地面上发生的一切完全不同，作家描述的是一个偏离惯常影像的“仿真”空间。在这里，一切悲剧都是缓慢的、无声的，当想到这些影像之后“真实”发生的事情时，读者就会感到排斥和无奈，因为无论从哪一个角度，战争都是一场不合情理的灾难。其次，飞机和地面形成了另一组对比的空间：飞机是一个封闭、狭小的空间，飞行员在这个暂时的安身之处无力地看着地面上的人间悲剧，心中燃起拯救人类的希望之火；同时，地面上的一切都在战火中毁灭，背井离乡的人群徒劳地躲避着灾难，人类花了几百年甚至上千年建造的城市因为一个借口而在顷刻间被毁于一旦。最后，天空和地面虽然相隔千米，但是同样不能于战争的灾难中幸免，战火从地面蔓延到天空。不同于地面上被动承受这场灾难的普通人，飞行员虽然势单力薄，但他们清醒地认识到战争的荒诞和残酷。他们在见证悲剧的同时，尝试凭一己之力拯救地面上的人们。圣埃克絮佩里以亲身经历为素材，在《战争飞行员》中讲述了声名卓越的“2/33”飞行大队在第二次世界大战中英勇战斗的故事。他们在1940年6月的战役中失去

---

[1] Antoine de Saint-Exupéry, “Pilote de Guerre” dans *Oeuvres complètes*: Tome Ⅱ. (Paris: Gallimard, 1994), p. 153.

[2] Antoine de Saint-Exupéry, “Pilote de Guerre” dans *Oeuvres complètes*: Tome Ⅱ. (Paris: Gallimard, 1994), p. 157.

[3] Antoine de Saint-Exupéry, “Pilote de Guerre” dans *Oeuvres complètes*: Tome Ⅱ. (Paris: Gallimard, 1994), p. 162.

了二十三名机组成员中的十七名，剩下的飞行员执行的几乎都是牺牲式的任务。他们虽然不能扭转整个战局，但是留下了可贵的精神财富，鼓舞人类与悲剧命运抗争到底，直至彻底摆脱这场灾难。

《人类的大地》是圣埃克絮佩里文学创作的转折点。这部作品中，纪实性逐渐减弱，思辨性明显增强。另外，体裁也从小说过渡到散文，情节不再是叙述的重点。作家尝试在看似碎片化的事件和人物描述中表达对人生的感悟和思考。这部作品的背景仍然是沙漠。在作家心中，沙漠在贫瘠的表面之下蕴藏着无穷的生命力和珍贵的宝藏。在这里，极端的自然条件加剧了人与自然的对抗，同时，人从身体和精神上都无限靠近生命的本质，最终与大自然融为一体。对于沙漠，作家寄托了很深的个人情感，在这片土地上，他找到了心灵上的平静和慰藉，实现了精神的升华。对于这片神奇的土地，作家有太多复杂的印象和矛盾的感受，正如他在作品中写道："人可以抓起一把干净的沙粒，让它们在手指间流动，由此感到一种单纯得近乎幼稚的快乐，而这种快乐却比你第一次看到沙漠时的感觉复杂得多。"❶

作家在作品中构建的空间再不是基于完全真实的背景，而是亦真亦幻、充满象征的想象空间。通过这本书，读者可以发现圣埃克絮佩里更广阔的空间视角，并由此得以进一步深入探索他的精神世界。作家在见证人类力量的同时，歌颂了自然的伟大，揭示了宇宙中不可抗拒的神秘力量。飞行员从几千米的高空超越了

❶ Micheline Tison-Braun, *Poétique du paysage: Essai sur le genre descriptif* (Paris: Nizet, 1980), p. 147.

现实的边界，进入一个让人浮想联翩的无限空间，甚至超越了时间和历史。作品中茫茫黄沙之内生机盎然的人类村庄以及沙漠深处岩石层上镌刻的远古痕迹，让空旷而单调的沙漠呈现出丰富、隽永的形象，而深入其中的人也感觉自己好像参与了这个世界的创造。因此，《人类的大地》中的空间虚实交映、寓意丰富，人既是其中的一部分，又可随时抽身在时空之外。读者看到的是一个多面的、多意义的、多维度的诗意空间。

在《小王子》中，空间的转换轨迹被设定为小王子旅行的路线：他从居住的 B612 星球开始，经过宇宙中的六个行星来到地球，最后又回到自己的家园。所有他经过的空间，只有地球是真实存在的，其他都是作家通过想象构建的虚拟空间。并且，包括地球在内，书中所有的空间都不仅是情节发展的背景，还被赋予了丰富的意象，折射出作家对现实的观照和对理想世界的憧憬。在地球上，作家将故事的背景再一次设定在沙漠，但是在看似一片黄沙的实景中出现的人物却是虚构的，让读者不禁对空间的真实性产生了怀疑。一切都在对真实与虚构的判断和猜测中悬而未决，这些独具匠心的设计与圣埃克絮佩里所要表达的思想相辅相成。首先，小王子离开家表达了他渴望改变生活的愿望；接着，小王子经过的六个行星影射了现代文明背景下的人类社会；然后，故事的空间停留在地球上的一片沙漠，这个与现代文明社会距离遥远的空间被看作作家的精神家园，而小王子和飞行员在沙漠中一起寻找“井”的经历，象征人类寻找生命意义的历程；最后，小王子选择通过死亡的方式回到自己的星球，这是“责任感”的回归，是“爱”的回归，更是人性升华后的精神回归。虽然空间回到原点，但是空间转换深化了“回归”的内涵。

在地理空间改变的同时，人物的心理空间、情感空间和思想空间都发生了本质的变化，形成了“外在空间”和“内在空间”之间的互动联系，正如作家所说：“心灵没有空间的人是很容易被填满的”❶，内在的空间就是一个人的精神世界，是人类改造大自然的核心动力。

小王子最终决定回到自己的小星球，是因为他发现地理上的距离并不能限定内部空间，同样，对生命的认识也不应当被外部空间所局限。圣埃克絮佩里的思想具有先验性，他所提出的世界观直指人的内心，触及生命的本真。在《小王子》中，作家通过空间的转换展示现实和理想之间的矛盾，就如他在书中反复提到的“成人的世界”和“孩子的世界”，这两个空间的物质依托都是现实中的人类社会，两类空间在物质和意识中共存且对立。前者象征功利的、以金钱为量度的物质文明社会；后者则象征单纯的、充满人类美好情感的理想社会。如此，作家表达出对价值的判断和对生命的定义：他认为真正的财富是人与人之间的关系，或者可以将其扩展到人与大自然乃至与神祇的关系，而生命的本质就是由这些关系决定。

在圣埃克絮佩里死后出版的《城堡》是一部充满哲理的散文集。书的背景一如既往地选定在沙漠，村庄、绿洲、城堡在书中重叠浮现，构建出一个充满寓意的诗意空间。书中的沙漠是真实存在的，在一段段看似散乱的情节中，先后出现了盐场、荆棘、狂风、沙砾这些符合环境的元素；同时，在作家的描述中，

❶ Antoine de Saint-Exupéry, “Citadelle” dans *Oeuvres complètes*: Tome Ⅱ. (Paris: Gallimard, 1994), p. 430.

时常出现繁华喧闹的集市、生机盎然的村庄、巍峨起伏的山峦，以及绿树、鲜花、泉水等似乎不符合沙漠惯常印象的元素。在作家笔下，物质匮乏、人迹罕至的沙漠变得生机勃勃，不仅有各种植物和动物，还有定居在此的士兵、囚徒、女人、老人、孩子、水手……种种看似矛盾的意象都出现在这里。因此，书中的沙漠、城堡、绿洲、村庄与其说是实景，不如说是作家精神理念的一种外化表现，充满了丰富的寓意和象征。

事实上，《城堡》中的沙漠是一个矛盾的意象。对于初来乍到的陌生人，沙漠的自然条件是严酷的，这里的生存法则和价值定义与现代文明社会完全不同。但是，沙漠以内并没有界限，其中的风景人文在作家的笔下早已超出物质层面的现实世界。因此，这片被抹去了时空界限的沙漠，可以理解为“人类的大地”在作家精神世界里的投射，就像作家在书中写道：“我发现了一个伟大的真理，即人定居下来，事物的意义对他们而言就随着家庭的意义有所变化。”❶ 从本质上来说，“人类的大地”所代表的就是“人化自然”，是人通过行动改造过的自然，而圣埃克絮佩里式的改造更多的是存在意义上的改变。通过创造性的劳动，人们在大自然中建立自己的家园，就像他们在沙漠中建造城堡。在人类改造自然的同时，自身也发生了本质性的改变。他们不仅在能力上变得更加强大，更重要的是在道德和精神层面有了本质性的提升。在劳动中，人类懂得了奉献和牺牲，从而赋予存在真正的意义。人类付出辛劳在沙漠中建造的城堡，不仅是他

❶ Antoine de Saint-Exupéry, “Citadelle” dans *Oeuvres complètes*: Tome Ⅱ. (Paris: Gallimard, 1994), p. 375.

们栖身的家园，更象征他们的整个精神世界，正如书中所写：“城堡，我将把你建在人类的心中”[1]。

[1] Antoine de Saint-Exupéry, “Citadelle” dans *Oeuvres complètes*: Tome Ⅱ. (Paris: Gallimard, 1994), p. 374.

第三节　空间的寓意

我们可以将圣埃克絮佩里纪实性作品中的空间大致分为三类：封闭的空间、开放的空间和过渡的空间。在《夜航》和《南线邮航》中，代表家庭的封闭的空间与代表职业的开放的空间被置于对立的位置。作家本人也承认："我不能不把这两个宇宙对立起来：飞机的宇宙和地面的宇宙。"[1] 对圣埃克絮佩里而言，飞行是人生中无可争议的主题，但是他也像普通人一样向往爱情和家庭。这种矛盾在他的作品中表现为对立空间的设定：开放的空间意味着职业经历；封闭的空间象征着日常生活。事实上，飞行员们的生活就是在两类空间当中游弋，充满了理想、欲望、痛苦和激情，其中的人物命运往往预示着矛盾的不可调和性。

[1] Antoine de Saint-Exupéry, "Pilote de Guerre" dans *Oeuvres complètes*: Tome Ⅱ. (Paris: Gallimard, 1994), p. 204.

作品中的多重空间并非静止不动，而是随着情节的发展反复切换，渲染了小说的气氛，突出了矛盾的主题：职业与家庭，同时揭示了人性中更深层次的矛盾性。一方面，飞行员作为一个现实当中的普通人，也会留恋物质享受，向往家庭幸福，飞行途中的孤独和危险使其渴望家庭的舒适和情感的慰藉。不管是在书中还是在作家本人的生活中，圣埃克絮佩里都表达了兼顾职业和家庭生活的愿望："建立人与大地之间、工作与家庭之间的密切联系。"❶ 在《夜航》的一开始，飞行员法比安在准备降落的时候感到疲倦，就像一位凯旋的英雄，当他俯瞰脚下的大地时，突然开始依恋平凡的幸福。"地面的生活显得如此地吸引他，……他很想在这个地方做一个普通人，透过窗户来张望不再活动的景物。"❷ 当飞机在跑道滑翔的时候，他窥见村庄里他所向往的生活，但他对这份幸福毫无所知，因为"这个村庄不肯给他温存，只有放弃行动才能获得这份温存"❸。不仅如此，圣莫里斯庄园的树林、老房子、花园、阁楼，所有和作家童年家园有关的形象，都会时不时地出现在飞行员的脑海中。这些让人安心的画面有一种强大的精神引力，让飞行员无法摆脱其影响。尤其在战争中，他不得不时常凭借回忆对抗绝望。

另一方面，圣埃克絮佩里和他笔下的主人公不能满足于普通人营营役役的人生，他们对城市里局限的空间感到厌倦，因而向往广阔的天空，以投入集体的事业来摆脱存在的焦虑，开启"在

---

❶ Réal Ouellet, *Les Relations humaines dans l'œuvre de Saint-Exupéry* (Paris: Letters Modernes Minard, 1971), p. 57.

❷❸ Antoine de Saint-Exupéry, "Vol de nuit" dans *Oeuvres complètes*: Tome Ⅰ. (Paris: Gallimard, 1994), p. 114.

新的空间进行的旅程”[1]。当出发的命令一下达，地面上的一切都被主动或被动地放弃了，在飞行员和地面之间存在的脆弱而不稳定的联系从此被中断了。就这样，飞行员最终选择了职业，放弃了个人生活，走出封闭的空间，奔向开放的空间。另外，作品中属于对立空间的人物也见证了飞行员的选择，比如法比安的妻子，她无力地看着自己的丈夫成为那个被命运挑选去进行“奇怪的牺牲的人”[2]。她感到悲伤，“不是为她自己，而是为了那即将夺走他的黑夜，为了那些她丝毫不了解的搏斗、焦虑和胜利”[3]。

根据列斐伏尔对文学空间的社会性阐释，“空间是一种社会产物”[4]，空间可以产生社会，也可以反映一定的社会价值观。因此，圣埃克絮佩里在作品中构建的对立空间能够折射出不同的人生观和价值观，甚至是截然不同的文明。当飞行员选择了开放的空间时，他就选择了为承担对他人的责任而四海为家的生活，同时不得不放弃封闭的空间，放弃了本可以享受的个人幸福。在圣埃克絮佩里的作品中，“任务”“职责”“职业”“集体”这类词都会和“伟大”“广阔”“无限”“开放”等形容词相关，因为它们揭示了一个开放的空间的既定内涵。属于这个空间的人具有以行动改变人类处境的信念，具有为他人承担责任、牺牲自我的人生观，信仰一种存在于物质之上的真正的人类文明。相应地，文中出现的另一些词，比如“爱情”“幸福”“家”则往往

---

[1] Rodolphe Christin, *L'Imaginaire voyageur ou l'expérience exotique* (Paris: L'Harmattan, 2000), p. 139.

[2][3] Antoine de Saint-Exupéry, "Vol de nuit" dans *Oeuvres complètes*: Tome Ⅰ. (Paris: Gallimard, 1994), p. 138.

[4] Henri Lefebvre, *The Production of Space*, trans. Donald Nicholson-Smith (UK: Wiley-Blackwell, 1992), p. 26.

和“狭窄”“封闭”“局限”等修饰词联系在一起，因为它们反映了现代人像白蚁一样庸碌无为、孤独封闭的生存状态，属于这个空间的人局限在自己的生活圈子之内，不去关注他人，并最终陷入茫然与焦虑。在作家看来，人在封闭的空间里体验到的幸福、爱情、友谊都是局限的，人所看到的也只是事物的表面，所以人无法真正了解世界的整体和真相，也无法践行充实而有意义的人生。

与此同时，封闭的空间产生了一种相对闭塞的文明。在作家看来，现代人的文明平庸、局限而匮乏，充斥着陈规旧俗，制约着人的创造力，最终成为生命力的桎梏。他在《人类的大地》中使用“窒息”❶ 形容普通人的生存处境，表达了对封闭空间的印象和体验。他认为平庸的人生是对危险的不自知，是对责任的回避，是对生存的怯弱和对真正的人类文明煞费苦心的遗忘。于是，为了寻求另一种生存方式以自救，人们渴望到达另一个“神圣的空间”❷，创造另一种新的开放的文明。这种文明包含着人类通过行动对这个世界的奉献乃至牺牲，这些被作家诠释为一种在沙漠中建造城堡的人类精神。其实，开放的空间和封闭的空间并不是绝对不相容的，它们可以通过某些过渡空间联系起来，从而实现空间的转换，乃至人的改变。

首先，飞机既是飞行员的工具，也是连接地面和“宇宙”的过渡空间。在封闭而狭小的机舱里，飞行员操纵着各种仪器，驾驶着飞机在无边无际的“宇宙”中航行。在平静的旅途中，

---

❶ Antoine de Saint-Exupéry, “Terre des hommes” dans *Oeuvres complètes*: Tome Ⅰ. (Paris: Gallimard, 1994), p. 180.

❷ Mircea Eliade, *Le Sacré et le Profane* (Paris: Folio, 1965), p. 60.

飞行员忍受着孤独，当面对危险的时候，他必须与强大的自然力较量。地面上一切不复平常的影像、遥不可及的星辰，都成为近在窗边的风景。狭窄的驾驶舱内，飞行员实现了空间的转换，更重要的是见证了人类生存空间的拓展和文明的进步。

其次，有一个特殊的过渡空间反复出现在作品中，即开往机场的老式班车。飞行员乘坐这种破旧的交通工具去往机场，几个小时之后，他将驾驶飞机面对大自然的风雨雷电。老式班车本身是一个封闭的、单调的，甚至让人窒息的空间，就像“一个灰色的蝉蛹”[1]，人在其中“脱胎换骨”，从普通人变成敢于向大自然提出挑战的“大写人”。通过老式班车，飞行员实现了空间的转换，摆脱了日常生活的封闭空间，投身于开放的职业空间，实现对自我的改造。班车连接着大地和天空，家庭和工作。随着班车开向机场，飞行员为自己的“蜕变”做好准备。因而，班车就像是命运的轨道，指引着乘客从一种平庸的存在转变成另一种有意义的存在。

最后，火车也是经常出现在作品中的一个过渡空间。对圣埃克絮佩里而言，职业行动通常发生在一个开放的空间，而思考和写作则往往在一个相对封闭的空间中进行。在《莫斯科》一文中，作家描述了一列夜行火车上载满了逃亡的波兰矿工，其中一个有着天使般面容的小孩熟睡在父母的身边。在作家看来，孩子是“生命的美好许诺，和童话中的小王子没有什么区别”[2]；而

---

[1] Antoine de Saint-Exupéry, “Terre des hommes” dans *Oeuvres complètes*: Tome Ⅰ. (Paris: Gallimard, 1994), p. 178.

[2] Antoine de Saint-Exupéry, “Reportages” dans *Oeuvres complètes*: Tome Ⅰ. (Paris: Gallimard, 1994), p. 371.

他的父母“竟然变成了两堆泥”[1]。在这辆挤满了几百个矿工的火车上，作家一直在思考人到底是什么，并提出质疑——“我们忘了人到底是什么，他成了一个功能性的符号”[2]。事实上，圣埃克絮佩里所写的故事就是关于人的故事，是关于生活在这片大地上的人不断探索、抗争、质疑、自省的故事。但是此时，他却对人的堕落无可奈何，不禁对造成人类堕落的战争发出控诉，对人类的命运表现出深深的忧虑。在夹叙夹议的文字中，时间似乎静止了，这个处于时间间隙的空间容纳了作家对生命的思考和领悟。在这列火车上，他预见了战争中人类的悲剧命运，深深地感到作为一个人的责任。正因为这种意识，才会有千千万万的普通人从封闭的个人空间走出，投身于为了全人类的幸福与自由而奋斗的职业空间。

对于圣埃克絮佩里，家庭和职业之间永远有不可调和的矛盾。这种矛盾也相应体现在作品中的多重空间的对立和转换。在飞行员动荡不安的生活中，个人幸福和对他人的责任是隐藏在这两类空间背后的目的和动机。同时，游弋于两类空间的生活状态，不仅表现了飞行员的心理矛盾，也表达了作家的无奈和遗憾。

[1] Antoine de Saint-Exupéry, “Reportages” dans *Oeuvres complètes*: Tome Ⅰ. (Paris: Gallimard, 1994), p. 371.

[2] Antoine de Saint-Exupéry, “Reportages” dans *Oeuvres complètes*: Tome Ⅰ. (Paris: Gallimard, 1994), p. 372.

第四节　《小王子》的童话世界

童话带给我们的是纯洁和美好的童年回忆，传统童话的基本情节大都设定为：主人公的出走—寻找奇迹—大团圆“三部曲”。《小王子》写于圣埃克絮佩里在“二战”中法国遭遇失败后流亡美国的时期。在异国他乡，作家的健康、爱情、家庭都遭遇挫折，飞行事业也陷入停滞，作家徘徊于迷茫和忧郁之中。他在闲暇时无意间勾勒出了一个人物，然后选定他为下一部作品的主角，于是“小王子”注定成为拯救作家心灵的希望。虽然圣埃克絮佩里身处不满意的现实当中，但仍然情不自禁地构思出一部“写给成年人的童话”，因为他想将希望带给所有人，向大家描绘一个美好、单纯、理想的世界。作家为这部作品设计了经典的童话式结构：逃离—旅行—回归，但是作品的意义完全超越了一般的童话。其中，固然有作家对美好人性的憧憬，还有对现代人的讽刺和警示，更重要的是通过这个人物和这部作品，作家表达了自己与现代物质社会截然不同的价值观、人生观和世界观，启发人们努力追求一种更有意义的存在方式。在现实空间和童话空间的对立中，圣埃克絮佩里眼中的现代人与真正的幸福已然相距太远，而纠正这一切错误的机会就是"回归"，"回归"小王子般美好的理想和希望，"回归"人性的本真和世界的真相，即便"回归"的代价是死亡。

根据故事的基本情节，作家设定了主人公空间转换的路线。首先，小王子因为自己对玫瑰的爱感到困惑而决定出走，他的心理也表现出作家本人对当时处境的迷茫和渴望摆脱困境的愿望。从更广泛的意义上来说，小王子的出走折射出现代人对于生存状态的不满和反抗，他们无法找到解决问题的办法，那么"逃离"就势在必行。接着，小王子离开家园去浩瀚的宇宙中寻找答案，但是最初的历险却让他感到不解和失望，因为他观察到了其他人荒谬的生存状况。之所以荒谬，不仅是因为他们的表现，更是因为他们并没有意识到自己的处境。所以，小王子旅行经过的六个星球映射的是作家意识中的人类社会。

在小王子的眼中，权利、欲望、虚荣、堕落充斥在成人的世界，他觉得"大人们真的很奇怪"❶。他的心中充满疑惑，几乎忘记了自己原本的烦恼。显然，小王子寻找答案的历程并不顺利。之后，小王子来到地球上的一片沙漠，遇到了飞行员和狐狸。他和飞行员一起寻找井的经历让他认识到真正的幸福有可能就在那一点点水当中。他和狐狸成为朋友，从毫不相干的陌生人

---

❶ Antoine de Saint-Exupéry, "Le Petit Prince" dans *Oeuvres complètes*: Tome Ⅱ. (Paris: Gallimard, 1994), p. 270.

成为对方生活中至关重要的存在，甚至改变了彼此生命的意义。小王子认识到友谊和爱情的“本质是肉眼看不见的”❶，是人与人之间建立的联系决定了存在的意义。当他意识到这样的联系是他寻找的答案时，便决心为了承担对玫瑰的责任而回归自己的星球。最后，在蛇的帮助下，小王子以死亡为代价实现了“回归”。于是，小王子终于摆脱了世俗的痛苦和迷茫，实现了精神的自由和永恒。

与一般童话的结局不同，《小王子》的故事结尾是开放式的。小王子的死表达了他对现代文明社会的抗拒，正如书中写道的“放弃”❷。但是，作家对这个结局也做了不同寻常的设想，这种设想的关键在于重新定义了“死亡”：一方面，作家淡化了死亡一贯给人的恐怖的印象，而将其解释为“就像是蜕去一层旧皮”❸，这样一来，就将精神和肉体进行了分离；另一方面，作家把“死亡”等同于“回归”，将死亡的目的地从未知的空间转换成家园或者说向往的空间，“死亡”就这样成为肉体消亡之后的另一种更为理想的存在方式。于是，“死亡”可以被视作通过“一种并不是意味着后退，而是象征着胜利的牺牲”❹来实现的精神上的永存。故事的结尾，飞行员一直期待着小王子的再次出现，留给读者一个对于未知世界的希望。在整个故事中，空间和时间是不确定的，从另一种意义上来说，小王子的存在成为“恒

❶ Antoine de Saint-Exupéry, “Le Petit Prince” dans *Oeuvres complètes*: Tome Ⅱ. (Paris: Gallimard, 1994), p. 298.

❷❸ Antoine de Saint-Exupéry, “Le Petit Prince” dans *Oeuvres complètes*: Tome Ⅱ. (Paris: Gallimard, 1994), p. 315.

❹ Carl-Gustav Jung, *Métamorphoses de l'âme et ses symboles*, trans. Yves Le Lay (Paris: Georg, 1953), p. 441.

在”。如果把《小王子》当成一部写给成人的童话，那么大人也能够和孩子一样，能够想象星星的笑容，能够相信小王子的存在，因为小王子的出现能够证明这一切都真实地发生过，证明孩子眼中的美好是一个事实。作家希望所有人都能够怀有一颗童心，相信梦想，怀抱希望，以此对抗生活中的荒诞、残酷和虚无。

与普通的童话一样，小王子行程中转换的空间大都是虚构的。即使在地球上，作家也将情节发展的场景设定在沙漠，将动物和植物拟人化，构建出远离现代文明的一个非现实的空间。与普通童话不同的是，书中的多重空间被赋予了深刻的寓意，表达了作家对人类社会的认知与理想。首先，小王子居住的 B612 星球是一个没有人注意的非常小的星球，只有三座火山、一些植物和唯一的居民——小王子。然而，一朵偶然出现的玫瑰花打破了小王子简单、平静的生活。骄傲任性的玫瑰让小王子无所适从，十分苦闷：他不明白爱到底是什么，他应该怎样对待玫瑰，于是决定出门寻找答案。一路上，小王子经过了宇宙中的六个星球，遇到了各种各样奇怪的人，最后来到地球。从始至终，小王子都无法忘记玫瑰和自己的小星球，哪怕他发现地球上的花园中居然有五千朵玫瑰，但他心中唯一牵挂的仍然是那朵 B612 星球上娇嗔任性、给他带来痛苦的玫瑰。他向飞行员描述他的 B612 星球，因为担心猴面包树破坏他的家园，所以要求飞行员给他画一只羊来吃掉猴面包树的幼苗。虽然 B612 星球曾经被一个古怪的土耳其天文学家发现并命名，可实际上这个星球即使用天文望远镜也难以发现，或者说谁也不确定它是否存在。尽管如此，B612 星球对小王子来说意义重大，既是地理意义上的归属，更是他的精神家园。这个小小的、偏隅宇宙一角的地方，简单、美好、宁静，人与自然和谐共处，可以说是作家心中的乌托邦，或者说是“在别处”的人类乐园。

其次，小王子在离开家之后、达到地球之前，先后经过了六个不同的星球，上面的居民在小王子看来都很奇怪。实际上，他们影射了作家眼中那些在人类社会中处于荒诞处境而不自知的现代人。在小王子眼中，这些星球上的居民都生活在孤独和虚妄之中，因为他们与友谊或其他有意义的情感毫无关联，他们的状态体现了现实社会中人与人之间的绝对疏离。第一个星球上住着孤独的国王，他醉心于权力，却没有臣民听他的号令，所以他只好去命令一只老鼠；第二个星球上住着虚荣的人，他认为自己最美丽、最富有、最聪明，渴望被所有人崇拜，却没有得到任何人欣赏；第三个星球上住着醉鬼，他完全沉迷于爱好，放弃了生存的意义，完全对自己的处境不自知；第四个星球上住着商人，他整天埋头计算数目，却不知道这样做的目的是什么；第五个星球最小，只能容下一盏路灯和一个点灯人，虽然点灯人并不了解自己为什么要一次又一次地重复点灯的动作，但他始终恪尽职守，他也是唯一一个让小王子感到不那么荒唐的人，因为他会关注自己以外的世界；第六个星球上住着地理学家，虽然他的星球比其他星球要大得多，但他宁肯闭门不出在书桌前钻研纸上的记录，也不愿意走出去看看他的星球到底是什么模样。虽然这些人各有不同，但小王子却对他们产生了一致的印象，那就是“奇怪”（bizarre）、“不寻常”（étrange）、“荒谬”（absurde）。其实，这些奇怪的人正是作家眼中人类文明社会的众生相。所有这些让人感觉奇怪的形象，虽然不乏夸张，却让人感到十分熟悉，而小王子对这些人的印象，正反映了作家本人对现代文明中人类处境的批判和无奈。

《小王子》写于第二次世界大战期间，战争使得人的处境更为艰难，因而人们更需要一部童话，需要和平、美好的希望。作家认为战争是摧毁一切的灾难，能够毁灭人类的文明和人类自己。正如圣埃克絮佩里在《莫斯科》中感叹人被战争机器碾压之后变为野兽，而他写于人类生存危机时刻的《小王子》，也让读者和主人公一起开始了一场寻找救赎的心灵之旅。圣埃克絮佩里的作品不仅让人们看到了关于自己和这个世界的真相，也启发人们和小王子一样去寻求解决问题、改变处境的方法。

在经过了宇宙中的六个星球之后，小王子终于到达地球。在作家的笔下，地球和小王子之前到过的其他星球并没有本质上的区别，只不过这里有更多的商人、更多的地理学家、更多奇怪的人。这也证实了作家对前面六个星球的描述事实上就是对人类社会的影射，并加深了读者对于人类存在的荒诞印象。小王子降落在沙漠，这里除了回声得不到任何回应。荒凉寂寥的沙漠，表达了主人公忧虑、困惑、伤感的心情，也反映了作家对人类处境的忧虑。随着情节的发展，小王子遇到了飞行员，结识了狐狸，发现了开满玫瑰的花园和沙漠中深藏的井，也找到了关于生命和爱的意义。作品中地球的面貌之所以会发生改变，是因为作家对人类社会的希望不曾泯灭，直到所有的希望都化为对小王子归来的期待。虽然是远离现代文明的沙漠，但主人公最终摆脱了物质的桎梏，发现了生命的真正意义。飞行员和小王子寻找井的经历，不仅意味着人类寻找生命真谛的旅途虽然艰难却终有所得，也揭示了人与大自然在生命的本质上不可分离的真理。作家在故事的结尾给出开放性结局，反映了人类面对苦难仍然乐观积极的精神和充满期待的态度。

第五节　《小王子》中的形象寓意

在《小王子》中，作家构建了一个超越时空的童话世界，并在其中创造了许多充满寓意的形象。我们可以将这些形象分为三类：第一类是人物，第二类是动物和植物，第三类是自然现象。

首先，故事的主人公小王子从宇宙中一个不知名的小星球来到地球。他单纯善良、不谙世事，但又坚定勇敢、充满好奇心。他没有占有欲、没有仇恨、没有偏见，只有对玫瑰的念念深情和对家园的赤子之心。可以说，小王子就是作家心中理想人性的化身。同时，他对宇宙中六个星球上的居民感到“很奇怪”，体现了他和现实世界的不相容，也暗合了作家的心理。所以从某种意义上来说，小王子身上有作家本人的影子，并且他和玫瑰的关系也与圣埃克絮佩里和妻子龚絮萝一波三折的爱情吻合。作为一个虚构的人物，小王子这个形象融合了理想与现实，既单纯又深刻，既美好又伤感。在作家执行最后一次任务的前夕，他在给妻子的信中写道："你将不再是带刺的玫瑰，而是永远等待着王子的公主"❶，这似乎预示了悲剧的结局。作家是多么希望再次和心爱的妻子重逢，忘却以往两人之间的争执，但是一切都在1944年7月的那一天定格了，从此龚絮萝开始了漫长的等待和思念，并写下了《玫瑰的回忆》。

鉴于这些"巧合"，我们没有理由反对《小王子》的现实性，正如圣埃克絮佩里传记的作者皮埃尔·舍傅里耶所说："圣埃克絮佩里留给我们的最真实的写照就是他的小王子形象。"❷在书中，飞行员和小王子分别体现了作家精神世界的两面，前者是现实世界中迷惑困顿的"我"，后者是理想世界中永远不会改变初衷的"我"。

其次，玫瑰是故事的一个关键人物，小王子的出走和回归都是因为她。对小王子来说，生命的意义就存在于自己对玫瑰的责任当中。作为B612星球上唯一的一朵玫瑰，她骄傲、脆弱、敏感，又任性，让小王子感到无所适从，迷茫痛苦。但是，在旅程结束的时候，小王子决定以死亡为代价回到玫瑰的身边，这样的选择让人不胜唏嘘，也让人不禁联想到作家自己的爱情。圣埃克絮佩里和龚絮萝在一起时总是争执不断，无法忍受对方，但是一旦分开，又无法忘记彼此。正如玫瑰被风偶然带到小王子的星球，龚絮萝在圣埃克絮佩里失意的时候给他带来了生命的温暖和色彩。这位来自中美洲萨尔瓦多的女画家机敏外向、个性独立，

---

❶ Consuelo de Saint-Exupéry, *Mémoires de la rose* (Paris: Plon, 2000), p. 272.

❷ Pierre Chevrier, *Saint-Exupéry* (Paris: Gallimard, 1958), p. 73.

泼辣的性格中带有几分玫瑰的任性，可以在几个小时之内就收拾完所有行李搬到另一个地方重新安家，她甚至比她的飞行员丈夫更加像四处流浪的吉卜赛人。同时，她的聪颖、活泼、幽默和不时流露出的脆弱无助都深深地吸引了内心孤独、渴望温暖的圣埃克絮佩里。这对夫妻就像现实中的“小王子”和“玫瑰”，相处时龃龉不断，分别时又相互牵挂。1944 年圣埃克絮佩里失踪以后，龚絮萝一直保留丈夫的姓氏，并将所有的思念写入了《玫瑰的回忆》。很多评论家都认为龚絮萝就是圣埃克絮佩里笔下的“玫瑰”，正如让-菲利普·拉武（Jean-Philippe Ravoux）写道：玫瑰“当然就是这个聪明、活泼、有趣同时又脆弱，让人怜爱，有时候甚至难以忍受的女人的写照，这个女人让圣埃克絮佩里既吃惊又着迷，让他无比热爱”❶。

除性格之外，龚絮萝与圣埃克絮佩里之间的情感纠葛也使得玫瑰与小王子的故事延续到现实当中。当圣埃克絮佩里感到不可能和龚絮萝像他所希望的那样平静厮守时，他同样选择了回避，甚至是分离。他一如既往地投身于飞行事业寻求生命的意义，认识自己的理想，而不是沉溺于儿女情长的平凡生活。作家笔下的小王子纯真而忧伤，玫瑰就是他的整个世界，但是圣埃克絮佩里有更大的天空，龚絮萝只能和所有的飞行员妻子一样，整天提心吊胆地等待丈夫归来。当小王子明白了爱与生命的真谛而想找回玫瑰的时候，他毅然决然地选择了死亡。尽管如此，这只是肉体的死亡而非精神的泯灭，这样的结局让小王子与玫瑰的重逢成为

---

❶ Jean-Philippe Ravoux, *Donner un sens à l'existence* (Paris: Robert Laffont, 2008), p. 54.

人们永远的期待。圣埃克絮佩里失踪前曾给龚絮萝写信表达恋恋不舍和渴望重逢的心情，命运的巧合让《小王子》在现实与虚构的边界游走，留下了让世人百思不得其解的秘密。在这些隐秘的思绪背后，玫瑰的形象一如小王子初见她时的那般娇艳与神秘。

作为英雄的妻子，龚絮萝在公众的注视下拥有让人艳羡的美好爱情，而在现实生活中她也付出了巨大的代价，不仅要忍受与丈夫聚少离多的生活，还要对丈夫身边的女性密友保持克制和容忍。童话中，小王子与玫瑰在小星球上的甜蜜回忆只是成年人生活中的一部分，其他的部分充斥着争吵、冷战、分离与痛苦，而这些在故事中被小王子漫长的旅程所替代。遥远的距离让他和玫瑰的爱情成为柏拉图式的理想。在《小王子》的写作过程中，两人的关系得到改善。在传记作家勒内－保罗·纪约（Renée-Paule Guillot）的笔下，这对夫妻似乎重新找到了属于他们的甜蜜回忆："龚絮萝常常俯身靠在丈夫的肩膀上，凝视着小王子的草图，她是否意识到这是他对自己的一种致敬呢？几个月后，在她给埃德蒙·博迪（研究圣埃克絮佩里的一位专家）看的一封信中写着这样的话：'玫瑰，就是你。龚絮萝，我生命中的芬芳，我的妻子'。"[1]

责任是小王子和玫瑰之间关系的实质，或者说他们之间的爱就存在于小王子主动承担对玫瑰的责任。具体来说，在 B612 星球上，小王子细心地照料玫瑰；旅途中，小王子从来没有忘记玫

---

[1] Renée-Paule Guillot, *Saint-Exupéry, l'homme du silence* (Paris: Dervy, 2002), p. 151.

瑰；最后，小王子意识到正因为他对玫瑰所做的一切才使得玫瑰对他如此重要，于是他决定以生命为代价回归 B612 星球。这样的责任感同样出现在《人类的大地》中，纪尧梅为了让妻子尽早得到保险金而徒步在雪山上跋涉，希望即使自己死去也能被人发现。

现实生活中，圣埃克絮佩里常常因为执行任务而与龚絮萝分隔两地。通过他的作品可以推断，他早就意识到了自己的归宿——他会像梅尔莫兹、纪尧梅、贝勒汗、杜特尔特以及所有牺牲的战友一样，最终躺在自己曾经“耕耘”的“大地”。但是，他总放不下对妻子的责任。战争期间，他曾经写信给母亲请求她照顾龚絮萝。在最后一次执行任务的前夕，圣埃克絮佩里写信给龚絮萝，向她承诺自己一定会回来。但是，小王子只需要对玫瑰负责任，而飞行员对人类大地上所有的居民都承担着责任。在两者之间，圣埃克絮佩里选择的始终是后者，哪怕付出生命，哪怕再不能与龚絮萝重逢。

在地球上，除了飞行员之外，小王子还遇到了扳道工、旅行者和孩子。其中，旅行者代表着现代社会中的人类，他们互相漠不关心，没有生活目标。与他们相比，孩子们至少还会对娃娃和外面的世界感兴趣。因此，作家会觉得孩子是幸运的，至少他们能发现更为丰富和真实的世界。旅行者的人生则像他们匆忙的行程一般只是“走马观花”，没有真正的意义。除此之外，书中还出现了卖药丸的人，他卖的解渴药能够让人很长时间都不需要喝水，这样就能将喝水的时间节约下来。这个角色影射了现代人盲目重视科学，却忽视了发展科学的最终目的。在作家看来，如果科学技术没有让人类感到更加幸福便失去了价值。

除了玫瑰，《小王子》的故事中还出现了几种其他的花。不过比起玫瑰，它们在小王子看来都不重要。在 B612 星球上，生长着一些非常简单的花，它们朝开夕落，只有一层花瓣，所占的空间可以忽略不计。如此微不足道的存在使它们不会打扰任何人，也不会引起任何人的注意。之后，小王子在地球上偶然发现的花园中看到了几千朵玫瑰。不过对于小王子，除了 B612 星球上的那一朵玫瑰，其他所有的花都一样。不管它们是简单还是娇艳，都是没有意义的存在。另外，在小王子穿越沙漠的时候，他看到了一种长在路边的没有根的三瓣花。就如擦肩而过的行人，它们和大地上的所有存在都没有联系。与前面提到的简单的花和花园里的玫瑰一样，三瓣花也是小王子眼中的“不存在”，它们与玫瑰之间的不同并不是表面上的形态差别，而是本质上存在意义的不同。

《小王子》的故事中还提到一种特别的植物叫猴面包树。这种现实中生长在沙漠里的植物出现在遥远的 B612 星球并非偶然，它影射了“二战”时期西方国家存在的危机和弊病。其实，小王子生活的地方好似远离人类文明的“乌托邦”，这个童话背景中虚构的空间因为包含着充满寓意的形象而成为兼具浪漫主义理想和现实主义批判的社会空间与心理空间。猴面包树这个形象，作家将它从地球的环境“移植”到虚拟的环境，首先就给人带来一种“突兀”和“奇怪”的印象。其次，它的形态和习性强化了这种印象，让人感到“威胁”，甚至是“危险”。在作家的描述中，这种猴面包树在土里的时候是不可见的，但会很快发芽、抽枝。如果不及时将它除掉，它就会蔓延开来，直至毁灭整个星球。至此，猴面包树在书中被赋予了一种“邪恶”的寓意。

最后，猴面包树形象的设定可以让人联想到《小王子》的创作背景："二战"期间法西斯势力疯狂扩张，正如充满巨大破坏力的"猴面包树"，如果不能迅速对其加以遏制，世界将会被侵占直至毁灭。书中有一幅预示灾难的漫画，上面画着小小的星球被巨大的猴面包树笼罩。这样直观的印象在幅员辽阔的地球上是很难被想象的。但是有这样一个参照，人类会变得更加警惕。因此，猴面包树的存在唤起了人们心中对家园的责任感。

蛇是全书中贯穿始终的角色，可以说决定了小王子的命运。在《圣经》中，蛇是一种邪恶、狡诈、具有双重性格的动物，也是一个经常和死亡关联的形象。但是，在这部充满哲理的童话中，作家重新诠释了死亡，将死亡看作蜕去一层旧皮一般。这样的解释其实也和蛇相关，因为蛇在一生中会完成多次蜕皮。根据这样的经历，死亡对于蛇来说并不是结束，而是成长，是生命必经的阶段。因此，《小王子》中的蛇是一个脱离了善恶评价的形象。因为它所代表的死亡并非一般意义上的终结，它为主人公提供了实现愿望的机会。所以，与其说《小王子》的结局是开放性的，不如说是未知的，不管是作家还是读者都会有自己的猜测和愿望，其内容也许一样，也许不一样。于是，死亡在这里带来的不再是悲剧性的结果，而是一种向未知前途的归去。这样的寓意也塑造了蛇的新形象。

羊是《小王子》中隐藏的重要角色，它并没有出场，而是被认为存在于一个盒子里。小王子要求飞行员给他画一只羊，因为他牵挂着自己的星球，那里需要羊吃掉猴面包树的幼苗。并且，小王子要的是绵羊，而不是长着角的公羊，说明他希望找到一种温和的力量解决问题，而不是求助于暴力。对小王子来说，这只绵羊就像是“拯救者”，可以使他的星球免遭猴面包树毁灭性的破坏。当时的圣埃克絮佩里远赴美国寻找可以帮助法国对抗法西斯的力量。他一开始雄心勃勃，但是在异国他乡四处碰壁之后，便陷入了沮丧和失望的情绪当中，同时也不得不进行反思。因此，“羊”的形象不仅体现了作家心中寄予的“希望”，也表达了他复杂的心情。他认为美国就像这只羊一样，在带来帮助的同时，也可能造成意想不到的损失。因此，小王子在书中表达了另一层忧虑——羊也会吃掉玫瑰。出于这种担心，他要求飞行员给羊画上一个嘴套。其实，圣埃克絮佩里对于美国的期待是矛盾的。在当时的西方国家中，美国无疑具有强大的实力，并且在“一战”和“二战”中都曾保持过中立，基本符合圣埃克絮佩里不选择任何政治党派而只追求和平的主张。而且，美国人一直崇尚英雄主义，所以作家的几部作品，尤其是《战争飞行员》在美国大受欢迎。然而，美国当时的国力日益兴盛，但也可能给法国带来不确定的威胁，尤其是当圣埃克絮佩里到达美国却无法实现自己的诉求时，他难免会有所顾虑和质疑。所以，羊并没有出现在飞行员的画中，它被藏在一只盒子里：这样不出现而确信的存在，隐含着作家对自己心中“拯救者”的希望和担忧。

狐狸是书中的一个灵魂角色。作家通过这个形象，深入浅出地表达了自己的哲学思想。狐狸是“沙漠中深奥的一种精神力量”[1]，它就像一位智者，解开了小王子心中一直以来关于爱的疑惑。在狐狸的启发下，小王子终于明白了玫瑰对他的意义。作

[1] Jean Perrot, *Jeux et enjeux du livre d'enfance et de jeunesse* (Paris: Cercle de la librairie, 1999), p. 187.

家通过描写狐狸与小王子的对话，表达了自己对友谊和爱情的理解。在小王子刚刚遇到狐狸的时候，他们对于彼此并没有特殊的意义，因为他们还没有“互相驯化”（s'apprivoiser）。但是，经过最初的试探、每天的仪式和一段时间的相处之后，他们对于彼此的意义发生了本质的改变。一听到小王子的脚步声，狐狸就会从洞穴里跑出来，而其他人的脚步声只会让它躲起来。在建立联系之前，对于狐狸来说，小王子与其他金色头发的小男孩没有什么不同，也不能引起它特别的注意，但是在他们“互相驯化”之后，连金色麦田里的风声在狐狸听来都是悦耳的，因为那会让它想起和小王子有关的一切。它教会小王子的第一件事情是“建立联系”❶，狐狸并没有将联系局限于“友谊”，而是直接陈述了“相遇”的过程和结果。狐狸教会小王子的第二件事情就是“懂得爱”。它没有明显区分“爱”与“友谊”，甚至没有提及这两个概念，而是通过“建立联系”的过程启发小王子“正是他对玫瑰所做的一切才使得玫瑰对他如此重要”❷。因此，爱是责任，更是出于责任而采取的行动。事实上，“爱”与“友谊”都是人类通过“互相驯化”建立的“人类关系”，而正是这种联系决定了存在的意义。如果说“蛇”揭示了“死亡”的真正含义，飞行员让小王子明白了“幸福”的条件与内涵，那么“狐狸”和“玫瑰”就阐释了什么是“友谊”和“爱”。故事中的每一个角色都有自己的使命。他们不仅是“解惑者”，更是“传道者”。

---

❶ Antoine de Saint-Exupéry, “Le Petit Prince” dans *Oeuvres complètes*: Tome Ⅱ. (Paris: Gallimard, 1994), p. 294.

❷ Antoine de Saint-Exupéry, “Le Petit Prince” dans *Oeuvres complètes*: Tome Ⅱ. (Paris: Gallimard, 1994), p. 298.

作家希望借助他们，将自己对于世界和人性的认识传递给读者。

在《小王子》中，不仅人物、动物和植物都具有象征意义，一些自然元素或自然现象也被赋予特殊的寓意，比如井、回声、星星、日落，等等。

“井”和“水”是两个几乎重叠的意象。在沙漠中最珍贵的就是水，在贫瘠干旱的环境中，水不仅能够维持生命，也滋润着万物，沙漠中的生命与繁荣都源于水，圣埃克絮佩里在书中写道：

> 水啊！你既没有滋味，又没有颜色，也没有芳香；人们无法给你下定义，大家都品尝你，却不认识你。你不是生命之必需，你就是生命。你渗透了我们全身，使我们获得一种无法用感官表达的感受。有了你，我们身上早已经消失了的所有能力又回到了我们的体内，由于你的恩泽，我们内心所有干涸的源泉都变得畅通。❶

故事中有一段情节是小王子和飞行员在沙漠中长途跋涉寻找井的历程。研究者加斯东·巴什那（Gaston Bachelard）认为，“井就是一个范型，是人类灵魂中最深刻的形象之一”❷。在圣埃克絮佩里看来，井不仅象征着生命，还意味着幸福。他想告诉读者的是幸福和物质之间并没有必然的联系，只有生命才是幸福的必要条件。飞行员在沙漠遇险的第八天，水已经喝光了，他和小王子终于在清晨发现了一口井。作家写下这个过程的意图很明

---

❶ Antoine de Saint-Exupéry, “Terre des hommes” dans *Oeuvres complètes*: Tome Ⅰ. (Paris: Gallimard, 1994), p. 268.

❷ Gaston Bachelard, *La poétique de la rêverie* (Paris: PUF, 1998), p. 98.

显，他想告诉人们幸福既难得也非不可得，寻找幸福的旅程并不轻松，甚至是艰辛的，但是幸福有时候就是那一点点水，无须占有太多的物质。事实上，“水”与“井”的寓意叠加也体现了“生命”与“幸福”的关联。在《人类的大地》中，作家讲述了一段亲身经历：两位飞行员因为飞机故障迫降在沙漠中心，他们在迷失方向之后不得不忍受干渴、饥饿和巨大的温差。当一次次求救都无功而返时，他们陷入了绝望。这时，偶然出现的贝都因人“如天神降临”❶拯救了濒死的飞行员。其实，这一段经历恰恰证明了《小王子》中关于“水”和“井”的寓意，揭示了作家心中生命的真谛：生命就存在于微小的部分，看起来如同水一般日常和普通；同时，生命也如神祇般伟大而神秘，就像水一样是一切文明和奇迹的源泉。然而，在精神世界如同荒漠的现代人看来，物质才是他们不惜一切追求的目标，甚至忽视了幸福的真正内涵和生命的本质。

书中的回声，象征着人类在现代社会中孤独的处境。小王子刚来到地球时，他爬上一座高山，想象会看到很多的人。但是，他失望了，他只看到一些高耸的山峰；他想和其他人交流，回答的只有回声。与此同时，日落也是书中一个表达孤独的意象，是小王子对家乡的重要记忆，体现了作家的思乡之情。圣埃克絮佩里写《小王子》期间正客居美国，一方面是为了寻求美国对法国的帮助，另一方面是为了躲避不公正的评论和纷扰。虽然妻子龚絮萝也在美国，但是两人分别住在不同的公寓，而且有各自的

❶ Antoine de Saint-Exupéry, “Terre des hommes” dans *Oeuvres complètes*: Tome Ⅰ. (Paris: Gallimard, 1994), p. 267.

社交圈，再加上圣埃克絮佩里拒绝说英文，所交的朋友十分有限，孤独和忧郁让他更加思念远在大洋彼岸的祖国。

在离开地球之前，小王子为了安慰飞行员而告诉他："夜晚，你会看到星星。我的星星太小，我无法指给你看它的位置。这样更好，我的星星对你来说只是繁星中的一颗。那么，所有的星星，你都会爱看……它们就都会是你的朋友。"[1] 对普通人来说，星星只不过是一些寻常的亮光，每天都出现在夜空；但对飞行员来说，星星是指路的明灯，是求生的希望，其中还有让人感到温暖和友爱的小王子，是所有人向往的"在别处"。事实上，与星星一样，自然中的各种元素对不同的人而言意义也不一样，而这种区别正是源于"相互驯化"建立起来的联系。

---

[1] Antoine de Saint-Exupéry, "Le Petit Prince" dans *Oeuvres complètes*: Tome Ⅱ. (Paris: Gallimard, 1994), p. 313.

第六节　“二元对立”的空间和存在主义

“二战”期间，圣埃克絮佩里流亡美国。为了忘却离乡背井又一无所获的苦恼，他沉迷酒精，甚至生活放浪形骸，同时也陷入一种深深的绝望，变得越来越沉默寡言。他想创作一部巨著、一部史诗性的作品，但是出版社只是催促他写一些读者喜欢看的飞行经历，让他难以提起写作的兴趣。他一方面承受着焦虑、厌倦等各种负面情绪，另一方面与龚絮萝的关系日益紧张。于是，他开始创作《小王子》，以期能够摆脱困扰。出人意料的是，他创作了一部童话作品，与其说是为了逃避现实，不如说是为了追求一个理想的处境。在题词中，作家解释了他的创作动机：首先，写这本书是为了他最好的朋友莱翁·维尔特，因此这个故事源于友谊，也是为了歌颂人与人之间的友好关系；接着，这位好朋友是一个能够洞悉一切的人，作家将一部写给孩子的书献给他，是因为他同时了解成人的世界和孩子的世界；其次，作家提到这位好朋友正在法国遭受苦难，解释了自己创作这部作品的政治意图，即反对法西斯以拯救祖国；最后，作家将一切理想归入孩子的世界，提出人类摆脱困境的希望。事实上，《小王子》是一本写给成年人的寓言，其中的形象深含寓意，只是借用了一个“孩子的故事”[1]。在故事的开头，作家回忆了童年的画作，那幅大人们看不明白的画，揭示了孩子的世界和大人的世界之间的矛盾，这也是全书的思想基础。

圣埃克絮佩里在作品中普遍使用了“二元对立”的创作技巧，在大地与天空、城市与村庄、航线与家庭之间设置对立关系，构建代表职业生涯和个人生活的对立空间。同时，他将“二元对立”的原则引入《小王子》中，让故事脱离地域的界限，在精神层面建立了“大人的世界”与“孩子的世界”。事实上，它们也分别代表着作家眼中的现实社会与理想社会，表现了圣埃克絮佩里对物质文明的批判和他的价值取向。

在作品中，成人的世界与孩子的世界之间的“二元对立”主要通过三组人物表现：小王子和飞行员、童年的“我”和大人们、小王子和旅途中遇到的人。

首先，小王子和飞行员之间的关系是十分特殊的。事实上，他们代表了作家精神世界的两面：前者是理想中的“我”，后者是现实中的“我”。同时，这两个角色也有别于现实中的孩子和大人。一方面，小王子是一个虚构的人物，作为主人公的小王子属于想象中的童话世界，他的外貌、来历、言行和最后的归宿都

---

[1] Alban Cerisier, *Il était une fois ... Le Petit Prince* (Paris: Gallimard, 2006), p. 16.

与现实中的孩子明显不同，但是，他的兴趣和想法与孩子的心理是完全吻合的。在飞行员为修理飞机而烦恼、为安全而担忧的时候，小王子却一心想要一只羊，哪怕是画在纸上的。于是，飞行员给他画了一只盒子，声称里面有一只羊。小王子相信羊的存在，他和孩子一样对其他人全心信任，对这个世界没有防范。另一方面，书中的飞行员并不完全属于成人的世界，在他童年的记忆中充满了不被大人理解的迷茫，同时他了解成人世界的规则和标准。当他向大人们证实小王子的存在时，他只需要说明小王子来自 B612 星球即可。正如他向大人们介绍朋友的时候，无须说明这个人的特征、爱好和特长，而必须告知大人们一系列他们感兴趣的数字。比如，飞行员曾经向大人们提及一幢漂亮的粉红色砖房，窗户上摆着天竺葵，屋顶上栖息着鸽子，但大人们无法凭借孩子的描述想象这幢房子的模样，只有当他们得知这幢房子价值十万法郎的时候，才认为这真的是一幢漂亮的房子。虽然双方的评价一致，但是他们的评判标准大相径庭。飞行员在沙漠中遇到小王子之前，属于成年人的世界。但是在遇到小王子之后，一切都开始慢慢地改变。其实，飞行员可以被看作成人世界和孩子世界之间的一座桥梁，是属于没有忘记自己曾经也是孩子的大人。

其次，童年的“我”和大人们之间的关系也体现了“二元对立”关系。故事的一开始，“我”回忆起自己的第一幅画作，那是一幅关于一只吞下大象的蟒蛇，但是大人们却无一例外地看到一顶普通的帽子。大人们自认为了解世界的本质，实际上他们只能看到浮华掠影的表面；大人们自以为拥有了物质财富就是幸福，事实上他们精神贫乏、心灵孤独；大人们自诩凭所谓的理性就能认识和控制这个世界，凭数字就能衡量存在的价值，其实他们对现实充满了偏见和误解。在作家的眼中，与其说成年人是现实的、理性的，不如说他们是功利的和肤浅的，他们不明白真正的财富是人与人之间的关系，而真正的幸福也不在于拥有多少物质。相反，孩子观察和认识世界的方式与大人们截然不同：他们的注意力完全不在事物的表面，衡量价值的标准也没有功利的成分；他们对这个世界充满好奇心，对事物的颜色、形状、气味，个人的爱好、性格都感到好奇。因此，在孩子的眼中，世界上有花有草，有羊有星星，有朋友和爱人，虽然简单却丰富多彩。相比之下，孩子的世界才是作家理想中的人类社会。

最后一组人物是小王子和他途经的前六个星球上的居民。那些人分别是国王、虚荣的人、醉鬼、商人、点灯人和地理学家。在小王子的眼中，他们都是些古怪的人。其实，他们代表的正是现代文明社会中的众生相。第一个星球上孤独的国王一心向往权力，而他所谓的理性只是一厢情愿的想法，或者说是一个借口。《小王子》写于“二战”期间，战争几乎摧毁了人们的所有信仰，让理性近乎成为空谈。这位国王认为权威首先应建立在“理性”之上，所有人都应该服从他，因为他的命令都是“合理”的。但事实上，这种建立在所谓“理性”上的权威是荒唐且没有任何效力的。显然，他的解释不足以说服任何人，连一只老鼠都对他的权威置若罔闻。第二个星球上住着一个虚荣的人，他认为自己最美丽、最富有、最聪明，渴望被所有人崇拜，却没有得到真正的欣赏。前面这两类人都代表了一些只关注自己而孤芳自赏的现代人。第三个星球上的居民是醉鬼，他对自己的行为感到羞愧，但是无法自拔，也没有勇气和力量改变自己。这个角色让人类看到了自身的软弱以及无力摆脱的困境。第四个星球上的居民是商人，他整天忙于计算，强烈的占有欲超越了他对其他存在的兴趣。但是，他并不知道最珍贵的财富到底是什么，以至于忽略了生命的真正意义。这个形象也正是一些现代人盲目追求金钱的写照，表现了人性的贪婪和存在的虚妄。第五个星球最小，只能容纳一盏路灯和一个点灯人，虽然点灯人并不了解自己为什么要一次又一次地点灯，但是他始终恪尽职守。他是唯一让小王子感到不那么荒唐的人，因为与之前的人相比，点灯人所做的不是为了他自己。但是，他的行动是机械的，与其他人一样不明白生命的意义，所以也无法做出正确的选择。第六个星球上住着一位地理学家。虽然他的星球比其他星球要大得多，但是他宁肯闭门不出、在书桌前钻研纸上的记录，也不愿意走出去看看他的星球。因此，他所看到的世界不是真实的世界，他所认识的事实也不是真正的事实。地理学家的形象正是影射了那些固守教条甚至充满偏见、不愿意采取行动去认识真理的人。对于这些形形色色的人，小王子反复使用“奇怪”（bizarre）、“不寻常”（étrange）、“荒谬”（absurde）等词来形容自己对他们的印象，体现了他与这些人之间的不相容，也表达了作家对现实世界的批判，对成人世界的讽刺和失望，同时揭示了两种价值观和人生观的对立。

圣埃克絮佩里创作《小王子》的时间正是第二次世界大战期间，物质世界遭到极大的破坏，人类文明遭遇了毁灭性的打击。战争让人类之间友好的关系不复存在，彼此的疏离甚至仇恨使得人类的存在遭到质疑。圣埃克絮佩里在《莫斯科》中感叹人被战争的机器碾压之后成为野兽。但是，当他看到熟睡的孩子，心中仍然对人类充满了希望。正是为了延续希望，作家创造了小王子，并赋予他孩童的心灵。

小王子的旅程不仅向人类展现了他们的真实处境，同时启发人类要像小王子一样去寻找真理。小王子最后来到地球。在开始他的探险之前，作家简要地介绍了一下地球。在作家笔下，尽管这里地域广袤，但与之前的六个星球并没有本质上的区别，只不过这里有更多的商人、更多的地理学家、更多奇怪的人。小王子在地球上遇到了飞行员和狐狸。作为现实中的大人，飞行员保留了童年的记忆和儿时与大人们交流的挫败感，但是他接受了成人世界的规则，成为其中的一员。不过在遇到小王子之后，飞行员开始重新定义周围的世界，在与小王子一起寻找井的过程中，他终于找回了孩子的世界，认识到生命的意义。作为童话中的角色，那只会说话且充满智慧的狐狸充当了小王子的良师益友，向小王子解释了友谊和爱的真谛。显然，狐狸并不属于成人的世界，但它有着超越常人的智慧和热情。自从小王子出现之后，狐狸原本单调机械的生活变得充满阳光，小王子的脚步都像动听的音乐，甚至麦田里的风声都能给它带来愉悦的心情。于是，存在的意义在“相互驯化”的两者之间悄然改变，但这种改变是肉眼看不到的，只有用心才能体会。至此，大人们眼中肤浅而单调的世界也被完全改变了。

在《小王子》的“二元对立”空间中，成人世界的荒谬、宇宙星球上居民的存在状态（当然，这也是对人类社会的影射），以及地球上荒芜的景象都体现了存在主义者对人类世界的观照和思辨。

首先，对存在主义者而言，存在先于本质，而人必须通过行动定义自我的存在。对小王子来说，在玫瑰出现以前，他每天都过着同样的日子，做着同样的事情。直到一朵玫瑰偶然来到他的星球，小王子的生活状态才发生了改变，他开始花费很多时间精心照料玫瑰。这朵娇弱的花如果没有小王子的照顾，可能会渴死、被风侵袭，或者染上虫害。因此，正如狐狸对小王子所说的那样：正是你为玫瑰花付出的时间让她变得如此重要。行动改变了存在的意义。

其次，存在主义者认为人的存在是通过自由选择定义的，而不由某些理论、哲学或道德的教条预先设定。因此，每个人都是自己行动和命运的主人，必须对自己的选择负责。在小王子和玫瑰之间，小王子进行了三次选择：初遇玫瑰，小王子就自愿承担起照顾她的责任，这是他的第一次选择；当他对玫瑰的感情和玫瑰的态度让他无所适从的时候，他选择去外面的世界寻找答案，这是他的第二次选择；之后狐狸告诫他："……你要对你的玫瑰负责任"❶，于是他决定返回 B612 星球去承担这份责任，这是他的第三次选择。不管是停留、出走还是回归，都是小王子自觉自愿的行为，这就是存在主义所说的"自由选择"。由此可以证明，存在主义的自由并非绝对的自由。其实，圣埃克絮佩里的选择具有指向性，正如狐狸所说："要永远对驯化的东西负责"❷，而所谓的"驯化"，就是"建立联系"❸，责任便由此而生。

最后，在存在主义者眼中，现实的人类世界是荒谬的，就像

---

❶❷ Antoine de Saint-Exupéry, "Le Petit Prince" dans *Oeuvres complètes*: Tome Ⅱ. (Paris: Gallimard, 1994), p. 300.

❸ Antoine de Saint-Exupéry, "Le Petit Prince" dans *Oeuvres complètes*: Tome Ⅱ. (Paris: Gallimard, 1994), p. 294.

小王子对宇宙中各星球的印象："很陌生"❶ "真奇怪"❷ "非常非常奇怪"❸ "太奇怪了"❹。在圣埃克絮佩里眼中，成年人生活在以数字和金钱为量度的社会中，他们关注被"物化"的世界表面，乃至人都只是这层表面上的点缀。在这个世界中，人除了"物质"别无选择，或者说他们没有意识到还有别的选择。他们理所当然地认为一幢价值十万法郎的房子必定是漂亮的，而不会去关注房子到底是什么样子，甚至不会费力去想象这幢房子。在他们眼中，价值十万法郎的东西不管是什么形状、什么特点都是好的，都是漂亮的。因此，大人眼中的世界是单调的、无趣的、贫瘠的，甚至是缺乏生命力的。在"物化"的定律之下，人不可能认识世界的多面性和人生的可能性，因而没有选择。但是，小王子的存在证明了其他的可能性，让人们认识到人生可以有不同的选择。因此，小王子相信飞行员画的盒子里的的确确有一只羊，而这只羊是如此"真实"，甚至还要给它带上一个嘴套避免它伤害玫瑰花。正如作者在书中写道："本质是肉眼看不见的，只有用心才能看得清楚。"❺ 成人对世界的认知流于表面，而孩子反而会用心发现世界的美好和丰富。实际上，荒谬的印象来自

---

❶ Antoine de Saint-Exupéry, "Le Petit Prince" dans *Oeuvres complètes*: Tome Ⅱ. (Paris: Gallimard, 1994), p. 267.

❷ Antoine de Saint-Exupéry, "Le Petit Prince" dans *Oeuvres complètes*: Tome Ⅱ. (Paris: Gallimard, 1994), p. 270.

❸ Antoine de Saint-Exupéry, "Le Petit Prince" dans *Oeuvres complètes*: Tome Ⅱ. (Paris: Gallimard, 1994), p. 271.

❹ Antoine de Saint-Exupéry, "Le Petit Prince" dans *Oeuvres complètes*: Tome Ⅱ. (Paris: Gallimard, 1994), p. 275.

❺ Antoine de Saint-Exupéry, "Le Petit Prince" dans *Oeuvres complètes*: Tome Ⅱ. (Paris: Gallimard, 1994), p. 298.

成年人对现实的无法认知，以及由此产生的焦虑和虚妄。

在这个“二元对立”的空间里，成人和孩子都用自己的方式观照现实和认知存在。小王子在旅途中看到的奇怪居民让他感到焦虑。他无法久留，只想赶快去往下一站。当他来到地球时，焦虑并没有消失。从爬上高山无人回应，到发现满园的玫瑰，他无法肯定自己存在的状态和意义。遇见狐狸和飞行员以后，他开始意识到人与人之间的联系——尤其是责任，才是生命中最重要的东西。大人们趋之若鹜的财富在沙漠中毫无用处，真正的幸福所需要的物质微不足道。小王子的发现揭示了成人世界及其价值观的矛盾性，表达了作家对现代社会中人类生存状况的批判和反思。

第七节　人物形象的哲学内涵

圣埃克絮佩里的作品素材大都取自其亲身经历。比如,《飞行员》《南线邮航》《夜航》《战争飞行员》,等等。在《人类的大地》中,他开始尝试用散文的体裁阐述自己片段式的经历并表达自己的思想。直到他的最后一部作品《城堡》,作家的写作风格已经完全变化:写实的背景被虚拟的时空替代,其中的人物与大自然完全融合在一起,在类似尼采的《查拉图斯特拉如是说》的语境中,作家试图陈述自己对人类、大自然和整个宇宙的观察与思考。虽然他的写作风格、体裁乃至叙述方式都发生了改变,但是圣埃克絮佩里的写作方式从来都不是单一的,哪怕在纪实性作品中,借代、比喻和象征的修辞手法随处可见,使得作品中的人物形象表现出深刻的哲学内涵。

圣埃克絮佩里的文学创作大都围绕着人与大自然展开,赞颂人改变自然的勇气和力量。飞行员、农民、工匠、水手、园丁、家庭妇女，甚至沙漠中的妓女和强盗……人的形象千变万化，连植物和动物都被赋予人性，成为“人”的化身。在《城堡》中，作家写道：“我觉得‘人’正像城堡，想确认自己的自由，却只留下一堆暴露于星空下的断壁残垣。”❶ 显然，作家借“城堡”的形象阐明了人的存在方式，那便是接受责任的约束。其他类似的形象，如庙宇、城市、帐篷等象征着理想或是现实中的人类社会。《城堡》中反复出现的“树”的形象，分化为橡树、橘子树、松树、雪松等各个具体的种类，事实上都象征人类在表面上的千差万别，但本质相同。从形态上来说，树扎根于大地，向阳而生；人类虽然生活在地球，却能够借助飞机翱翔宇宙、追寻梦想；树的枝叶繁茂，互相荫庇，人类繁衍不息，彼此依靠。其实，“树”的形象根植于作家童年的记忆，“在圣埃克絮佩里和树之间也存在着一种私人的空间，这个情感的空间，来自一种和拉莫尔庄园的家庭花园，以及圣莫里斯城堡的花园之间的自发默契，因此也巩固了作者对童年的眷恋之情”❷。同时，“树”在作家的作品中是一个不断变化和发展的形象，符合作家心中对人的理想，普通人通过行动变得强大并实现人性的升华，直至无限靠近神祇。“就像人要生活在空气中，鲤鱼要生活在水中，树的枝叶伸向星辰，树就是星星和我们的交流之路”❸。

再说到“人”的形象本身，作家对各种职业的人一视同仁，

❶ Antoine de Saint-Exupéry, “Citadelle” dans *Oeuvres complètes*: Tome Ⅱ. (Paris: Gallimard, 1994), p. 374.

❷ Geneviève Le Hir, *Saint-Exupéry ou la force des images* (Paris: IMAGO, 2002), p. 134.

❸ Antoine de Saint-Exupéry, “Citadelle” dans *Oeuvres complètes*: Tome Ⅱ. (Paris: Gallimard, 1994), p. 401.

并不顾及表面的差别，比如年龄、外貌、种族、地位、贫富，等等。在他的眼中，各行各业的人都是大地的“开垦者”。因此，“飞机”对于飞行员，就如“犁”对于农民、“锄头”对于园丁、“船舶”对于水手，都是人类用来改造自然的工具。在众多职业当中，除了飞行员，农民是其作品中最常出现的人物形象，因为农民体现了人类与大自然之间最本质的联系。同时，在年复一年的劳作中，大自然循环更迭，人类生生不息。作家在《人类的大地》中细致地描写了一位农民母亲死去的情景：在死亡来临的时候，“母亲”的面容并没有让人感到恐惧，而是让人觉得“死亡是非常甜蜜的”❶。因为每个生命都像一个豆荚那样，总有一天会爆裂，也总会留下种子。从大自然中，人类认识到死亡并不是终止，而是另一种意义的延续。不仅是农民，每个人的生命都像“豆荚”留下种子一样，传承人类的遗产、风俗、文化，在这片土地上孕育的所有生命都继承了“开垦者”的传统和信仰。

圣埃克絮佩里塑造的主人公大都是现代文明的“悖行者”，作家笔下栩栩如生的人物形象大都出现在远离城市的荒僻角落，其中最让人印象深刻的就是沙漠。圣埃克絮佩里的第一次飞行任务就是去往沙漠，之后，他在撒哈拉沙漠的朱比角驻守三年。在此期间，他努力融入当地生活，对这片表面看似贫瘠、蛮荒的土地，产生了深厚的个人情感。随着时间的推移，这个黄沙漫漫的世界逐渐对真正走入它的人打开了大门，呈现出五光十色、生机勃勃的景象。圣埃克絮佩里时常拜访那些住在帐篷里的朋友，教

---

❶ Antoine de Saint-Exupéry, “Terre des hommes” dans *Oeuvres complètes*: Tome Ⅰ. (Paris: Gallimard, 1994), p. 281.

邻居的孩子说英文，和当地人一起去沙漠深处狩猎，除了肤色，他在平时和周围的人没什么两样。摩尔人称他为“白皮肤的隐士”❶。当纪尧梅去沙漠看望他时，见到的是一个穿着阿拉伯长衫的人一边走过来，嘴里一边说着：“我这是在自己家里，今晚你是我的客人。”❷ 在这个远离现代文明的荒僻角落，圣埃克絮佩里成为沙漠居民的一分子，这片土地也成为他的家园和避难所，让他能够避开尘世纷扰、享受宁静和简单的快乐。在这里，所有的一切都和大自然融为一体，沙漠、植物、动物、岩石，还有人，地下暗藏的泉水滋养着一切生命，所有现实的生活和超验的奇迹同时发生在这个神秘莫测的地方，比如其中的贝都因人。他们行踪不定，但是飞行员曾经在执行任务的途中因飞机故障迫降在沙漠中心几近渴死，最后被突然出现的贝都因人所救。沙漠中的一切都与那漫无边际的黄沙归于一体，人与自然彼此亲近，相互交融，就像作家所说：“面对着这片发生了改变的沙漠，我想起了童年的游戏……”❸

在圣埃克絮佩里的作品中，远离现代文明的沙漠、海洋、高山是让他流连忘返、心驰神往的地方，他的故事、他的想象都发生在人迹罕至的大自然之中；而物质丰足、人声鼎沸的城市一直都是他渴望逃离的空间，他笔下的人物形象大都是城市的“逃离者”。城市，作为现代文明的成果之一，展现了人类文明的发展

---

❶ Didier Daurat, *Saint-Exupéry tel que je l'ai connu* (Paris: Dynamo, 1954), p. 11.

❷ Marcel Migeo, *Henri Guillaumet* (Paris: Arthaud, 1949), p. 99.

❸ Antoine de Saint-Exupéry, "Terre des hommes" dans *Oeuvres complètes*: Tome Ⅰ. (Paris: Gallimard, 1994), p. 236.

和生产力的进步，但是圣埃克絮佩里却始终与之格格不入。在他的冷眼旁观之下，城市的五光十色只是人类文明的浮光掠影。他宁愿选择忍受物质匮乏和孤独寂寞，也不愿停留在生活便利却毫无精神滋养的城市。对他来说，城市和监狱没有本质的区别，都禁锢了人类对理想的追求。在这钢筋水泥的“监狱”之中，人被桎梏在狭小而分离的空间，彼此缺乏交流，没有建立真正的人类关系，找不到生命的意义。在圣埃克絮佩里的作品中，城市的名字只是一个地理意义上的名词，虽然真实存在，却和主人公的命运缺乏联系。相反，梅尔莫兹遭遇暴风雨的海洋、纪尧梅徒步穿越的雪山，还有作家无数次经历险境的沙漠都让人觉得历历在目、印象深刻，甚至一座无名的农场、一条森林中的小溪、一片不起眼的灌木丛，对飞行员来说都比灯红酒绿的大都市更加重要。

圣埃克絮佩里在作品中反复地回忆童年以及和童年有关的意象，因为童年代表着人性的起点，他的“怀旧”正是他对人性返璞归真的理想。因此，他作品中的人物，正如《小王子》中的飞行员一样，都是没有忘记自己曾经是孩子的大人们。因为只有保留孩子的天性，才能发现世界的美好和丰富，才能对周围的人和事物感到好奇而产生创造力，才能像小王子一样义无反顾、不计代价地去追求理想。孩子，至少代表着圣埃克絮佩里对人性的一部分理想。在他的作品中，圣莫里斯的老房子是和童年相关的最典型的意象。作家在那里度过了一生中难得安稳的一段时光：有家人陪伴，大自然被当作游乐场。在作家的记忆中，它早已经超出现实中的意义，是家庭和个人幸福的象征，甚至一些和老房子相关的物品，比如桌布、灯、橱柜、锅……都被寄予了作家挥之不去的乡愁和对幸福的向往。其中，“灯”的寓意较为丰富，象征着温暖、希望和关爱。夜晚的灯光不仅可以帮助飞行员安全降落，也让他们坚信自己的奉献是为了大地上更多人的幸福。因此，“灯”不仅象征着家的港湾，还代表旅途中的希望。其他和灯相似的意象，如星星和蜡烛，都象征着光明和希望，给人带来温暖与安宁。作家曾经回忆在沙漠中遇险时，七个飞行员点燃蜡烛安然度过了危险；在夜空中迷失方向时，飞行员靠突然出现的北斗星冲出了乌云叠嶂的险境。圣埃克絮佩里半生漂泊，最后葬身大海，他热爱飞行、渴望战斗，但是在内心深处，也期盼温馨的家庭和美好的爱情。当幸福的童年逐渐远去，他固执地保留着对家庭幸福的期盼，危险的职业生涯使得这种期盼愈演愈烈，以至在他的作品中，我们可以明显地感到主人公矛盾的处境和心理。于是，最初的幸福记忆在他的作品中被“物化”成老房子的形象，牢牢地占据了作家心中最隐蔽的角落，一生寻而不得。通过诸多细节，我们可以隐约地窥见这个温暖而遥远的空间，它不时出现在故事中，或是细致的描写，或是缥缈的想象，虚虚实实让人始终无法看个真切。

圣埃克絮佩里作品的主人公大都是和他一样的飞行员，如《夜航》中的法比安、《南线邮航》中的贝尔尼、《战争飞行员》中的杜泰尔特，还有《人类的大地》中的贝勒汗、纪尧梅和梅尔莫兹，等等。他们中有的是现实中作家的朋友和同事，有的是根据真实人物结合想象而创作的角色，比如《夜航》中的李维埃和《战争飞行员》中的指挥官身上就有作家飞行生涯的引导人——迪迪埃·多哈的影子。所有这些飞行员，不论他们的年龄、职位、经历、性格如何，都在为了他人、为了集体的事业而奋斗，甚至不惜付出生命的代价。他们具有责任感、使命感和伟大的理想，在他们的身上可以看到普通人不断成长的历程，并发现人类精神升华的范型，即“大写人”。

圣埃克絮佩里笔下的人物在日常生活中是与你我并没有区别的普通人。但是，他们更是一群为了他人而勇于迎接大自然挑战的英雄。普通人和英雄之间的差距是否像天与地之间那样悬殊？作家对此的回答是否定的。在他看来，普通人和英雄之间隔着一个“重生”的历程，而这段历程的开端就是一辆破旧的老式班车，一个连接飞行员的生活与职业的交通工具。作家在散文集《人类的大地》和《飞行的束缚与伟大》中都提到过这种老式的班车。在清晨去往机场的路上，飞行员与一群普通人都在车上，但是这两类人的命运和存在状态截然不同。对于普通人来说，搭乘班车只是每天的常规惯例之一，不过是从一个地点转移到另一个地点，他们并不明白自己的使命。从外表来看，飞行员与普通人并没有多大的不同，但是，他们即将向大自然发起挑战，在这场实力悬殊的对抗中，飞行员出于为他人奉献的使命而奋不顾身，从芸芸众生蜕变为让人敬仰的英雄。简陋的老式班车虽然属于琐碎、重复、平庸的日常生活，但它是英雄踏上征程的起点，是一个见证奇迹的地方。从这里开始，“他们（飞行员）感到在他们身上诞生了另一个人，一个更加伟大的人”[1]，一个现实中诞生的英雄，一个现实主义的理想人类范型。

圣埃克絮佩里在作品中依照亲身经历塑造了不少个性鲜明的

---

[1] Antoine de Saint-Exupéry, “Articles” dans *Oeuvres complètes*: Tome Ⅰ. (Paris: Gallimard, 1994), p. 326.

飞行员形象，他们性格各异、经历不同，但是命运的轨迹又似乎如出一辙。他们选择了飞行员作为职业，放弃了个人的家庭和幸福，像吉卜赛人一样游弋于天空和大地，最后大都牺牲在执行任务的途中。虽然他们各有自己的性格特征：性如烈火、充满开拓精神的梅尔莫兹，亲切随和、坚忍不拔的纪尧梅，沉默寡言、谦虚谨慎的贝勒汗，敏锐理性、勇敢坚定的杜特尔泰，等等，但是他们的身上有着更重要的作为“大写人”的优秀品质——充满责任感和使命感，愿意为了集体的事业奉献牺牲，无私地关爱同事、战友，甚至素不相识的人。在危难面前，他们也许害怕过、犹豫过，但是他们最终战胜了自己的弱点，全身心地投入自己的职业当中。在人物形象的塑造上，作家同时表现出了浪漫主义和现实主义的风格。为了追求理想，主人公义无反顾、执着而单纯；但是他们也生活在现实当中，因而飞行员的人生也不无遗憾：选择事业而放弃家庭是他们自愿做出的选择，但这并非最佳的人生选择，而是不得不做出的牺牲。

女性作为家庭中不可或缺的成员，维系着飞行员现实生活中的爱情和家庭生活。《南线邮航》中，贝尔尼将旧日的爱人吉娜叶薇芙比作泉水；《夜航》中，法比安的妻子被比喻为把丈夫拉向地面的温柔锁链，是飞行员在执行任务之后最需要的安慰。但是，女性对于作家而言，拥有着矛盾的形象：一方面，她们是被飞行员所渴望的、所追求的，甚至是所梦想的。比如，《南线邮航》中的贝尔尼始终无法忘怀吉娜叶薇芙，他也曾尝试改变自己的生活，放弃危险的飞行员职业；另一方面，女性所代表的家庭和爱情终将抵不过男人们搏击长空、追求梦想的雄心壮志，不管是朝夕相处的妻子，还是“梦里寻他千百度”的恋人，由于女性处于飞行员职业的对立面，最终还是被男人们放弃了。贝尔尼回到他的飞行员岗位，牺牲在执行任务的途中；法比安离开了妻子，在雷雨中机毁人亡。

在圣埃克絮佩里生活的时代，制造飞机的技术远远没有达到发达的程度，飞行员往往无法预见前方的危险。因此，每一次出发都有可能“去而不返”。从某种意义上来说，他们无法选择自己的命运。但是，他们仍然义无反顾地踏上征程，这种坚定的信念归根结底都源于他们对飞行事业的热爱和对人类使命的自我意识。作家塑造的主人公，连同他自己，都无一例外地选择了“介入”（s'engager）的人生和“行动”（l'action）的存在方式。当危险来临的时候，一切言语都是无力的。飞行员只能在逼仄的驾驶舱内孤身作战。暴风雨中的法比安与地面失去了联系，无法得到哪怕一丁点儿的援助，但是他镇定地握住操纵杆，和风雨雷电周旋，奋力飞到云层之上。在安第斯雪山脉中迷路的纪尧梅，没有食物，没有工具，也没有同伴，他所能做的就是行动，为了生存付出最大的努力。作家在书中如此描述这一情景。

> 你仍然在那里行走，没有爬山用的冰镐，没有绳索，没有干粮，你在那里攀越四千五百米的山峰，攀登陡峭的悬崖，在零下四十度的严寒气温中，手脚和膝盖都在流血，你体内的血液在慢慢减少，你的精力在逐渐衰竭，你的神智越来越模糊，可你像一只蚂蚁似的仍然在顽强地朝前爬：碰到障碍时便折回来，绕过障碍继续爬，跌倒了又爬起来，滑到坡底再往坡上爬，绝对不能让自己停下来歇息一会儿。因为

你知道，只要一歇下来，你便再不能从雪地里站起来。[1]

还有迫降在沙漠中心的圣埃克絮佩里和他的战友，这里白天酷热、夜晚寒冷，最大的问题是缺乏食物和水，但是他们没有失去生存的信心，而是寻求各种方法自救。作家在《人类的大地》中详细回顾了这一段经历，其中反复使用了一系列动词，如“寻找”（chercher）、“建立”（bâtir）、“借用”（emprunter）、“准备”（préparer）、“收集”（recueillir）、“擦拭”（essuyer）……[2]总而言之，在随时都可能遇到危险甚至死亡的航程中，飞行员并没有放弃或者胆怯，而是通过积极行动与大自然较量，与命运抗争。从这个意义上来说，他们都是“行动中的人”，这是他们生活的方式、战斗的方式、存在的方式。他们厌倦了城市中安逸的生活，哪怕会一时留恋家庭与爱人，他们最终还是选择了以行动来对抗庸碌无为的普通人生。

作家在一封信中写道：“向着白日飞行”[3]，这其实是他对生命的追求，那便是行动中的存在。虽然他选择的行动有可能付出生命的代价，但人类总是在以自己的方式对抗既定的命运，而飞行就是圣埃克絮佩里的选择。他在选择这样的生存方式时，似乎已经预料到了结局。1926 年，他在第一部作品《飞行员》中就描述了一次严重的飞行事故，之后的《南线邮航》以及《夜航》的主人公都牺牲在航线上。在《人类的大地》不连贯的故事情

[1] Antoine de Saint-Exupéry, “Terre des hommes” dans *Oeuvres complètes*: Tome Ⅰ. (Paris: Gallimard, 1994), p. 194.

[2] Antoine de Saint-Exupéry, “Terre des hommes” dans *Oeuvres complètes*: Tome Ⅰ. (Paris: Gallimard, 1994), p. 250.

[3] Antoine de Saint-Exupéry, *Lettre à l'inconnue* (Paris: Gallimard, 2008), p. 25.

节中，作家描写了梅尔莫兹凭借高超的驾驶技术和敏锐的判断力冲破暴风雨的屏障，纪尧梅靠着顽强的意志走出雪山，贝勒汗依赖丰富的飞行经验从暴风雪中脱险，还有作家本人在沙漠中努力求生最终被贝都因人所救……这些经历只是飞行员职业历险中的一部分，但是几乎所有人，包括圣埃克絮佩里自己，在多次与大自然的较量之后还是败下阵来，长眠在自己曾经“耕耘”过的“土地”上。然而，作家对于“行动”的人生无怨无悔，因为他在行动中看到的是一个人的“重生”。因此，所谓既定的命运并不是结束，就如同在《夜航》的结尾，虽然法比安牺牲了，但由李维埃指挥的夜航事业仍在继续。夜幕降临之时，新一班装满邮件的飞机又将起航，在与大自然的较量中，人类永不言败，仍然在行动。通过行动，人类在不断改造自己，不断进化，成为更加有力量、更加优秀、更加高尚的人。同时，通过改造大自然的行动，人类创造了自己的家园和真正的文明，这种文明以“大写人”为拱顶石，让人类永远矗立在天地之间。在这场以生命为代价的抗争中，不管飞行员最终是否在与大自然的搏斗中获胜，他们都用自己的行动证明了自身存在的意义和价值。正是出于这种信念，他们能够镇定自若地接受个体的命运，并且怀着乐观的精神和坚定的信念将行动坚持到生命的最后一刻。1944 年 7 月，圣埃克絮佩里牺牲在他最后一次执行任务的途中。

作为一名作家，圣埃克絮佩里塑造了许多英勇的飞行员形象，同时也在作品中表达了自己的人生观、价值观和世界观。他在以自身经历为素材而创作的一系列故事中，构建了一个超越于现实世界的精神帝国。正如小王子因为感到迷茫而出走，他笔下的飞行员也在对现实的不满和无所适从中感到困惑和焦虑。但幸运的是，他们用行动重新定义了人生，在和大自然的抗争中，他们找到了生命的意义。每一个他笔下的飞行员，不论结局如何，都在经历了这种抗争之后“脱胎换骨”，成为“大写人”，这就是作家要建立的“人类范型”。通过这样的范型，他向世人展示一个有使命感的人所应当具有的人文主义精神。在他的作品中，可以感受到他对人类状况的忧虑，能够看到他对人类既定命运的反抗。他所构建的文学世界就像一扇“大门”，为读者开启了作家丰富的精神世界。这个世界既隐蔽又生动，既现实又浪漫，其中的人物形象平凡而真实，高尚而动人，他们和大自然之间纷繁复杂的联系定义了一个细腻生动、内涵丰富的寓意空间。

第四章

“大写人”的空间

我发现了一个真理，人居住下来，事物的意义对他们也就随着家的意义而变化。道路、麦田、起伏的山冈根据它们是不是组成家园而对人的意义有所不同。❶

第一节 从普通人开始的“大写人”

圣埃克絮佩里作品中的主人公从来都不是完美的，他们的优秀品质和职业素养也不是上天赋予的，而是通过不断的实践和自省获得的。从普通人成为“大写人”是一个自我改造的漫长过程，也是一个人类“化蛹成蝶”的蜕变之旅。在经历了艰苦的历程，付出了时间、辛劳，甚至更多的代价之后，人类从胆怯变得勇敢，从狭隘变得无私，从平庸变得伟大。他们在自己的心中建立起“城堡”，抵御虚妄和荒诞；在大自然中创造出美好的人

❶ Antoine de Saint-Exupéry, “Citadelle” dans *Oeuvres complètes*: Tome Ⅱ. (Paris: Gallimard, 1994), p. 375.

类家园，对抗灾难和贫瘠；在现代社会的表面繁华之下创立了真正的人类文明，拒绝“物化”和“异化”的既定命运。

在《城堡》中，作家总结了他对于人的看法。书的一开始，老酋长对王子说：“你是这个正在自我完善的人。”[1] 由此，作家指明了从普通人到“大写人”的成长轨迹。出于天性，源于环境，生于不同的社会阶层，每个人都有“自己的秉性”[2]。因此，人的改造并不是一件容易实现的事情。这个过程需要付出艰辛的努力，甚至需要抑制和改变人的天性。就像李维埃所说：“人就是一团需要加以揉捏的生蜡。必须赋予这种物质一个灵魂，给它创造一种意志。”[3]

历史上，中西方的哲学家们不断围绕“人性”观照和反省人类自身。比如，中国古代的思想家荀子认为人性就是人天生的本能；孟子将人性定义为美德；古希腊思想家亚里士多德认为人性即理性；奥地利近代心理学家弗洛伊德认为人性就是人的欲望；法国启蒙时期的思想家让-雅克·卢梭认为人性即人之天性，是与生俱来的、自发的，而不是后天通过习俗、社会生活和文明获得的。作为一名职业飞行员，圣埃克絮佩里对生命、死亡、存在都有自己独特的见解，而所有这些重大命题的主体就是人。他在作品中不断地探讨人类的本质，并生发出一系列与人有关的哲学命题。

---

[1] Antoine de Saint-Exupéry, “Citadelle” dans *Oeuvres complètes*: Tome Ⅱ. (Paris: Gallimard, 1994), p. 371.

[2] Antoine de Saint-Exupéry, “Citadelle” dans *Oeuvres complètes*: Tome Ⅱ. (Paris: Gallimard, 1994), p. 523.

[3] Antoine de Saint-Exupéry, “Vol de nuit” dans *Oeuvres complètes*: Tome Ⅰ. (Paris: Gallimard, 1994), p. 123.

首先，他认为人性不是单一的，而是复杂的、多样化的。基于对人性的理性认识，他所塑造的人物从来都不是完美的。他的战友、他在书中塑造的主人公，以及他本人都是存在于现实社会当中的普通人。他们各有优点，也有缺点，有的人冷静沉着，有的人急躁易怒，有的人冷漠无情，还有的人自卑怯弱。他们并非无坚不摧、所向披靡，他们也会感到痛苦、迷茫、胆怯、焦虑。同时，他们有普通人的七情六欲，有可望而不可即的遗憾，也想沉迷于日常生活的幸福而逃避职业中的困难和危险。《城堡》中，一个女人爱上了骑士，她在等待情人的时候怀着各种复杂的情绪——犹疑、孤独、兴奋、患得患失……作家认为这都是人性中合理的存在部分，因此他写道：“我当然明白她的渴望，她所要求的有多重要。”[1] 因此，在他看来，复杂的人性是客观且合理的存在。

其次，在《城堡》的开头，老酋长教导年轻的继承人要揣测人心，揭开了人性中真实存在的丑陋的一面。书中写到乞丐不断地在自己身上制造溃疡，用触目惊心的伤口博取同情。又如一向高高在上的公主沦为洗衣妇，她因为地位的改变而受到同伴的欺凌。如果说乞丐的例子表现了人性中的虚伪和狡诈，那么公主的故事便让人的劣根性暴露无遗。就像酋长所说：“贬低别人的人是因为他低下。”[2] 这本书的第十一章讲到一群流浪汉被收容到军营之中。在这里，他们吃穿不愁，感到从未有过的安宁与幸

[1] Antoine de Saint-Exupéry, “Citadelle” dans *Oeuvres complètes*: Tome Ⅱ. (Paris: Gallimard, 1994), p. 373.

[2] Antoine de Saint-Exupéry, “Citadelle” dans *Oeuvres complètes*: Tome Ⅱ. (Paris: Gallimard, 1994), p. 398.

福。但是在老酋长看来，如果人只是因为物质上的满足就感到幸福，那便与牲畜无异了，这样的生命只是在毫无意义地慢慢腐朽。书中还提到一群舞女，她们坐着银制的轿子招摇过市，享受牛奶和鲜花的沐浴，在物质上应有尽有，得到的奉承之声不绝于耳。她们在物质上显然要比被收容的流浪汉更加优越，甚至达到了奢侈的程度，同时她们在物质享受中生出的虚荣心也得到了极大的满足。作家想告诉世人，趋向享乐和虚荣、嫉妒、卑贱以及各种情感和情绪都是人的真实表现，由此印证了人性的复杂性和多样性。

最后，正如卢梭断言人性本善，圣埃克絮佩里也从不讳言人性之美好，因为这是人性重要的一面。他在《莫斯科》中感叹“每个人心中都有一个莫扎特”❶。用音乐给人的具体感受来描绘人性的美好特质，是作家对人性的客观认识，也是他对人性的理想设定。尤其是他塑造的“小王子”形象，纯真、善良、忠诚、无私，诠释了普通人心中对美好人性的向往。在这部虚构的故事中，虽然除了飞行员都是虚构的人物，但显然这是一部影射现实的作品，表达了作家对现实的批判和对理想的追求。其中，主人公小王子的“初始之心”体现了圣埃克絮佩里对于人性的认识和期望，这种“初始之心”便是他所认为的“人之天性”。在他的其他作品中，主人公大都是现实中的人，他们具有人性的复杂性和多面性。作家想要给读者呈现的不仅是人的“初始之心”，还有人性中“去芜存菁”的本质，更有经过艰苦历练之后的人

❶ Antoine de Saint-Exupéry, “Reportages” dans *Oeuvres complètes*: Tome Ⅰ. (Paris: Gallimard, 1994), p. 370.

性中最珍贵和最有意义的品质。因此，圣埃克絮佩里在作品的人物身上寄托了自己的理想：人性需要磨炼，人需要成长，所有的平凡人都能够找到一条通向神祇的道路。

然而，从普通人到“大写人”的过程必定崎岖，甚至九死一生。《城堡》中，士兵将一群妓女安置在舒适的房子里，给她们穿上新的衣服，教她们刺绣，但是她们一个个都逃走了，重新回到藏污纳垢的小屋。通过这个故事，老酋长想告诉年轻的王子一个亘古不变的道理：本性难移。就像书中写道：“富人要富有，水手要航海，盗贼要在星光下窥伺。”❶ 所以，改造人性绝非是一蹴而就的短暂过程，一个人的新生要经过长时间的“锻造”，就如同一件真正完美的艺术品必须经过千锤百炼。从另外一种意义上来说，这也是人类自我疗愈的过程。其间，人类需要弥补弱势、修正缺憾、发扬优点，直至达到接近完美的状态。现代人所经历的焦虑、痛苦和虚妄都源于人性的不完美，或者说人的“精神病态”，要将其治愈，只能依靠人类自身的力量，而非外力。《城堡》中提及的所谓“神奇处方”❷，也就是人类自我疗愈所必须经历的过程。其中，老酋长、王子和诗人作为现实世界的旁观者，他们诗一般的语言揭示了人类命运转变的轨迹，而推动人类发生改变的正是行动。于是，作家笔下的工匠、战士、水手，乃至流浪汉、妓女、强盗都在这场自我疗愈中获得了新生，与他们一起诞生的还有一座座矗立在沙漠中心的城堡。

---

❶ Antoine de Saint-Exupéry, “Citadelle” dans *Oeuvres complètes*: Tome Ⅱ. (Paris: Gallimard, 1994), p. 522.

❷ Antoine de Saint-Exupéry, “Citadelle” dans *Oeuvres complètes*: Tome Ⅱ. (Paris: Gallimard, 1994), p. 524.

“大写人”是圣埃克絮佩里理想人性的化身，是人类精神升华历程中的丰碑。他们真实存在，又难以企及，却在作家的作品中栩栩如生。他们就隐身在普通人之中，比如飞行员贝勒汗身材健壮、沉默寡言，从外表来看和普通人没有区别，“在笼罩着整个饭店的阴郁气氛下，在那些白天忙碌了一整天、现在到饭店里消愁解乏的小职员中间，我感到这位肩膀宽厚的同志异常高贵。透过他粗犷的外表，显现出他那战胜了巨龙的天使的面目”[1]。又如梅尔莫兹，我们从作家的回忆中仿佛看到了一个性如烈火、坦率真诚的硬汉，他“不是神也不是天使，而是一个人”[2]，平常得就像我们身边的一位朋友，但他在海上遭遇暴风雨时沉着冷静、勇敢机智，最终冲出巨浪的“穹幕”，赢得了与大自然的博弈。其实，在圣埃克絮佩里塑造的主人公身上，我们都可以发现平凡与伟大的完美融合。尽管他们中的一些是现实中的人，却被赋予一种神力，更确切地说是一种精神，让他们敢于与大自然较量。作家并没有将“大写人”置于不可企及的高度，因为他们就来自普通人。然而，他们超越了物质而得到了精髓，超越了词语而聆听赞歌，超越了黑夜星辰而感受永恒。[3] 此时，普通人终于超越了平庸，靠近了神灵。

---

[1] Antoine de Saint-Exupéry, “Terre des hommes” dans *Oeuvres complètes*: Tome Ⅰ. (Paris: Gallimard, 1994), p. 174.

[2] Antoine de Saint-Exupéry, “Articles” dans *Oeuvres complètes*: Tome Ⅰ. (Paris: Gallimard, 1994), p. 337.

[3] Antoine de Saint-Exupéry, “Citadelle” dans *Oeuvres complètes*: Tome Ⅱ. (Paris: Gallimard, 1994), p. 553.

第二节 “大写人”的特质

“人是有别于众人的”[1]。圣埃克絮佩里所塑造的“大写人”与普通人有本质上的区别，他们连接着现实中的普通人和圣殿中的神祇。从意识层面上来说，“大写人”对于人类的处境有自觉和清醒的意识，他们是真正了解人类大地的居民。在作家眼中，“大写人”是努力寻求生命意义的人，他们的意识和行动能够改变这个世界，同时改变他们自己；“大写人”是品德高尚的人，他们“先天下之忧而忧，后天下之乐而乐”，能够看到在浮华世界表面下人类精神世界的贫瘠现实；他们在“物化”和“异化”的现代文明假象中坚定地寻找真知和真理，哪怕凭“一己之力”也要将人类带出虚妄的沼泽。与之相反，普通人满足于营营役役

---

[1] Antoine de Saint-Exupéry, “Pilote de Guerre” dans *Oeuvres complètes*: Tome Ⅱ. (Paris: Gallimard, 1994), p. 220.

的生活，即便身处危难也不自知；他们生活在熙攘的人群中，彼此之间却漠不关心，对这个世界一无所知。就像城堡之外散落在星空下的石头终会被黄沙淹没，他们的生命在时光流逝中慢慢消散而不会留下任何痕迹。在《莫斯科》中，作家在一列满载着波兰劳工的火车上发现了一对夫妇和他们的孩子。那熟睡的孩童面如天使，而他的父母却已经在苦难中变得形同“野兽”[1]。这群劳工背井离乡、筋疲力尽，麻木得似乎对自己的处境感觉不到痛苦，他们就像那对夫妇一样，失去了自觉的人性。作家之所以被这一幕深深触动，正是源于他对人类的悲悯之心和自觉意识。在悲剧命运的阴影下，人类要自救，首先要保持清醒的认识，否则便只能沉沦而失去原本的天性。

虽然两者有着本质的区别，但是“大写人”首先是真实的人，是现实中的人，而非虚构的偶像和模型。他们来自普通人，经过自我改造终于成为精神上更为富足、更为强大、能够改变人类处境的英雄。在现实生活中，他们也有自己的个性、情感、弱点和烦恼。对于年轻的飞行员，梅尔莫兹、纪尧梅、贝勒汗……这些名字都代表着光辉和荣耀，他们敢于向大自然提出挑战，而且战绩累累，引人膜拜。在作家对梅尔莫兹的回忆中，我们可以了解到梅尔莫兹勇敢无畏、充满探索精神，但是性如烈火、暴躁易怒。显然，他并不是一个十全十美的人，而是有个性、有脾气、真实地生活在我们周围的普通人。就像圣埃克絮佩里所评价的：“你不是天使，你是一个人。一个脾气火爆又不失温柔的、

---

[1] Antoine de Saint-Exupéry, “Reportages” dans *Oeuvres complètes*: Tome Ⅰ. (Paris: Gallimard, 1994), p. 371.

会冲动、会失落的人，但你属于优秀的类别。"[1]

罗比诺，《夜航》中的检察员，他刻板、木讷、其貌不扬，甚至因为湿疹还有些自卑，但他在执行规则时铁面无私，对所有人一视同仁。虽然他想和贝勒汗交朋友，但为了保持公正，努力克制自己的愿望，哪怕这是合理的需求。李维埃，《夜航》中的指挥官，他独断专行、不近人情，当飞行员法比安的妻子向他提出质问的时候，他坚持飞行事业先于个人生活；在得知法比安牺牲之后，他继续安排下一班飞机按时起航。但是，他也会感到力不从心、疲惫厌烦。他常常在夜晚回到自己的办公室，虽然只有五十岁，却明显感到自己的衰老和健康的每况愈下。航班的准时到达对他而言从来就不是职责的结束，当机组成员休息的时候，他还在为夜航的整体计划权衡利弊。他感到，"似乎长久以来都是伸直双臂努力负重，做着没有休息也没有希望的努力"[2]，因为在他的生活中，"永远只有已经迈出的第一步和接踵而来的类似的千百步"[3]。还有《南线邮航》中优柔寡断的贝尔尼，他想和旧日的恋人吉娜叶薇芙找回逝去的爱情，于是离开飞行员的岗位，尝试过普通人的生活。然而，当发现自己完全不能够再融入平凡的生活时，他再次放弃了爱情，重新回到邮政飞行机组。贝尔尼动摇过、迷惑过、厌倦过，但他最终用生命坚守职责，完成了任务。《人类的大地》中不善言辞的贝勒汗勇猛非常、经验丰富，能够驾驶飞机和龙卷风一较高下并全身而退，但是他沉默寡

[1] Antoine de Saint-Exupéry, "Articles" dans *Oeuvres complètes*: Tome Ⅰ. (Paris: Gallimard, 1994), p. 338.

[2][3] Antoine de Saint-Exupéry, "Vol de nuit" dans *Oeuvres complètes*: Tome Ⅰ. (Paris: Gallimard, 1994), p. 117.

言、被动羞涩。他知道罗比诺想和他交朋友，也知道对方是真心实意，却无法主动热情地作出回应。最终，罗比诺因为职业考虑而放弃了这段私人友情。在作家笔下，这些现实中的英雄也不过是凡夫俗子，不仅有七情六欲，还有弱势和缺点，但总有一股力量支持他们超越平庸成为传奇。这股力量就是源于职业的使命感，就像神谕，宣告了他们必须承担的责任，也预定了他们命运的轨迹——为他人而牺牲自我，从普通人成为“大写人”。

当我们追寻圣埃克絮佩里的生平足迹、了解他的个人生活后，会发现这位让全世界读者都顶礼膜拜的英雄作家，在现实中一如他笔下的主人公那样并不完美。作家本人沉默寡言、性格孤僻，但同时崇尚自由、追求刺激。他是一个享受高空惊心动魄经历的人，但也是一个如此依恋大地的人，还是一个理想的现实主义者。他的性格和生活都充满矛盾——亲人早逝，战友离去，事业上的挫折和身体的伤病都让他感到痛苦、焦虑、迷惑和消沉。除了战绩和作品，他也不过是一个动摇过、挣扎过、经历过人生百态的真实的人。圣埃克絮佩里的一生中，经济宽裕的时候少，手头拮据的时候多，但他慷慨大方，花钱从不计较。虽然囊中羞涩，却喜欢请人吃饭，还时常周济朋友。在他写给母亲的私人信件中，不止一次地提到财务困难带给他的烦恼。在他驻守朱比角时期，时常不得不向母亲寻求帮助，也会定期收到母亲的汇款以解燃眉之急。1924 年，当圣埃克絮佩里要和当时的未婚妻结婚时，曾向母亲抱怨经济的困窘。他在信中写道：“我的处境是那么糟糕呀!”[1] 在和龚絮萝结婚后，圣埃克絮佩里参加过几次极端冒险的飞行比赛。他之所以参加航空公司组织的、有明显商业目的的比赛，一方面是兴趣使然，另一方面是为了缓解经济压力。1931 年，他写信给好友伊万娜·勒斯坦，承认自己参加飞行比赛是因为经济问题，是为了“弥补延长休假而未得到薪金的经济损失”[2]。即便当时他已经成名，但并没有从日常生活的诸多困扰中解脱出来。

圣埃克絮佩里与妻子龚絮萝的爱情故事让人羡慕，但是在作家身后出版的传记中，可以看到两人相处时不和谐的细节。圣埃克絮佩里生性风流，虽然深爱龚絮萝，但难以专情，总有一些女性密友时不时出现在他的生活中。同样，龚絮萝虽然深爱自己的丈夫，但就像《小王子》中的“玫瑰”一样任性善变，可以因为一时兴起就收拾行李四处旅行。双方都个性十足、不愿妥协，虽然相爱至深却龃龉不断。事实上，两人的婚姻生活并非一直和谐。在美国期间，他们分别住在不同的公寓，各自交往不同的朋友。比如，圣埃克絮佩里并不喜欢作家安德烈·布勒东，但后者却是龚絮萝当时的座上客。并且，夫妻两人的爱好也不相同，生活中共同的话题少之又少。龚絮萝喜欢文学艺术，她的前夫就是一位画家。她敏感脆弱，需要有人供她依靠。但是，圣埃克絮佩里热衷于飞行，经常离家执行任务，他对女性伴侣的要求是“召之即来，挥之即去”，完全从属于他和他的事业。他显得“对一

---

[1] Antoine de Saint-Exupéry, “Lettres à sa mère” dans *Oeuvres complètes*: Tome Ⅰ. (Paris: Gallimard, 1994), p. 736.

[2] Antoine de Saint-Exupéry, “Lettres à sa famille” dans *Oeuvres complètes*: Tome Ⅰ. (Paris: Gallimard, 1994), p. 901.

切都忠诚，但对一切幸福并不在意……四处受羁绊，但又从不停留……”❶ 在一切以飞行为重心的生活中，很难有女人能够和他保持一致的节奏。

显然，他们双方对伴侣的期望都没在婚姻中得到满足，不和谐也就在所难免。作为飞行员的妻子，龚絮萝的痛苦可以想象，她并不总是那个英雄丈夫身边小鸟依人的光彩角色。在平凡的生活中，她要忍受经济拮据、独守空房、担惊受怕，还有丈夫与情人的绯闻。因此，从龚絮萝的角度审视圣埃克絮佩里，作家显然不是一个称职和专情的丈夫，所以现实中的小王子与玫瑰之间的关系远不似故事中那样单纯和美好。也许是因为不愿背叛现实，作家从来都没有把书中的人物刻画成十全十美的人，他描述的绝大多数都是现实中的人和他们的生活。

虽然圣埃克絮佩里笔下的人物各有优点和缺点，但是他们都富有责任心、奉献精神和博爱的胸怀。这些品质正是“大写人”的本质特征。

首先，人生活在社会之中，因此社会性决定了“大写人”的定义。在圣埃克絮佩里看来，人与人之间的关系就是其存在的本质。他在《战争飞行员》中写道：“要存在，首先要负责任，这很重要”❷。作家在《人类的大地》中讲述了纪尧梅在雪山脱险后的第一句话就是：“我敢发誓，我所做的事，是任何别的动

---

❶ Léon Werth, *Saint-Exupéry, tel que je l'ai connu* (Paris: V. Hamy, 1994), p. 109.

❷ Antoine de Saint-Exupéry, “Pilote de Guerre” dans *Oeuvres complètes*: Tome Ⅱ. (Paris: Gallimard, 1994), p. 212.

物绝对做不到的。”[1] 正是对家人、对战友、对事业的责任感激励他在不可能生存的环境下徒步寻找生机并最终获救。通过这段真人真事，作家揭示了“责任感”是“大写人”的本质特征，也是英雄们做出选择与行动的首要动机。正是出于对他人、对社会、对人类世界的责任感，他们奔波劳碌、居无定所，甚至牺牲生命，他们放弃了家庭和个人幸福，选择了危险的飞行员职业。在圣埃克絮佩里构建的理想社会中，各行各业的人分工合作、团结一致，共同开垦“人类的大地”，筑起人类文明的巍峨“城堡”。他们就像航船上的水手，从各个方向牵拉缆绳使船朝着一个方向前进；又如工匠们各显其能、各司其职建造起辉煌的圣殿。

因此，一个人要从普通人改变成“大写人”，首先就要学会承担责任，不仅要对他人承担责任，更要对自己承担责任，努力让自己成为一个更好的人。《城堡》中的老酋长把流浪的女人安置在一座房子里，在她的周围放上炉子、水壶、铜盘等器皿，要求她每天必须早起打扫房子、准备早饭、照料族人。渐渐地，女人把做家务当成了每天必须完成的工作。从此，她不再漂泊流浪，而是成为这座房子的女主人。

其次，“大写人”的本质特征还表现为奉献精神，这是“大写人”人性升华的关键特征。圣埃克絮佩里认为人的价值不能用物质衡量，看不见的财富才是真正的财富，才能证明人存在的意义，而“人类最高的价值，是比个人的存在更长久的东西，是让

[1] Antoine de Saint-Exupéry, “Terre des hommes” dans *Oeuvres complètes*: Tome Ⅰ. (Paris: Gallimard, 1994), p. 192.

人永恒存在的，是对人类文明作出的贡献。这种文明一代传一代，通过建设性的行动，通过集体的作品，通过英雄主义的创造来实现，符合时代的要求”❶。因此，在必要的时候，用个人的、暂时的利益去交换整体的、永恒的利益应当是“大写人”自愿做出的选择和牺牲。圣埃克絮佩里所谓的“奉献精神”就是这种无关利益的交换，或者可以称为“牺牲”，即将所有一切奉献于为他人谋福利的事业。

作家在《夜航》中举了一个颇有争议的例子：工程师在一座正在修建的桥边看到一个脸部受伤的人，于是自问：为建造这座桥值得毁坏一张脸吗？❷ 不管牺牲的人是否心怀遗憾，他都是自愿做出的选择。《战争飞行员》中，杜泰尔特和战友在接到指挥官的命令时，明知道是“飞蛾扑火”的行动而且对扭转战局无济于事，但还是接受了任务，宁愿成为那“杯水车薪”的努力中微小且注定被消弭的一分子。这样的“交换”，对个人而言显然“得不偿失”，但是为了大多数人的利益，则是值得的、崇高的。同样在《夜航》中，指挥官李维埃毫不留情地处罚了犯下错误的老工人罗布勒（Roblet），因为后者一时疏忽而造成的故障有可能损害整个飞行机组的利益。在李维埃看来，夜航才是最重要的，如果妨碍了集体事业，任何人都理所应当受到处罚。虽然李维埃也有一时的犹豫，但最终还是下定决心辞退了这名工作多年的员工。其实，李维埃是一个很有争议的人物。一方面，

❶ Xu zhenhua, Huang Jianhua, *Raison et déraison*（北京：外语教学与研究出版社，2000），p. 192.

❷ Antoine de Saint-Exupéry, “Vol de nuit” dans *Oeuvres complètes*: Tome Ⅰ.（Paris: Gallimard, 1994），p. 151.

他冷漠、不近人情；另一方面，他维护的是更多人的利益，谋求的是更多人的幸福。为此，他也牺牲了自己的健康和家庭。

在圣埃克絮佩里所推崇的英雄主义思想中，所有的个体终将消亡，但千千万万的个体付诸行动，奉献于“人类共同体”（la communauté humaine）的繁荣与发展。这样的“交换”才是个体存在意义的体现，其中消弭的只是物质的存在，而换来的是人类文明的永存。因此，他认为所有人都应当追寻有意义的人生，而非局限于普通人的价值观与世界观。飞行员和小王子在长途跋涉之后，终于在一点点水中找到了幸福。作家在此表达了幸福和物质并没有必然的联系。较之个人幸福，更大的牺牲是生命，但圣埃克絮佩里笔下的主人公明知道“凶多吉少”，仍然一次次地踏上执行任务的旅途，最终梅尔莫兹消失在大西洋上空，法比安在暴风雨中丧生，贝勒汗坠落在安第斯山脉……对于那些飞行员来说，职责总是比生命更重要，更多人的幸福当然值得个体去交换，生命的价值从来就不是一道简单的算数题。

个体的“奉献”对于自身并非毫无意义。恰恰相反，当一个人服务他人、拯救他人的时候，他也在提升自己和拯救自己，让自身摆脱虚妄的存在状态。他拯救的不仅是一个人的生命，还是“拯救一种意识，一个帝国，其重要性是无法衡量的”[1]。所以在圣埃克絮佩里看来，牺牲并不是放弃，也不是悲剧；相反，牺牲是自救，是通往精神圣殿的朝圣之旅。因此，飞行员们不计个人得失、全身心投入事业的行为，就是对生命意义的拯救，对

[1] Antoine de Saint-Exupéry, “Reportages” dans *Oeuvres complètes*: Tome Ⅰ. (Paris: Gallimard, 1994), p. 405.

人类精神文明的拯救。他们遇到的危险、经受的痛苦，甚至面对的死亡，都奠定了“大写人”人性中高尚的基调。将自己奉献于集体的事业，便是从一个普通人走向神祇的道路，虽然必定荆棘满途，但也注定会获得真正的幸福。就像作家在《夜航》中写道：“牺牲也许会带来痛苦，但也让人感到无比的快乐。”[1]

最后，“大写人”通晓“爱”的真知，拥有博爱的胸怀。对他们而言，“真爱”即普遍之爱（l'amour universel），像太阳一般惠及万物。这也是“大写人”本质特征中最具神性的表现。真爱超越了世俗的人类情感，不再局限于两情相悦，而是一种利他性的、理性的人类关系，就像李维埃与飞行事业、与夜航机组、与千千万万陌生的收信人之间的“看似无情胜有情”的联系。邮政飞行员开辟航线、将邮件送到世界的各个角落，他们如同“桥梁”，把自己置身于一个相互关联的“大家庭”。他们与每一个家庭成员之间都建立起了“爱”的联系。当他们为了建立“爱”的联系而不得不放弃与恋人、家人之间的联系时，恰恰说明了“真爱”突破了“爱情”的局限，将人类的友爱与团结拓展到了最高层次的空间。而爱情，就像李维埃所说：“爱，仅仅是爱，真是一条死路！”[2] 在《南线邮航》中，作家采用倒叙和插叙的手法，一开始就预告了男女主人公的命运：女主人公香消玉殒，男主人公浪迹天涯。在吉娜叶薇芙的病榻前，贝尔尼看着神志不清的爱人——一切的冲动都归于平静，只有深深的悲哀和

---

[1] Antoine de Saint-Exupéry, "Vol de nuit" dans *Oeuvres complètes*: Tome Ⅰ. (Paris: Gallimard, 1994), p. 124.

[2] Antoine de Saint-Exupéry, "Vol de nuit" dans *Oeuvres complètes*: Tome Ⅰ. (Paris: Gallimard, 1994), p. 152.

绝望。两人也尝试过一起生活，但终究无法实现。这就是李维埃所说的爱情的“死路”。因此，圣埃克絮佩里希望能够找到“爱”的出路，那便是如李维埃一般“无情”，像法比安一样“离情”，将自己奉献给为了他人而承担的责任当中。

圣埃克絮佩里定义的“爱”是无私之爱，与个人欲望有着本质区别。他写道：“真正的爱开始于你不再期待回报之时。”[1]他在《城堡》中举了一个例子，将爱比作不求回答的祈祷。他还讲了一个故事：战士在沙漠中偶然捕得一只沙狐，随着时间一天天过去，他对这只小动物产生了十分依恋的感情。有一天，沙狐逃跑了，战士感到内心一下子变得空虚和忧伤，但当同伴们建议他再去捕猎一只沙狐聊以慰藉的时候，他拒绝了。因为真正的爱的唯一目的就是爱，没有任何条件，也不求任何回报，只是为“爱”，而不是为“有”。再如小王子，他日复一日地精心照料玫瑰，也只是因为“爱”。因此，“爱”既不是“情”，也不是“欲”；“爱”只是“爱”，是承担，是奉献，是无私地付出而不求回报。

“爱”能包容一切的“相异性”，让人抛弃矛盾、偏见、社会等级等各种差异而团结在一起，实现共同的理想。《南线邮航》中，贝尔尼因为一次偶然的降落遇到了一位在沙漠中驻守多年的中士。在与外界几乎断绝联系的环境中，他仍然心怀理想，给沮丧和困惑的飞行员带来了新的希望。中士对远方的家人、对素未谋面的金发表妹、对这片荒凉的沙漠，甚至对偶然闯入堡垒

---

[1] Antoine de Saint-Exupéry, “Citadelle” dans *Oeuvres complètes*: Tome Ⅱ. (Paris: Gallimard, 1994), p. 501.

的飞行员都坦诚而温柔。他坚守在这荒凉的边塞，只为了他认识或不认识的人能够幸福安宁。这就是他的职责、他的理想、他的“爱”。这样的“爱”近似圣者之爱，它安慰人的心灵，升华人的灵魂，是“大写人”对这个世界最温柔的注视与拥抱。

“大写人”是介于神和普通人之间的桥梁，是人类自我完善的榜样，圣埃克絮佩里式的“大写人”是在现实生活中不断行动、不断进步的人。通过他的作品，作家为现实中的人指明了一条走向神祇的道路。在人类探求存在本质的尝试中，圣埃克絮佩里倡导无私奉献、舍身成仁的英雄主义，展现了真实的人类处境，表达了对人类崇高精神的向往。“大写人”即便在现实中经历痛苦与挣扎，也要以“一己之力挽狂澜”，他们的勇气、无私、自省和坚守为我们树立了一座道德的丰碑、一个真实人性的理想范型。

第三节 圣埃克絮佩里的“大写人”和尼采的“超人”

圣埃克絮佩里对德国诗人、哲学家弗里德里希·尼采（Friedrich Nietzche，1844—1900）十分欣赏和崇拜。虽然尼采在圣埃克絮佩里出生不久后就去世了，但是他的作品对作家产生了深刻的影响。圣埃克絮佩里死后出版的《城堡》，被认为是作家一生哲学思辨的总结，其中显然模仿了尼采的作品《查拉图斯特拉如是说》的叙事方法和诗化的语言风格。当然，尼采对圣埃克絮佩里的影响不只停留在形式上，更体现在思想上，两者都主张英雄主义。于是，前者提出了“超人”学说，后者则在作品中塑造出许多英勇无畏的主人公形象，并称之为“大写人”。究其来源，“超人”和“大写人”都源自两位作家对人类处境的不满和对人类命运的忧虑。

首先，尼采认为人无时无刻不在危险当中，就像他在《查拉图斯特拉如是说》中写道："人走过去是危险，停在路上也危险，回头是危险，颤抖也危险，甚至停留在原地都危险。"❶ 因此，为了自救，人必须超越自我，到达彼岸。在他看来，这个彼岸并不在他处，而在人类自身的发展，如他所述："人是一根绳索，系于禽兽和'超人'之间，悬于深渊之上。"❷ 可见，尼采认为人和人的处境在不断变化，现实中的人也处于两种状态之间，可以选择自我改变。同样，圣埃克絮佩里也表现出对当时现实中人类生存状况的不认同。在《人类的大地》中，他描写了一个小官僚在开往机场的班车上坐在飞行员旁边的情景。这是一个循规蹈矩、小心翼翼生活着的人，这样的人为了躲避改变而藏身于"监狱"❸，这里的"监狱"显然在影射现代文明中的人类社会。而生活在其中的人，就像这个小官僚或《夜航》中每天在酒吧里混日子的人，都没有意识到存在的危险，恰恰是这种自甘平庸的状态，使人类陷于危险之中。对于这样的危险，人最先要做的就是"逃离"，逃离麻木、庸碌、沉沦，像贝尔尼一般大声呼喊："逃离，重要的是逃离。"❹

其次，尼采将"超人"作为人类改造的最终目标、人类发展的彼岸。他在《查拉图斯特拉如是说》中这样写道："我教你

---

❶❷ Friedrich Nietzsche, *Ainsi parlait Zarathoustra*, Trans. Maurice de Gandillac (Paris: Gallimard, 1971), p. 26.

❸ Antoine de Saint-Exupéry, "Courrier sud" dans *Oeuvres complètes*: Tome Ⅰ. (Paris: Gallimard, 1994), p. 50.

❹ Antoine de Saint-Exupéry, "Courrier sud" dans *Oeuvres complètes*: Tome Ⅰ. (Paris: Gallimard, 1994), p. 93.

们什么是‘超人’：就是战胜自我。”[1] 同样，圣埃克絮佩里通过一个个具体而生动的人物形象阐释了他心中理想人性的范型——“大写人”。在他塑造的主人公身上，可以看到一个个真实的人为了克服自己的恐惧、孤独、痛苦所经历的考验。在《人类的大地》中，纪尧梅从安第斯雪山获救后说的第一句话就是“我敢发誓，我所做的事，是任何别的动物绝对做不到的。”[2] 可见，人属于大自然，但是又必须摆脱自身的一部分属性，才能成为“大写人”。总之，不论是“超人”，还是“大写人”，都是尼采和圣埃克絮佩里各自提出的人类自救的途径，是人类自我改造的目标。

最后，尼采的“超人”具有“强力意志”，能够战胜自我。在圣埃克絮佩里的作品《夜航》中也有一位类似的具有“强力意志”的代表——指挥官李维埃。这是一个颇受争议的人物，他的“强力意志”主要表现在职业范畴。比如，在夜航机组里，他扮演的角色是一个造物主式的首领，能够挑选出最优秀的人去完成他下达的任务。在他的眼中，“人就是一团需要加以揉捏的生蜡。必须赋予这种物质一个灵魂，给它创造一种意志”。[3] 在这种意志的主导下，夜航机组的全体成员，包括李维埃自己，都必须无条件地为飞行事业放弃一切。譬如，罗比诺与贝勒汗的友谊、李维埃的健康、乐福的爱情、罗布勒的工作、法比安

---

[1] Friedrich Nietzsche, *Ainsi parlait Zarathoustra*, Trans. Maurice de Gandillac (Paris: Gallimard, 1971), p. 24.

[2] Antoine de Saint-Exupéry, “Terre des hommes” dans *Oeuvres complètes*: Tome Ⅰ. (Paris: Gallimard, 1994), p. 192.

[3] Antoine de Saint-Exupéry, “Vol de nuit” dans *Oeuvres complètes*: Tome Ⅰ. (Paris: Gallimard, 1994), p. 123.

的家庭……这种为了职业而不惜一切代价的信念，正是类似“强力意志”的体现。事实上，这样的“强力意志”在圣埃克絮佩里的其他作品中也有体现，虽然备受争议，但是最终是“意志”战胜了“欲望”。《南线邮航》中的贝尔尼无法忘却对爱情和家庭的美好憧憬，于是回到都市去寻找往昔的恋人吉娜叶薇芙，但最后两人还是分道扬镳。故事的最后，吉娜叶薇芙重病而亡，贝尔尼在执行任务的途中牺牲，这种结局把李维埃的“死路”❶ 一说演绎得淋漓尽致，这也是李维埃式的“强力意志”的胜利。李维埃正是凭借这种“强力意志”培养他的下属，因为他坚信“要让生命永远延续，要不断创造，要用自己容易腐朽的躯体去交换”❷。在他看来，也正是因为这种“强力意志”的支撑，普通人经受住了痛苦的考验，“吃石头，喝荆棘汁，忍受霜冻和滚烫的风，被太阳晒得汗流满面……”❸，最终成为“大写人”。

虽然尼采的“超人”和圣埃克絮佩里的“大写人”具有一定的相似性，但两者之间也存在本质上的区别。首先，与“超人”不同，圣埃克絮佩里的“大写人”并不是一个抽象的概念，在李维埃、纪尧梅、梅尔莫兹、贝勒汗等众多人物身上，我们可以发现作为“大写人”应当具备的基本品质，也可以看到他们作为普通人的真实的一面。在职业之外，圣埃克絮佩里笔下的主

❶ Antoine de Saint-Exupéry, “Vol de nuit” dans *Oeuvres complètes*: Tome Ⅰ. (Paris: Gallimard, 1994), p. 152.

❷ Antoine de Saint-Exupéry, “Vol de nuit” dans *Oeuvres complètes*: Tome Ⅰ. (Paris: Gallimard, 1994), p. 137.

❸ Antoine de Saint-Exupéry, “Citadelle” dans *Oeuvres complètes*: Tome Ⅱ. (Paris: Gallimard, 1994), p. 775.

人公也会表现出他们的弱点，他们并不完美，也远没有达到“无坚不摧”的程度。法比安在降落的时候感到疲劳和厌倦，在窄小的机舱内，他眺望远处，向往灯光闪烁的村庄，渴望平凡温馨的家庭；李维埃在夜深人静的时候再次回到办公室，五十岁的他已经感到力不从心，他和乐福一起嘲笑自己缺乏爱情的生活，在处罚罗布勒的时候，他也自问是否要这样严厉；罗比诺为自己的湿疹感到自卑，为了讨好来之不易的飞行员朋友而把自己的生活和盘托出，也因为虚荣心而向心爱的女人吹嘘。相比之下，尼采创造的“超人”更为强大、果决，代表着无所不能的强者，尤其是专注于对绝对权力的追求；圣埃克絮佩里塑造的“大写人”则相对现实而具体，类似的“强力意志”主要表现为对职业的坚守和奉献。

其次，卢梭认为怜悯是人类的天性，但是尼采对恻隐之心是完全排斥的，甚至认为同情心会毁灭人类。在他看来，如果怜悯和顺从被当作美德，那么强悍、独立的人就被认为是充满威胁，甚至邪恶的。基督教的教义教导人类要谦逊、顺从，但是尼采却要打破一切传统的、宗教的束缚，创造全新的世界。李维埃有类似“强力意志”的表现，虽然他在开除了工作二十年的罗布勒时也有过犹豫，当西蒙娜向他提出质问时也曾自问是否应当毁掉飞行员的幸福，但最终他仍然坚持了决定，因为他坚信崇高的使命值得托付生命。为此，他的恻隐之心被控制住了，他联想到古代人建造圣庙的情景，最终放弃了对个体的怜悯，并说服了自己：“古代人民的领导者是以什么样的铁石心肠或者以何等奇怪的爱，强迫他的人民把庙堂搬到了高山之巅，迫使他们树立起这永恒的丰碑呢？……他们可能并不怜惜人民的痛苦，但无限怜惜

他们的死亡：不是怜惜他们个人的死亡，而是怜惜将被漫漫黄沙吞没的整个人类。”❶

再次，尼采把强大的力量和美德等同起来。他提倡的是个人英雄主义、独善其身的人生哲学。圣埃克絮佩里定义的为集体的事业而牺牲个人幸福乃至生命的“大写人”，体现的是集体主义和人道主义精神。另外，“大写人”与普通人的本质区别主要表现在精神层面，而非生理和外在层面。李维埃被认为是最接近“超人”的“大写人”。但是，他的苛刻并不是为了自己，他的任何决定都是为了保障夜航顺利进行。罗比诺是“大写人”形象中比较另类的一位。他其貌不扬、木讷刻板，并不聪明，还有些自卑。显然他与能力卓绝、形象完美的“超人”形象相去甚远。但是，他恪尽职守，甚至听从李维埃下达的不近情理的命令，尽量避免和飞行员建立友谊，为了夜航事业几乎没有自己的生活。可见，“大写人”并不似“超人”那般能力超群，也不是孤胆英雄，更不是利己主义者；他们和他人、集体有着坚实、紧密的联系；他们有着无私的品德、承担的勇气；他们在为更多人的利益而奋斗，他们是人类真正的英雄。

最关键的是，尼采认为“人类的伟大之处在于他是一座桥梁，而不是目的”❷。他主张在普通人中挑选最强大的精英并引导他们走向彼岸。他的目的是在摧毁旧世界的基础上，创造一种全新的人类。他创造“超人”的方法是抛弃大多数的普通人，

---

❶ Antoine de Saint-Exupéry, “Vol de nuit” dans *Oeuvres complètes*: Tome Ⅰ. (Paris: Gallimard, 1994), p. 152.

❷ Friedrich Nietzsche, *Ainsi parlait Zarathoustra*, Trans. Maurice de Gandillac (Paris: Gallimard, 1971), p. 27.

只保留其中最优秀的人，让他们经历重重考验，最终成为“超人”。圣埃克絮佩里塑造的“大写人不是无懈可击的‘超人’，而是通过创造战胜焦虑、虚无和死亡的普通人，这才是个体死亡之后能够永存的”[1]。在尼采的眼中，普通人低贱而粗俗，没有存在的必要，只能被抛弃。对他而言，平凡就是原罪，只有通过重重考验的人类精英才能到达“彼岸”，成为“超人”。他的改造是一种放弃、筛选、考验之后的创造，而“超人”是人类中最强大的类别，是全新的人类。圣埃克絮佩里虽然不满足于平庸的生命，但是他并不排斥平凡生活的意义。在劫后余生时，他也庆幸找回普通人的快乐。可见，他对普通人的一切并非全盘否定，而是一种现实的、理性的改造。相反，尼采将“超越”演绎成“摈弃”和“拒绝”，那就必然会脱离世界上的大多数人，最终走向孤独和虚妄。

最后，尼采对于人类社会的一切传统、一切道德标准、一切价值观表示完全的否定，主张在彻底摧毁之后建立新的秩序。对于人，他的态度也是如此：抛弃绝大多数，保留精英并将其训练成“超人”。与其说这是一种疯狂的理想主义，不如说是对责任和爱的放弃。相反，圣埃克絮佩里对现实中的普通人则表现出极大的耐心和爱心。“大写人”牺牲自己为的正是大多数人的共同利益，也是普通人的利益。与尼采抛弃大多数人的做法不同，圣埃克絮佩里对于人的改造充满信心，他相信哪怕是流氓、盗贼、妓女，也能在正向的行动中改善自己。虽然李维埃作为圣埃克絮

---

[1] Xu zhenhua, Huang Jianhua, *Raison et déraison*（北京：外语教学与研究出版社，2000），p. 193.

佩里作品中最接近“超人”的角色，但从来没有主动放弃过集体中的任何一个人。事实上，他爱机组中的每一个成员，他的冷酷无情正是为了最大限度地保证飞行的安全。在这个特殊的行业，哪怕是一个小小的疏忽都可能造成机毁人亡的重大事故。因此，他处罚下属正是为了拯救他人。他对于下属怀有一种“家长般的情感”❶，就如他自己所承认的：“就像是一个生了病的孩子的父亲。”❷ 他让“孩子们”面对孤独、痛苦和危险，经历生死考验，恰恰是为了拯救他们，让他们不要在庸碌麻木中终结此生而应该拥有更加充实和有价值的生活。虽然李维埃不得不接受法比安已经牺牲的事实，但他仍然坚信“有些东西比人的生命更宝贵”❸，这就是他和飞行员们不顾生死、牺牲自我所追求的生命意义。“李维埃作为圣埃克絮佩里笔下的典型人物，致力于拒绝平庸的、昙花一现的存在，否定无价值的人生。因此，李维埃督促他的飞行员坦然面对巨大的危险：这样的危险才可能带来在他们死后能够永存的东西，以此向荒谬和不可避免提出挑战。”❹

事实上，尼采作品中的“超人”是一个抽象而模糊的形象，而圣埃克絮佩里笔下的主人公则栩栩如生。前者是孤独且偏执的理想泡影，后者是真实并可以实现的人类榜样。圣埃克絮佩里对“意志”（la volonté）的诠释十分明确，那就是为职业而奉献一切的信念。在他的作品中，每一个看似平凡的劳动者都具有这种

---

❶❷ Antoine de Saint-Exupéry, “Vol de nuit” dans *Oeuvres complètes*: Tome Ⅰ. (Paris: Gallimard, 1994), p. 132.

❸ Antoine de Saint-Exupéry, “Vol de nuit” dans *Oeuvres complètes*: Tome Ⅰ. (Paris: Gallimard, 1994), p. 151.

❹ Xu zhenhua, Huang Jianhua, *Raison et déraison*（北京：外语教学与研究出版社，2000），p. 188.

意志。他们并非强大无比、无懈可击的“超人”，而只是一群将信念融入生命的真实的人。其实，《夜航》中的机组成员并不是服从李维埃，而是服从为了大多数人的利益而制定的规则。其中所体现的“意志”，并非尼采式的“超人”所具备的“强力意志”，而是具有“利他性”的人道主义精神。总而言之，出于对人类既定命运的反抗，尼采和圣埃克絮佩里都提出了各自的理想人格。两者的初衷一致，结论却不尽相同，“大写人”和“超人”“有着不一样的存在的命运”❶。前者走的是一条坚实的、终将通向生命顶峰的道路；后者经过的是悬于深渊之上的一根绳索。“大写人”是现实中的人类楷模，为大多数人指明了奋斗的方向，他们为人爱戴，被人铭记；而“超人”是狂热臆想中的孤独影像，让现实中的人难以触及，终将陷入虚妄而不复存在。

---

❶ Martin Heidegger, *Les concepts fondamentaux de la métaphysique* (Paris: Gallimard, 1992), p. 33.

第四节 从普通人到“大写人”的转变空间

“上帝在人类思想中无时不在。长久以来，上帝对于人类一直都扮演着‘救世主’的角色。但是在文艺复兴以后，上帝逐渐隐身，直至十九世纪，当人们再次对自己的处境感到无能为力时，这位‘救世主’又重新出现了。”❶ 但是，此时的“上帝”已经不再是从中世纪开始扮演的“绝对主宰”，而圣埃克絮佩里的“上帝”更是进入了现实世界，成为普遍定律和高尚道德的代言人，为人类指出了自我完善的方向。作家将人置于神的身侧，大自然的中心。他笔下的世界是一个由人、自然和神相互融合而形成的空间，一个重叠于现实之上的多维度空间。在这个空间中，人的“救世主”就是自己。人通过行动才能走上神圣之

❶ 肖四新：《西方文学的精神突围》，中央编译出版社，2003，第 274 页。

路。就像《城堡》中写道：“只有（迈出）步伐才是重要的。”[1]圣埃克絮佩里没有把神供奉在高高的祭坛上，而是让人性和神性在大自然中联系起来，构建了超越时空和现实的理想世界。就像他在《城堡》中所描述的：对于水手，上帝就是大海；对于夫妇，上帝就是爱情；对于孤守城堡的中士来说，上帝就是这片沙漠，是他远方的家人，还有那位金发表妹。于是，作家恍然大悟，就像一个“通灵人”找到了人类世界的真相。他写道：“此时，我才明白那个认出雕像的微笑、田野的美景或圣殿的静默的人，他发现的是上帝。”[2]

要实现从普通人到“大写人”的转变，必须回到现实的职业空间。社会中的每一个人都在自己的领域付诸行动。圣埃克絮佩里作品中的主人公大多是飞行员，是飞行机组的成员。“这是人组成的团体，成员之间不论是好的时候，还是坏的时候都相互友爱。”[3]每一个行业都是不同的职业空间，这个空间是集体的空间，而非个人的空间，在集体之中有规则、有分工，每一个成员都应当各司其职，为共同的职业目标辛勤工作，甚至在必要的时候做出牺牲。在作家创造的“大写人”成长的空间里，上帝代表了普遍而完美的真理，而人类为了明白真理，就需要一种超越所有分歧和矛盾的语言。事实上，圣埃克絮佩里并不是一个能言善辩之人。相反，在日常生活中，他总是沉默寡言、行动笨

[1] Antoine de Saint-Exupéry，“Citadelle” dans *Oeuvres complètes*：Tome Ⅱ.（Paris：Gallimard，1994），p. 490.

[2] Antoine de Saint-Exupéry，“Citadelle” dans *Oeuvres complètes*：Tome Ⅱ.（Paris：Gallimard，1994），p. 553.

[3] Michel Renard，*Essai sur la démo*cratie（Saint-Etienne：AUBIN，1999），p. 39.

拙。但是，一旦驾驶飞机飞上天空，他就变成了一个恣意洒脱、让人膜拜的英雄。他笔下的贝勒汗和他一样沉默羞涩，纪尧梅、梅尔莫兹、杜泰尔特、法比安都是接到命令即刻出发，偶尔在途中遇见时也只是会心地问一声好就继续执行各自的任务。在作家为我们构建的世界中，可以看到一幅幅人们努力工作的画面。但是除了大自然的声音，其中并没有人声的喧闹。对作家而言，他早就知晓了人、神和大自然之间的交流方式，超越一切分歧和矛盾的方式——行动。正如他在《城堡》中写道："上帝首先是你的语言意义，而你的语言有了意义才向你显示上帝"❶，正是通过行动，普通人完成了向"大写人"转变的艰难历程。

在行动中走向神坛的道路充满艰辛、危险和苦难，而人要克服这一切继续前行，需要怀抱"大爱"之心。在必要时做出的个人牺牲，就像最虔诚的祈祷，甚至不要求上帝的回应。圣埃克絮佩里认为正是这种不计回报的付出使人性发生了质的改变，继而升华到毗邻神侧的高度。他写道："一切奉献自己而演变成的行动都是祈祷……正如铸陶的人用对陶罐的爱铸陶，也就是用爱、用祈祷在铸陶。"❷

通过作家以亲身经历创作的作品，我们了解到飞行员的职业空间充满危险。高空中的风雨雷电在普通人看来只是平常的天气现象，却给飞行员带来了致命的危险，稍不留心就可能机毁人亡。《飞行员》中，皮雄训练中心的学员们经常听到的教训就是

---

❶ Antoine de Saint-Exupéry, "Citadelle" dans *Oeuvres complètes*: Tome Ⅱ. (Paris: Gallimard, 1994), p. 553.

❷ Antoine de Saint-Exupéry, "Citadelle" dans *Oeuvres complètes*: Tome Ⅱ. (Paris: Gallimard, 1994), p. 519.

云海之下是永恒。《战争飞行员》中有一个士兵“T”，当接到参战命令时，他脸色骤变，明显地表现出恐惧，但仍然接受了任务并拒绝让其他人替代。在日常生活中，飞行员身若浮萍、居无定所。个人生活在辉煌的职业经历背后往往黯然无光，甚至被决然放弃。他们在点亮人类村庄的灯火时，给自己留下的却是人去楼空的家。圣埃克絮佩里曾经在撒哈拉沙漠驻守三年，饱尝孤独和思乡之苦。他在书中写道：“当我们这些撒哈拉航线的飞行员，长年累月、年复一年地作为沙漠的俘虏，从一个堡垒飞向另一个堡垒而不折回的时候，那些乐趣就与我们绝缘了。沙漠里根本没有类似的绿洲，没有花园，也没有姑娘，都是一些神话。”❶

职业的空间存在各种规则。这些规则为职业目的而设定，所有人都必须遵守。圣埃克絮佩里认为人的“自由”是有限的，如果没有规则，人就像星空下散乱的石头，不可能筑起巍峨的城堡，也不可能成为“大写人”，更不可能创造以“大写人”为拱顶石的人类文明。《夜航》中的李维埃虽然犹豫再三，但还是辞退了工作多年的老员工，因为哪怕是一点点的疏忽，都可能给飞行员带来致命的危险；督导员罗比诺想和飞行员贝勒汗交朋友也遭到李维埃的阻止，因为执行规则的人不能在工作中带有任何私人情感。在飞行员的职业空间中，一切规则都服务于飞行事业，机组中的每一个人都必须服从纪律。卢梭的“回归自然”是为了远离人类社会，在大自然中寻找心灵的避难所，然而脱离社会规则的束缚后，卢梭最终成为离群索居的“孤独漫步者”。而圣

---

❶ Antoine de Saint-Exupéry, “Terre des hommes” dans *Oeuvres complètes*: Tome Ⅰ. (Paris: Gallimard, 1994), p. 214.

埃克絮佩里式的“逃离”，其最终目的还是要回到现实中来。即便他笔下的主人公与城市格格不入，向往天空、大海，但是他们行动的目的还是服务于所有生活在这片大地上的居民。所以，“大写人”始终是现实社会中的人，是直面命运的勇士。

圣埃克絮佩里相信一切答案都在人本身。所以在他看来，遥不可及的神、无处不在的大自然和现实中的人都存在于一个多维度的空间，其中的规律和规则是客观存在的。如果从一个哲学家的视角来看，这个空间也因为现实而真实存在。于是，小王子旅行的最终目的地还是 B612 星球。作家对此写道：“蹩脚的文学作品告诉我们需要逃逸。当然，人们通过旅行去寻找境界。但境界是寻不到的，它是自建的，而逃逸是永远不能被引向某地的。”❶ 相较之下，卢梭追求个人的感受、自由的情感释放，将人视作单独的个体。当个体和他人发生矛盾的时候，他拒绝妥协，拒绝融入，而选择坚持自我，坚持本心。然而，圣埃克絮佩里颂扬团结、博爱、克己、奉献，积极投身于职业，承担对他人、对社会的责任，表达的是一种现实社会的理想主义。总之，不管是“避世”，还是“入世”；无论是“回归”，还是“改造”，都反映了人类对于完善人性的追求。

职业的空间具有开放性，其边界因为职业的多样性而延伸至整个自然，就像天空之于飞行员，田野之于农民，大海之于水手，花园之于花匠……在与大自然的较量中，人最终实现了人性的升华。对应人与大自然之间复杂的关系，“大写人”的人性应

---

❶ Antoine de Saint-Exupéry, “Pilote de Guerre” dans *Oeuvres complètes*: Tome Ⅱ. (Paris: Gallimard, 1994), p. 160.

当被认为是一个开放性的概念。在古希腊神话中，众神既具有人类的面貌特征，也有着人的性格特征，他们之间还存在着人类之间的各种关系：夫妻、父子、母子以及朋友、恋人、敌人等。大自然的神都被赋予了相应的职责，有太阳之神、月亮之神、海洋之神等。在人类对自然知之甚少的时代，人臣服于自然，膜拜自然，敬畏自然。

文艺复兴以前，神是凌驾于人之上的。随着科技的发展，人类表现出超过其他自然生灵的力量和才智。这时，神的地位逐步下降，人对自身的能力变得有信心，直至将理性的权威凌驾于自然之上。卢梭将人重置于大自然之中，并将人、神、自然和谐地融合在一起。圣埃克絮佩里对大自然的认识与他对人的认识相辅相成。他在作品中不断审视和反思人类与大自然的关系。从《夜航》《南线邮航》中的豪情万丈，到《人类的大地》中的坚韧不拔；从《战争飞行员》中的视死如归，到《小王子》中的满怀憧憬，作家在自己的每一部作品中都表达了人在自然中生存和奋斗的渴望。这种渴望在《城堡》中最终表现为对一个理想的“人类帝国”的想象。作家在《城堡》中表达的思想是复杂甚至矛盾的。他一方面感叹大自然的神力，另一方面不断强调人改造大自然的努力与意义。总而言之，对手越强，人越伟大。在人与大自然的较量中，人逐渐成长为“大写人”，经过不懈的自我完善直至比肩神灵。

作家塑造的众多人物都是“大写人”的化身，比如梅尔莫兹、纪尧梅、法比安、贝勒汗、贝尔尼、李维埃、杜泰尔特，还有与他在非洲并肩战斗过的同志：科莱（Collet）、雷内（Reine）、拉萨尔（Lasalle）、博勒加尔（Beauregard）、艾蒂安

（Etienne）、西蒙（Simon）、莱克里万（Lécrivain）、维勒（Wille）、维尔内勒（Verneilh）和里盖勒（Riguelle）。他们身上都有着“大写人”的优秀品质。这些品质都是在职业行动中不断磨炼出来的。《人类的大地》中，纪尧梅在给年轻的飞行员上课时，毫无保留地将他的职业经验分享给大家；在执行任务时，他勇敢坚忍，富有责任心；在雪山上遇险时，他冷静沉着，凭借坚强的意志坚持到获得救援。《夜航》中的法比安，在面临家庭和事业的矛盾时毅然放弃了个人幸福，在高空中遭遇雷雨时不退缩、不放弃，战斗到最后一刻。还有经验丰富的贝勒汗，他在与大自然的无数次较量中得胜而归。当年轻的飞行员向他询问历险的经过时，他只是寥寥数语带过。这样的平实和谦逊让人不禁肃然起敬。这些人物在作家的笔下栩栩如生，因为他们就是生活在我们身边的普通人，但他们终究不流于凡俗，凭借非凡的勇气、无私的胸怀和舍身成仁的奉献精神，承担起对集体、对社会的责任，将人类从既定的命运中拯救出来。他们拥有力量，更充满智慧，因为“只有让智慧吹拂泥胎，才能创造出大写的人”[1]。这是一群超越了物质的束缚、摆脱了日常的平庸、充满理想、不断反省的智者。他们克服了人性的弱点，努力追求完美的人格，直至获得神祇般的光辉。在他们的身上，我们看到的不仅是美德，更是对世界和人类的清醒认识和永不放弃的理想。

---

[1] Antoine de Saint-Exupéry, “Terre des hommes” dans *Oeuvres complètes*: Tome Ⅰ. (Paris: Gallimard, 1994), p. 285.

第五节 行动创造的空间

圣埃克絮佩里认为，关于行动，无所谓正确与错误。因为即使错误，也能被当作成功的经验。通过行动，人类才能发现无所不在的上帝，才能发现存在的无限可能性；行动是所有人共同的尺度，衡量着生命的价值；行动是神圣的阶梯，引导人类走向圣庙；行动是超越一切分歧和矛盾的“语言”，将人类团结起来；行动也是一个人从普通人到“大写人”的必经历程，虚无的“存在”在行动中获得新生。圣埃克絮佩里所定义的行动首先是一种集体的创造行为。人们根据职业分属于不同的集体，按照各自的方式，创造出矗立于天地间的“人类帝国”。《城堡》中的老酋长建造了一座城市。他不仅把战士和工匠，还把盗贼和流氓都聚集起来，团结所有人的力量共同完成了这项伟大的工程。在辛苦的劳动中，这群人往日的懒散、傲慢和残忍被磨砺成勇气、热情和责任心，耸立的城墙见证了他们自我改造的成果。在日复一日的劳作中，在不得不互相帮助才能熬过的艰难日子里，他们彼此之间建立了友谊和爱的联系。就这样，一座城市诞生了，他们完成了从普通人到“大写人”的蜕变，创造出一座巍峨的城堡。在《城堡》的结尾，一位老园丁给他久未谋面的朋友写信，他想告诉对方自己用一生总结的经验和认识到的真理，但千言万语落在纸上只有一句话：“今天早晨，我修剪了我的玫瑰。”[1]

对圣埃克絮佩里而言，人生的意义就是在工作中实现充实而无憾的一生，并且他将“行动”和“职业”紧密地联系在一起，给“行动”赋予了理性和约束，也让“行动”变得更加具体和现实。与圣埃克絮佩里同时代的法国作家安德烈·马尔罗也主张用“行动”来对抗荒诞的现实和虚无的存在。但是，两者对于行动的理解却大相径庭：马尔罗主张的是冒险行动，是不顾后果的一时冲动；而圣埃克絮佩里将行动定义在职业的范畴，就显得更加理性和冷静。在圣埃克絮佩里的笔下，飞行员们都遵守着严格的纪律，在生活和情感上表现得十分克制。他们明确自己行动的目的，也接受既定的命运。因此，马尔罗作品中的主人公们最终陷入了深深的绝望，但圣埃克絮佩里所塑造的主人公们却因为时刻谨记责任而始终坚定、积极地投入集体的事业。

现实中，圣埃克絮佩里对飞行事业充满激情，不管遇到什么困难都从不放弃，年龄和伤病都不能阻止他继续飞行。20 世纪初，一方面飞机制造技术远不如今天这样发达，即便没有遇到恶劣天气，飞行员也时常会因为机器故障而面临危险；另一方面当

---

[1] Antoine de Saint-Exupéry, “Citadelle” dans *Oeuvres complètes*: Tome Ⅱ. (Paris: Gallimard, 1994), p. 834.

时邮航和民航尚在起步阶段，飞行员这一职业不稳定且回报不高。即便如此，圣埃克絮佩里和他的战友们仍放下家庭和爱情，哪怕居无定所、风餐露宿，也勇敢无畏地面对所有的危险和困难。他们之所以做出这样的选择，一方面是出于对“宇宙”的向往，对飞行的热爱；另一方面是源于对人生价值的信念。因为他们相信紧张、充实、为他人服务的生活能够让生命更有意义。并且，随时都可能到来的危险和与死神擦肩而过的经历都让他们更加热爱生命，更加珍视与人类大地的联系。圣埃克絮佩里曾经在给朋友德古尔的信中讲述了他在位于撒哈拉沙漠中心的一座西班牙城堡中的艰苦生活。那里的孤独和匮乏让他不禁自问对这份职业坚持的理由，但是他最终说服了自己——“我选择了最艰苦最冒险的生活，因为我认为其他的方式一无是处”❶。

“职业的伟大之处或许首先在于把人们团结起来。”❷ 在圣埃克絮佩里看来，职业行动和一般的行动有着明显的区别：前者是集体行为，目的是利他性的；后者是个人行为，动机是出于个人愿望。职业行动更理性、更有序，飞行员所属的集体中还包括机械师、督查员、指挥官、修理工和其他所有为了共同的事业而团结在一起的人，他们是一个超越了表面差异和世俗偏见的团体，在这个团体内部有严格的纪律和明确的分工，甚至有森严的等级，所有机组人员都必须无条件地服从指挥官的安排，而指挥官的所有命令都是以是否有利于飞行事业为首要考量。整个飞行团

---

❶ Antoine de Saint-Exupéry, “Lettres intimes” dans *Oeuvres complètes*: Tome Ⅱ. (Paris: Gallimard, 1994), p. 912.

❷ Antoine de Saint-Exupéry, “Terre des hommes” dans *Oeuvres complètes*: Tome Ⅰ. (Paris: Gallimard, 1994), p. 189.

队就像《夜航》中所描述的那样，李维埃作为指挥者负责整个夜航的安排和调度，督导员罗比诺负责监督规则的执行，各个机组的飞行员负责运送邮件，机械师负责保障飞机的正常运行，维修工人负责定期检查机器和排除故障，地面工作人员各司其职，目的是配合各个部门全力保障夜航顺利进行。在整个团队，没有人可以凌驾于规则之上，也没有人情能够超越纪律，成员需要克制不利于飞行的个人情感，杜绝有可能影响航行的私人关系。这样苛刻的要求将职业行动置于一个有序的空间，其中的秩序就是行动的准则。

职业行动改变了世界，也改变了人类自身。人投入于一种职业中，以更为专业的方式来改造大自然。在这个过程中，人摆脱了日常生活的烦琐和庸碌，与这个世界建立起广泛和深入的联系，而这些联系能够让人成为“美丽的种族”❶。飞行员驾驶飞机开辟航线、运送邮件，充当人与人之间的“桥梁”，传递信息，建立联系。他们的职业虽不如建造一座城市那样功绩卓著，却意义重大。因为在圣埃克絮佩里看来，“人类关系”（la relation humaine）才是真正的财富并决定着存在的意义。就像小王子和狐狸，在他们相遇之前，在小王子眼中，狐狸就是一只普通的狐狸；在狐狸眼中，小王子也只是一个普通的小男孩。当他们之间建立起友谊之后，小王子会向狐狸诉说自己和玫瑰之间的故事，还会相信狐狸教给他的关于“驯化”（apprivoiser）的意义。对于狐狸，当它和小王子通过“仪式”、经过一段时间的交往之

---

❶ Antoine de Saint-Exupéry, “Articles” dans *Oeuvres complètes*: Tome Ⅰ. (Paris: Gallimard, 1994), p. 338.

后，它是如此喜欢小王子，以致麦田里的风声在它听来都是悦耳的，因为麦田会让它想起小王子的金色头发。可见，“人类关系”能够影响人存在的意义。现实中，飞行员的职业行动就是在这个广阔的世界中建立起人与大自然、人与他人、人与神祇的联系。然而，当投入职业空间的时候，他们不得不选择忍受孤独和痛苦，放弃自己和家人、朋友、大地的联系。这就是职业的要求，也是选择的代价。即使如此，圣埃克絮佩里笔下的主人公们仍义无反顾、执着不悔，因为“你是一个职业人，正因如此，你会更美丽”[1]。

在浩瀚的宇宙中，飞行员忘却了现实中的烦恼，追寻人生的意义，同时发现了人类世界更为美好的真相。“只有当他们将生命作为抵押并投身于其中的时候，他们才会相信那些关于美德的字眼。”[2] 当他们翱翔于云海之上时，他们似乎更接近上帝。从此，普通人成为具有神性的“大写人”。这样的“神性”在作家笔下的人物身上表现为牺牲自我、成就他人的美德。对于飞行员来说，正是职业让他们成为可以和大自然一较高下的英雄。《飞行员》中，贝尔尼在吃饭的时候听到一群下级军官在聊天。他们谈到泥泞的跑道对飞行带来的不便、执行运输任务拿到的微薄津贴，还有自己经历的种种冒险。贝尔尼喜欢这些简单真实的故事，喜欢这群全身心投入职业的人。他们经历的不仅有惊心动魄的历险，也有平凡琐碎的日常生活。从天空到大地的距离将普通人和神祇隔开，但是这群优秀的人可以跨越这段距离，让人和神

---

[1] Antoine de Saint-Exupéry, “Articles” dans *Oeuvres complètes*: Tome Ⅰ. (Paris: Gallimard, 1994), p. 337.

[2] Jules Roy, *Saint-Exupéry* (Paris: La Manufacture, 1990), p. 41.

无限接近。在这个过程中有痛苦、有牺牲，更有希望和理想。

圣埃克絮佩里将人类改造大自然的行动按照职业划分。他所定义的行动，更确切地说是指职业性的行动。因此，“大写人”通过行动创造的空间也可以根据职业构建，就像飞行员开发的航线，农民耕种的土地，水手航行的大海，园丁修整的花园，工匠修建的寺庙……它们之间不是相互隔绝的，而是共同属于大自然、属于人类的家园。所有的这些空间与作品中充满寓意的空间相互交叠，虚实相应，构成了圣埃克絮佩里笔下多维度、多层次的文学空间。

第六节 铸造人的空间

《城堡》中的老酋长向王子传授管理国民的方法，他说道："我铸造人。"[1]“铸造”（forger）这个词包含了普通人在“蜕变”成“大写人”的过程中所经历的痛苦和考验。对于飞行员来说，正是风雨雷电“铸造”了他们强健的体魄和坚忍的意志，正是高山大海“铸造”了他们的职业理想和广阔胸怀，正是纪律和责任“铸造”了他们无私的精神和奉献的美德。就如卢梭主张教育应当让孩子经历自然界的风雨，圣埃克絮佩里笔下的主人公在大自然中“铸造”出属于“大写人”的本质。

如果将“铸造”理解为教育的方法，那么对于圣埃克絮佩里来说，教育首先是一种现实的体验。作为反面的例子，作家在

[1] Antoine de Saint-Exupéry, "Citadelle" dans *Oeuvres complètes*: Tome Ⅱ. (Paris: Gallimard, 1994), p. 374.

《小王子》中虚构了一位从不出门的地理学家，他整天埋头于资料和典籍，却对真实的世界毫不关心。因此，他不知道环境的变化，缺乏亲身体验，永远都不会了解世界的真实面貌。在《人类的大地》中，作家回忆了一堂让他印象深刻的地理课，在年轻的飞行员临行前，经验丰富的纪尧梅用自己的亲身经历给他们讲解了飞行地图的标志。

对每一个飞行员来说，只有通过亲身体验或者像纪尧梅这样的言传身教才能真正了解飞行的航线，而这堂地理课正是纪尧梅和老一辈飞行员用鲜血与生命的代价换来的经验之谈，在他讲解的地图上，城市、山川、河流固然重要，但它们不仅是一个个名字或符号，也是飞行员们驾驶飞机无数次飞过的地方。其中的一条不起眼的小溪，或是一小丛灌木，都可能给飞行员带来很大的麻烦；而一个远离城市的小农场，有可能是飞行员遇到危险时能够最快找到的获得救援的地方。

这些在普通人看来微不足道的地方对飞行员来说却至关重要，都应当被标注在职业地图上。在这堂别开生面的地理课上，纪尧梅还传授给即将踏上航程的年轻人许多宝贵的经验。他提醒这些“初出茅庐”的飞行员带上备用的食物和水，以应对不时之需，因为每一次执行任务的旅途都是性命攸关的冒险——恶劣天气、机器故障、危险的地形和突发状况都可能让飞行员身陷险境，比如圣埃克絮佩里和战友曾经迫降在沙漠中心，纪尧梅也曾经在雪山遇险。当意外发生的时候，如果有备用的食物和水，对飞行员来说就是生命的希望。

作家之所以对这堂地理课印象深刻，是因为“身经百战”的他自然了解这些经验背后的考验和代价。从提倡的教育方式来看，圣埃克絮佩里和卢梭似乎有着不谋而合之处。圣埃克絮佩里提倡年轻的飞行员应当在训练和实践中成长起来；卢梭认为孩子不应该被封闭在温室中，而要去大自然中经历风雨。因此，大自然就是“铸造”人的空间。但是，圣埃克絮佩里和卢梭的教育思想有本质上的不同：前者主张的“现实教育”是一种有现实目的、服务他人、回馈社会的教育；后者提出的“回归自然式教育”是一种远离人群、逃避社会的教育。相比之下，圣埃克絮佩里的教育观更为理性和客观，不仅有益于个人，更有益于社会。

圣埃克絮佩里之所以会用“铸造”指代人成长为“大写人”所经历的过程，是基于他的亲身经历和亲眼看到的痛苦体验。如果从教育的角度理解“铸造”，那么他主张的是体验式的教育，或者说是考验式的教育。就像作家在《城堡》中写道：“我的人民啊，在这样的旅途中，我让你们吃石头，喝荆棘汁。我用霜冻你们，我让你们忍受滚烫的风，你们被迫蹲下来贴着地面，用衣服蒙住脑袋，你们的嘴巴嘎嘎地响，你们被日头晒得汗流满面。”❶ 在《飞行员》中的训练场，年轻的学员在教练的督导下艰苦训练，并且亲眼看到了同学的死亡，将“云海之下是永恒”❷ 的训诫铭记于心。在作家看来，“所有的上升都是痛苦的，所有的蜕变都是折磨”❸。教育从来就不是轻而易举的事情，而是经历痛苦的人生旅程。坐着轿子轻轻松松地到达顶峰的人绝不

❶ Antoine de Saint-Exupéry, “Citadelle” dans *Oeuvres complètes*: Tome Ⅱ. (Paris: Gallimard, 1994), p. 775.

❷ Antoine de Saint-Exupéry, “Correspondance” dans *Oeuvres complètes*: Tome Ⅰ. (Paris: Gallimard, 1994), p. 810.

❸ Antoine de Saint-Exupéry, “Citadelle” dans *Oeuvres complètes*: Tome Ⅱ. (Paris: Gallimard, 1994), p. 465.

可能真正了解山峰。为了让孩子了解山峰，就应该让他被荆棘所伤，从山上跌落，背靠石头浑身大汗，最终登上峰顶。在考验中，痛苦在所难免，但是一旦通过考验，人将获得更加强大的力量、更加丰富的经验和更加坚强的意志。各种职业的人在各自的领域承担责任、履行义务，并付诸行动。即使是家庭妇女，每天早上也需要起来做饭、打扫、照料家人，从一个天真懵懂的少女成长为精明强干的女主人，她所经历的考验也是受教育的过程。其中有辛劳、悲伤、痛苦，也有幸福、满足和希望。因此，“铸造”一个人的空间不拘于特定的地点，是每一个人辛勤工作、努力成长的地方。

圣埃克絮佩里在《城堡》的第二十五章系统地阐述了自己的教育思想。第一，不应该遏制孩子的好奇心，不应该按照成年人的要求培养孩子，也不应该以成年人的价值观过度影响孩子。我们应该充分地信任孩子，相信他们知道自己在寻找什么。在《小王子》中，大人们用数字衡量存在的价值，用功利判断行动的方向，并将成人的价值观和世界观教给孩子。主人公小王子作为反驳式的角色，则从来不以外表判断存在，他相信飞行员画的盒子里确实有一只能够保护自己星球的羊。他意识到真正的幸福和物质并没有多大关系，花园里的几千朵玫瑰远不及他心中惦念的那一朵。

第二，教育者不应当强迫孩子背诵空洞的理论和死板的教条，应该启发孩子了解文化遗产中真正有价值的东西。因此，人们永远都不能忽视艺术和文学的价值。小王子在到达地球之前，曾经遇到一位地理学家。可是，他对现实中的山川都不在意，只是埋头于资料典籍，按照书上的记载认识世界。在小王子看来，这无疑是荒谬的，于是他离开了地理学家所在的星球继续旅行。其实，作家在借小王子之眼观照这个世界的同时，也表达了自己的思想。

第三，作家认为外表并不重要，所以提出成年人要教育孩子不能被表象所迷惑，不能轻易地做出判断，而是要超越表面深入理解事物的本质。狐狸和小王子相遇之后，向他揭示了人与人之间的联系，并告诉他“本质是肉眼看不见的，只有用心才能看得清楚”❶。正是这种看不见却至关重要的联系改变了存在的意义。

第四，应该告诉孩子，要对他人、对周围的一切感兴趣，不要局限于自我。小王子在宇宙中遇到了形形色色的人物，除了点灯人，其他的人都只专注于自己，只关心自己的愿望，比如拥有权力、获得荣耀、满足癖好。只有点灯人不是这样，尽管他不知道自己行动的意义和目的，却是唯一一个关注自我之外的人。

第五，不要盲目相信所谓的科学理论和实验结果，最直接的认识世界的方式就是自己去体验、去创造。对于这一点，圣埃克絮佩里所有作品中的主人公基本都是用行动赋予生命意义的勇者。他们在狂风暴雨中体会大自然的伟大和职业的使命。即使是小王子这样一个虚构的人物，也是为了解开心中的疑惑而离开自己的星球，开启了自己的宇宙之行。

第六，人与人之间应该互相尊重，注重和他人的关系。因为批评和讽刺只会让人无法与外界沟通，不仅失去了与世界的联系，也失去了认识世界的机会。关于人与人之间相处的原则，圣

---

❶ Antoine de Saint-Exupéry, “Le Petit Prince” dans *Oeuvres complètes*: Tome Ⅱ. (Paris: Gallimard, 1994), p. 298.

埃克絮佩里推崇的是平等和尊重。他认为“朋友，就是那个不会评头论足的人”[1] “友谊是超于世俗琐碎之上的精神大巡游”[2]。就像小王子和狐狸的关系，他们并没有因为对方和自己不同而产生隔阂，而是在交流中建立起真挚的友谊。他们没有过问对方的生活细节，而是用爱和理解相互“驯化”对方。

第七，不要过分沉溺于物质享受，因为一味地追求物质只会让人堕落，失去创造性，失去对其他一切的兴趣，也永远无法看清事物的本质。圣埃克絮佩里和他的战友们为了共同的事业风餐露宿，甚至奉献出自己的生命。在现实生活中，他们居住在简陋的宿舍中，一旦接到出发的命令，就要把地面上留恋的一切抛在身后。他们的生命不是用物质来衡量，更不是凭占有来定义。在他们的世界中，另有衡量价值的标准，另有定义幸福的规则，就像小王子在找到水源后所认识到的：“他所追求的东西也许就在一朵玫瑰花或一点点水之中”[3]。

第八，要交换、要分享、要合作、要团结，因为交换和分享会让人摆脱自私和狭隘，合作和团结才能创造伟大的事业。小王子和飞行员结伴在沙漠中心找到生命之井，狐狸和小王子一起发现了爱和友谊的真谛——在圣埃克絮佩里看来，“没有什么比那么多的共同回忆，那么多的共患难时光，那么多的龃龉，那么多

---

[1] Antoine de Saint-Exupéry, “Citadelle” dans *Oeuvres complètes*: Tome Ⅱ. (Paris: Gallimard, 1994), p. 506.

[2] Antoine de Saint-Exupéry, “Citadelle” dans *Oeuvres complètes*: Tome Ⅱ. (Paris: Gallimard, 1994), p. 507.

[3] Antoine de Saint-Exupéry, “Le Petit Prince” dans *Oeuvres complètes*: Tome Ⅱ. (Paris: Gallimard, 1994), p. 307.

的重新和解和那么多的内心共鸣更加宝贵的了”❶。

第九，重视纪律和规则，学会服从和奉献。《夜航》中的李维埃是一个“规则至上”的指挥官，他会因为一个并没有造成实际损失的疏忽而解雇一位老员工，会因为担心规则不能被公正地执行而阻止督导员罗比诺和飞行员建立友谊，但他也会以身作则，对自己执行最严格的纪律。他终年埋头于事业，以致损害了健康，忽略了家庭。在圣埃克絮佩里的心中，哪怕是五分钟的迟到都会让他感到羞愧。这样的认识，就是机组成员普遍认同的规则。在《小王子》中，狐狸也谈到了“驯化”的规则，其中之一便是“仪式”（la cérémonie）。与其说这是一种方法，不如说这就是建立关系的规则。它需要被重复，被专注，被尊重。

第十，必须有自我完善的愿望，应当鼓励孩子成为更好的自己，努力实现更有意义的人生。不管是小王子、飞行员还是狐狸，他们都在寻找友谊、爱、生命的意义和存在的真理。他们都在努力做一个更好的人，追寻一种更完美的人生。《南线邮航》中的贝尔尼回到城市后感到局促和烦躁，因为他不属于这个空间，这里的人和他没有关系。城市里的人只是营营役役地过着表面喧嚣但实际孤独的生活，而飞行员渴望蓝天、渴望战斗，渴望更加充实和有意义的人生。虽然他也曾于爱情中迷失，但最终还是回到飞行员的岗位，牺牲在执行任务的途中。在经过尝试之后，贝尔尼终于明白了他应当选择什么样的生活，那就是为他人而奉献的人生。对于他而言，那是比日常庸碌的生命更好的选

❶ Antoine de Saint-Exupéry, “Terre des hommes” dans *Oeuvres complètes*: Tome Ⅰ. (Paris: Gallimard, 1994), p. 189.

择，就像圣埃克絮佩里在给朋友的信中写道："我选择了最艰苦最冒险的生活，因为我认为其他的方式一无是处。"❶ 正如作家在《小王子》中构建了一个虚拟但现实的世界。说到底，"铸造"人的空间是一个基于现实，并超越于"庸俗的细节"之上的精神世界。❷

圣埃克絮佩里在《城堡》中将"人"比作"树"。如果将"铸造"人的经历看作培育树的过程，那么环境的作用就显得至关重要。"铸造"人的方式如果是错误的，就好比将树种在没有光线和水的地方——树便很难长成可以荫蔽大地的参天大树，人也难以成为能够创造人类文明的"大写人"。如果"铸造"人的方式是正确的，就如同将树种在光线充足、土壤肥沃的地方，从此树会向阳而生、顶天立地，人会茁壮成长、"化蛹成蝶"。在《城堡》中，作家描述了一个孩子的成长需要花时间精心养育，需要用爱和耐心教导熏陶。因此，"铸造"人的过程是漫长而充满艰辛的，绝非一蹴而就。在这个过程里，人所经历的是从形到质的变化，就像在火炉中经过千百次淬炼的钢铁。那么，"铸造"人的到底是谁呢？当"大写人"立于天地之间，他的脚下是广袤的大地、奔腾的海洋和巍峨的高山，他的头上是万里蓝天、璀璨星空和无限的宇宙。是谁在鞭策人类不断前行？是谁在炉前千锤百炼？唯一的可能便是上帝，是那最终的主宰。因此，"铸造"人的空间充满神谕，是人类努力追寻的、近乎可及的神的世界。

---

❶ Antoine de Saint-Exupéry, "Lettres intimes" dans *Oeuvres complètes*: Tome Ⅱ. (Paris: Gallimard, 1994), p. 912.

❷ Antoine de Saint-Exupéry, "Citadelle" dans *Oeuvres complètes*: Tome Ⅱ. (Paris: Gallimard, 1994), p. 507.

第七节 超然于死亡之上的空间

圣埃克絮佩里在《战争飞行员》中写道：“我将为大写的人而战，与敌人斗，也与自己斗。”[1] 可见，要成为“大写人”必须付诸行动、经历考验，最终获得人性的升华，无限地接近神祇，为他人谋福利，为人类带来光明和希望。要实现从普通人到“大写人”的本质上的蜕变，人必须克服自己的弱点，克制自己的欲望，甚至违背自己的本性，超越自我的极限。就像《战争飞行员》中的战士经过战火的洗礼，经历了死亡的考验，终于如浴火的凤凰一般涅槃重生。他们所战斗的空间，已经不限于现实中的世界，还有他们的内心。虽然结局无法改变，但是他们在意识中重建了真正的人类文明，那是一种“以‘大写人’为拱顶石

[1] Antoine de Saint-Exupéry, “Pilote de Guerre” dans *Oeuvres complètes*: Tome Ⅱ. (Paris: Gallimard, 1994), p. 227.

的人类文明”[1]。

要成为“大写人”，就要看破生死，战胜恐惧。只有无所畏惧，人类才能有改变这个世界的勇气和力量。死亡是每一个人不可避免的宿命，尤其对于与风雨雷电为伴的飞行员，这种宿命注定来得更快，就像《飞行员》中的学员，他们从训练初始就见证了这份职业的危险性。然而，在圣埃克絮佩里的笔下，飞行员们是如此沉着而洒脱。他们之所以能够接受既定的命运而不放弃，是因为死亡对他们而言，是宿命，却不是结局。他们相信个人的存在能够在集体的事业中得到升华，蜕变之后的人生将是超然于现实之上的恒在。

当然，淡然面对死亡的勇气也不是飞行员天生就有的，恐惧是人的自然反应，回避是人的本能选择。圣埃克絮佩里幼年丧父，在他的回忆中几乎没有对父亲的清晰印象，但作家曾在提及父亲对自己的影响时写道：“他在我小的时候就教会我面对死亡。”[2] 年少的作家随母亲在外祖父家的庄园里度过一段平静的时光之后，死亡又一次来临——外祖父的去世让寡居的母亲再度面临无处安身的困境。他们一家又搬到姨母在圣莫里斯的庄园。在这里度过的青少年时期，也许是圣埃克絮佩里一生当中最幸福的时光。但是，他的弟弟弗朗索瓦因为心脏病去世后，死亡的阴影再一次投向少年圣埃克絮佩里，这一次他不得不直接面对至亲的死亡。在那之后的很长一段时间里，他变得少言寡欢。1926年，他的姐姐玛丽－玛德莱娜因为结核病去世，他再次陷入了长

---

[1] Pierre-Henri Simon, *L'Homme en Procès* (Paris: Payot, 1968), p. 143.

[2] Antoine de Saint-Exupéry, "Citadelle" dans *Oeuvres complètes*: Tome Ⅱ. (Paris: Gallimard, 1994), p. 368.

久的沉默之中。无人知道他是怎样从恐惧和痛苦中慢慢挣脱出来的，也没有人了解他在飞行生涯中多次与死神擦肩而过之时，是否也会心生惶恐。死亡，在普通人看来，是可怕而痛苦的，但是圣埃克絮佩里对于死亡的看法却富含希望——死亡“就像是蜕去一层旧皮”[1]，经历之后将是人类的“新生”。

在现实中，他身边的战友相继牺牲——纪尧梅、梅尔莫兹、贝勒汗……尤其是梅尔莫兹和纪尧梅的离世，让他陷入深深的孤独。虽然他和梅尔莫兹在某些方面各执己见，比如两人的政治立场不同，性格也差别很大，但是他们一生都保持着牢固的友谊，在精神上有着难得的默契。在圣埃克絮佩里看来，梅尔莫兹是一个不受物质束缚的人，“他拒绝欺诈人的市场，再一次投入艰难的冒险活动以享受真正的拥有”[2]。当梅尔莫兹的飞机在大西洋失事的时候，圣埃克絮佩里痛心疾首，写下题为《献给梅尔莫兹》的文章，以纪念这位让他钦佩的战友。在《人类的大地》中的《同志》（*Les Camarades*）一文中，他再次回忆了这位身经百战的勇士，表达了自己无限的敬意和深沉的怀念。文中无丝毫的悲伤之情，而是记录了梅尔莫兹在开发航线和执行任务时勇于探索的事迹，再现了梅尔莫兹洒脱勇猛的形象：“是他，承担了南美洲早期夜航的任务；是他，与群山亲密接触，发现了每一道隐藏的裂缝。是的，是他，驾驶着不合适的飞机，却敢于飞跃蛮

[1] Antoine de Saint-Exupéry, “Le Petit Prince” dans *Oeuvres complètes*: Tome Ⅱ. (Paris: Gallimard, 1994), p. 315.

[2] Antoine de Saint-Exupéry, “Articles” dans *Oeuvres complètes*: Tome Ⅰ. (Paris: Gallimard, 1994), p. 333.

荒的安第斯山脉。”❶ 对于梅尔莫兹的结局，作家将其描述成一种宿命，没有悲切，充满诗意：“就像与庄稼相依为命的庄稼人长眠在庄稼地里那样，梅尔莫兹最终安息在他的岗位上。”❷ 对于纪尧梅，作家更是怀有一种亲密的情谊。从他刚刚成为飞行员时纪尧梅对他的帮助和教导，到雪山援救中两人奇迹般的相逢，圣埃克絮佩里和纪尧梅互相成就、守望相助，成为一生挚友。1940 年，纪尧梅驾驶的飞机在地中海上空被击中，他也坠海身亡，而当时的圣埃克絮佩里正在去往美国的途中。得知消息的他伤心欲绝，哀叹此生不再有朋友。显然，死亡始终是痛苦的，因为它意味着决绝的分离和漫漫无期的等待，就像飞行员等待着小王子的回归。

尽管死亡如此频繁地出现在他的生命中，圣埃克絮佩里却没有退缩。他坦然地接受宿命，并积极勇敢地用行动来追寻有意义的生命。他一生中经历了大大小小无数次事故，多次绝境逢生，与死亡擦肩而过。在他的作品中，主人公也会在飞机降落时被村庄的灯光吸引，想象那灯光下温暖的日常生活。在九死一生后，飞行员停留在一家无名的小饭馆，为一顿平常的早饭而感叹平凡生活的美好。但是不管是对死之恐惧，还是对生之留恋，都不曾阻止作家对飞行的渴望。1944 年，由于年龄和伤病已经被多次劝说退役的圣埃克絮佩里还是坚持执行了最后一次任务，他驾驶的飞机在起飞后不久就与地面失去了联系。当时间超过燃油能够使用的极限时，地面上的所有人都明白——他可能已经牺牲了，

---

❶ Joseph Kessel, *Mermoz* (Paris: Gallimard, 1965), p. 288.

❷ Antoine de Saint-Exupéry, “Terre des hommes” dans *Oeuvres complètes*: Tome Ⅰ. (Paris: Gallimard, 1994), p. 188.

但人们还是在等待，希望他能像小王子一样，仍然存在于他“耕耘”过的“大地”上。

在《人类的大地》中，圣埃克絮佩里写过一个关于死亡的故事：园丁得了严重的风湿病却坚持工作直到生命的最后一刻。他在翻土的时候，全然没有想到自己的病痛，而是十分享受劳动的快乐。他蹒跚的脚踩在自己劳作的土地上，但他操心的不是自己的身体，而是这片他洒下汗水、也带来丰硕果实的土地。园丁行动到生命的最后一刻，也承担责任到生命的最后一刻，这就是“大写人”的死亡。这样的死亡并不可怕，却是令人感到快乐的、满足的。园丁死亡之后，他身后的大地上还会结出累累硕果，春夏秋冬生生不息。因此，死亡并不是终止，而是生命以另一种形式的延续。这样的死亡“形消”而“意存”，是整个人类的生命传承，是大自然的循环更迭，生生不息，永恒存在。

圣埃克絮佩里认为，人类要对抗死亡的宿命，唯一的方式就是承担责任、积极行动。他亲身经历了两次世界大战，而且生活在飞行事业刚刚起步的年代，那时的飞行员随时都要面对死亡。《战争飞行员》中的士兵“T”在接到任务时面色苍白，从表情上就可以发现他的恐惧，但是他坚决拒绝由别人替代自己，因为他觉得这是他的职责。主人公杜泰尔特接到任务时就知道，就算牺牲整个机组也不过是“如同用一杯水去浇灭森林大火”❶，没有胜算还要赔上性命。尽管如此，他还是出发了，奔赴了以一己之力无法扭转局势的战场。圣埃克絮佩里笔下的主人公几乎都逃

---

❶ Antoine de Saint-Exupéry, “Pilote de Guerre” dans *Oeuvres complètes*: Tome Ⅱ. (Paris: Gallimard, 1994), p. 114.

脱不了相同的宿命，那就是最终会牺牲。但是，他们的事业仍在继续，人类的希望之路已然被照亮。通过写作，通过自己身体力行的实践，圣埃克絮佩里想要传达一个信息：与个人的生命相比，对事业、对他人的责任更为重要。事实上，人总是要死的，不管是平庸的人生，还是充实、有意义的人生——所谓人，结局都是一样的。人类一直都在寻找各种挣脱这个最后结局的方法，但是从客观上来说，肉体的毁灭是必然的，这是大自然亘古不变的规律。因此，要超越死亡，只能在精神上重新看待它和对抗它，追求人类文明的不朽，而这种真正的人类文明将构建出一个生机勃勃的人类世界。这个世界需要以行动实现，用责任充实。

第八节 秩序的空间

卢梭认为人生来自由，但绝对自由不论是在行动上还是精神上都无法实现。在萨特看来，人可以实现的是自由的选择，圣埃克絮佩里所选择的则是有意义的人生。人必然受到生理、心理、社会等多方面的束缚：比如，在沙漠中没有水，人支撑不了几天，并且人不可能独自存在于世上，人与人类社会从来都是不可分离的。圣埃克絮佩里在探讨人性问题时，从来没有把人的社会性摈弃在人性之外。因此，他对自由的理解和萨特的存在主义思想有几分相似。他认为自由就是自由的选择，承担自由选择带来的责任。在《夜航》中，每个机组成员都必须遵守各个岗位的规则以保证夜航的顺利进行。负责制定规则的李维埃和监督纪律执行的罗比诺虽然没有直接参加夜间航行运送邮件，但他们是整个夜航机组的中心和枢纽。

在规则之下，人人都克尽其职，就如同《城堡》中所描述的航行：水手从各个方向拉动缆绳，而船始终向着一个方向前进。一块石头不可能建起一座圣庙，个体只有团结在集体之中，通过最广泛的合作，才能创造出真正的人类文明，而秩序和规则就是建立“人类共同体”的基石。在圣埃克絮佩里看来，“规则就像宗教仪式，看似有些荒唐，却能造就一个人”❶，人类世界如果没有秩序，就会像“暴露在星光下的残垣断壁”❷，无法抵挡时间的侵袭，终会被掩埋在一片黄沙之中。他认为规则不同于桎梏，前者是人因为某种目的而自愿接受的行为约束，后者则是人被迫接受的行为或精神上的限制。但是，规则并不可能顾全所有人的利益，就像罗布勒——一位为航空公司服务超过二十年的老员工，因为一次可能造成事故的疏忽而被李维埃毫不留情地辞退了。因为夜航事业在这个集体中大于一切，大于人情、大于友谊、大于个人。

圣埃克絮佩里在《城堡》中充分表达了对“秩序”的尊重。秩序会束缚人，但秩序也会造就人。他将人比作树并写道：“树就是秩序。”❸ 他认为秩序是人的本质特征。一块石头不可能建成一座圣庙，在秩序的约束下，人就像石头一样被放在合适的位置，团结在一起完成共同的事业。因此，在飞行团队中存在着严格的制度，一切都秩序井然：飞机按点出发、准时到达，飞行员必须无条件地服从指挥官的调遣；指挥官必须以飞行事业为先，

---

❶ Antoine de Saint-Exupéry, “Vol de nuit” dans *Oeuvres complètes*: Tome Ⅰ. (Paris: Gallimard, 1994), p. 123.

❷ Antoine de Saint-Exupéry, “Citadelle” dans *Oeuvres complètes*: Tome Ⅱ. (Paris: Gallimard, 1994), p. 374.

❸ Antoine de Saint-Exupéry, “Citadelle” dans *Oeuvres complètes*: Tome Ⅱ. (Paris: Gallimard, 1994), p. 441.

全盘考虑并安排所有岗位的任务；督导员必须严格执行各项规章制度，监督团队成员遵守纪律；地面工作人员需要随时关注飞机的起落，负责协调机场各方面的支持；工人们负责检修飞机、排除故障，以保障飞行安全。在所有成员都各就各位的这架“机器”中，秩序是链条，将每个部件联系在一起，并带动各个部分顺利运转。

在《人类的大地》中，作家讲述了奴隶巴克的故事。一开始巴克并不叫这个名字，他被摩尔人捉住后沦为奴隶。他竭力记住以前的生活，一直想找回自己的记忆、尊严和与过去的全部联系。有一天，他向驻守在附近的飞行员寻求庇护，请求后者把他藏在飞机里送回故乡。经过飞行员的努力，巴克最终获得了自由，又可以再次使用原来的名字。然而，当他享受自由的时候，他感到自己已经与周围的世界失去了联系。真实的姓名显得毫无意义，没有人会叫他。于是，好不容易得到的自由让他感到无所适从。通过这个故事，作家想揭示自由与存在之间的联系：人并不能因为得到个体的自由而获得存在的意义，如果人在现实中与他人没有联系，那么他的名字、他的尊严以及他的回忆都将失去意义。因此，个体的自由并不是生命意义的本质，也不应被当作存在价值的量度。

总之，作家所定义的自由即自愿选择遵守规则和主动承担对于他人的责任。他认为人与人之间有意义的联系并不是自由的障碍，而恰恰是人类做出自由选择的理由和动机。如果一味追求个体的绝对自由，摒弃一切联系，人将陷入绝望、堕入虚无，最终失去生命的意义。在圣埃克絮佩里看来，人与人之间最重要的联系就是责任。对个体而言，责任也许是束缚，但责任能够成就一个人，就像作家在《城堡》中写道："没有神奇的药方让你脱胎换骨，我只能用约束和苦难慢慢迫使你改变"[1]。

---

[1] Antoine de Saint-Exupéry, "Citadelle" dans *Oeuvres complètes*: Tome Ⅱ. (Paris: Gallimard, 1994), p. 524.

第九节 爱的空间

圣埃克絮佩里在《夜航》中写道：“爱，仅仅是爱，真是一条死路！”[1] 这里的“爱”是指一般意义上的“爱情”，而他所定义的“爱”是一种广泛的人类关系，一种“普遍之爱”（l'amour universel），或者称为“博爱”（la fraternité）。这样的爱存在于天性之中，就像他所说：“每个人心中都有一个莫扎特”；[2] 具有利他性且“不求任何回报”；[3] “不为占有，只是为爱”。[4] 这种爱

[1] Antoine de Saint-Exupéry, “Vol de nuit” dans *Oeuvres complètes*: Tome Ⅰ. (Paris: Gallimard, 1994), p. 152.

[2] Antoine de Saint-Exupéry, “Reportages” dans *Oeuvres complètes*: Tome Ⅰ. (Paris: Gallimard, 1994), p. 370.

[3] Antoine de Saint-Exupéry, “Citadelle” dans *Oeuvres complètes*: Tome Ⅱ. (Paris: Gallimard, 1994), p. 501.

[4] Antoine de Saint-Exupéry, “Citadelle” dans *Oeuvres complètes*: Tome Ⅱ. (Paris: Gallimard, 1994), p. 402.

源于责任，因为“作为人，就要承担责任”❶。事实上，圣埃克絮佩里用“人类关系”理解爱，而不是从情感的角度定义“爱”，体现了哲学视域下作家对人类世界的观照和理想。

圣埃克絮佩里对“爱”的理解是有变化的，就像小王子一开始对玫瑰的爱属于普通意义上的爱情。但是，这种爱给他带来了困扰，于是他开始在宇宙中旅行，直到在地球上遇见狐狸。狐狸告诉他：“正是你为玫瑰付出的时间才让玫瑰如此重要。”❷ 正是出于以责任为本质的爱，小王子最终选择了以死亡为代价回到玫瑰的身边。在爱和生命之间，他选择了前者，使得爱达到了利他性的极致，那便是无私奉献和自我牺牲，只为承担对他人的责任。这样的“交换”，也反映了作家对“物化”价值观的批判。于是，作家对爱的认识发生了质的转变，哪怕是以个体为代价，也要“拯救一种意识，一个帝国，其重要性是无法衡量的”❸。在圣埃克絮佩里的生活中，他曾经和路易斯·德·维尔莫兰订婚。对方对文学和艺术有着不俗的鉴赏力，和圣埃克絮佩里心意相通。但是，维尔莫兰的家庭并不看好圣埃克絮佩里的飞行员职业。为了和心爱的人在一起，圣埃克絮佩里不得不重新择业。他进过砖瓦厂，当过卡车代理商，但是他无法忍受这种在他看来枯燥和烦闷的生活。于是，他选择辞职，订婚也被取消了。痛定思痛后，他认识到自己的志向和理想，同时隐约感到自己的爱情似乎与职

---

❶ Antoine de Saint-Exupéry, “Terre des hommes” dans *Oeuvres complètes*: Tome Ⅰ. (Paris: Gallimard, 1994), p. 197.

❷ Antoine de Saint-Exupéry, “Le Petit Prince” dans *Oeuvres complètes*: Tome Ⅱ. (Paris: Gallimard, 1994), p. 298.

❸ Antoine de Saint-Exupéry, “Reportages” dans *Oeuvres complètes*: Tome Ⅰ. (Paris: Gallimard, 1994), p. 405.

业互不相容。即使在他找到了一生挚爱龚絮萝之后，两人聚少离多的生活也让他痛苦不堪。职业与家庭在飞行员的世界几乎是两个平行的空间。因此，他对爱情的失望也表现在他的作品中，尤其是在《南线邮航》里，主人公贝尔尼和吉娜叶薇芙彼此相爱却不能相守的爱情悲剧，充分表达了作家对爱情的悲观态度。相比之下，他对职业从未放弃、坚持到底，因为他坚信自己在为他人服务的同时能够获得有意义的人生。于是，他所理解的爱转变成对更多人的奉献，甚至是牺牲。他将这样的爱尽可能地传播向更广阔的空间，而这个空间和他的职业空间是相容的、重合的。

因而，爱的对象不再局限于恋人，甚至不再局限于家人。随着飞行员的职业行动，他将这种如宇宙辐射一般的爱传递给他所能企及范围内的所有人。从此，爱远远超出了家庭和个人的狭小空间。圣埃克絮佩里认为，一个人要成为“大写人”，就必须超越个人情感，这样才能全身心地追求理想。他笔下的主人公对爱情和家庭充满向往，在充满危险和考验的职业空间里，女性的温柔是他们最渴望的安慰，家庭是他们心中最留恋的港湾。但是，这些永远都不能阻止飞行员奔向职业空间的脚步。当飞行员接到出发的命令时，那温馨只不过是一片海底。[1]《南线邮航》中的贝尔尼一开始也曾经回到城市去寻找昔日的恋人吉娜叶薇芙，因为他厌倦了危险而艰苦的职业生活，向往普通人的爱情和幸福。在他看来，吉娜叶薇芙就是生活的源泉。然而，当两人都离开各自熟悉且习惯的环境而试图进入对方的生活时，他们意识到两人

---

[1] Antoine de Saint-Exupéry, “Vol de nuit” dans *Oeuvres complètes*: Tome Ⅰ. (Paris: Gallimard, 1994), p. 140.

的结合是不可能实现的。两者身处两个对立的空间，无论是在精神上还是现实中都无法重聚。《夜航》中，飞行员的妻子西蒙娜对自己丈夫所承担的职责感到不公平。当法比安在空中遇险时，她来到李维埃的办公室，向他质问丈夫的状况，并表达自己的愤怒，但得到的答复却是她早已明了却不愿接受的事实——在飞行员的世界中，个人的牺牲从来就是理所当然。当她站在李维埃面前时，她代表着“生命的另一种意义”❶，因为夜航的世界和飞行员的家庭本就是两个对立的空间，不能兼得。在西蒙娜的世界，爱情就是正义；在李维埃的世界，飞行则是一切行动的道理。因此，必须有所选择。就像作家在《城堡》中写道：“应当让爱找到对象”❷，这个对象不是自我，也不是爱人和家人，而是职业空间中涉及的所有人。更多的时候，他和这些人素不相识，却为了他们甘心放弃个人利益，勇于承担责任。

在爱的空间，圣埃克絮佩里式的“大写人”即使生活艰辛、居无定所、远离家人，甚至牺牲生命，却仍然感到幸福。因此，他对爱的理解同样影响他的幸福观。在他看来，首先，幸福源于职业。他塑造的主人公们在物质上并不富有，在情感上也往往得不到满足，但是正如李维埃所说：“这些人是幸福的，因为他们喜欢自己所做的事情，因为他们欣赏我的严厉，或许这一点会让他们受罪，但是也会带给他们巨大的快乐。应该推动他们去追求一

❶ Antoine de Saint-Exupéry, “Vol de nuit” dans *Oeuvres complètes*: Tome Ⅰ. (Paris: Gallimard, 1994), p. 151.

❷ Antoine de Saint-Exupéry, “Citadelle” dans *Oeuvres complètes*: Tome Ⅱ. (Paris: Gallimard, 1994), p. 373.

种更为强大的生命并感受快乐和痛苦。这种生命才是最重要的。”❶

其次，幸福与物质无关。就像作家写道：“这片飞行的夜空以及几万颗星星，这种静谧的、至高无上的时刻，用金钱是买不到的。”❷《小王子》中，飞行员和小王子在沙漠中跋涉八天之后，终于找到一口井，他们为自己能够获救而感到无比幸福，也由此意识到幸福也许就存在于一朵玫瑰或一点点水中，而这种认识和现代社会以物质为基础的幸福观是截然不同的。

最后，圣埃克絮佩里所定义的幸福是创造后的喜悦，是艰苦工作后的休憩，是拉动井缆时的努力，是在星空下和同伴们并肩而坐的快乐，是每一次任务完成时的如释重负和每一次脱险获救后重生的喜悦。在《城堡》中，幸福被解释为劳动的奖赏，登上山峰之后眺望美景的享受……幸福之路并不平坦，需要挥洒汗水，承受伤痛，甚至付出生命的代价。即便如此，这群将家庭和个人利益抛之脑后的人仍然感到幸福。

他们在工作中得到满足，以至于其他的得失对他们而言并不重要。李维埃是整个航线的负责人，在一个和往日没有什么不同的夜晚，他来到停机坪焦急地等待着三架返航的邮政班机。与他一样，工作了四十年的老工长乐福（Leroux）仍然在岗位上努力工作。李维埃心血来潮地向乐福提出了一个奇怪的问题：“你一生中有为爱情操过很多心吗?”❸ 老工长回答：“并没有。”❹ 李维

---

❶ Antoine de Saint-Exupéry, “Vol de nuit” dans *Oeuvres complètes*: Tome Ⅰ. (Paris: Gallimard, 1994), p. 124.

❷ “Mermoz, le pilote de ligne”, *Marianne*, No. 8 (7 août 1935), p. 1.

❸❹ Antoine de Saint-Exupéry, “Vol de nuit” dans *Oeuvres complètes*: Tome Ⅰ. (Paris: Gallimard, 1994), p. 118.

埃仿佛早已知道答案，说道："你和我一样，从来都没有那个时间。"❶ 在乐福简短的回答和表情中，李维埃没有感到对方对于爱情的缺失有丝毫的苦涩。在乐福向李维埃解释他的工作时，李维埃只感到乐福对生活的满足。的确，虽然具体的工作填满了一个普通工人长久的岁月，但他没有为自己生活中的遗憾感到悲切，而是在为他人的服务中找到了幸福。

有一天，在正在施工的桥梁工地上，李维埃和工程师遇到了一位在工作中负伤毁容的人，他们都不禁自问："建造一座桥梁，值不值得毁掉一个人的脸呢?"❷ 然而，作家认为，个体牺牲的价值存在于人们的信念当中，就像李维埃所说："人的生命固然是无价之宝，但我们总是在行动，因为有些东西比人的生命更宝贵。"❸ 那些在行动中牺牲的人，他们本可以享受平静而安稳的家庭生活。从某种意义上来说，行动毁掉了他们的幸福；然而，他们却选择放弃"夜晚灯光照耀下的金殿"❹，奔赴充满风雨雷电的战场。因为个人的空间终有一天会不敌衰老和死亡，像"海市蜃楼"一般消散❺，必须找到可以永久存在的东西以拯救人类的命运。那便是爱，洋溢在人类世界、大自然和无限宇宙中的"普遍之爱"。以爱之名义，个体牺牲自我，换来的是人类文明的永存和整体存在的延续。

---

❶ Antoine de Saint-Exupéry, "Vol de nuit" dans *Oeuvres complètes*: Tome Ⅰ. (Paris: Gallimard, 1994), p. 118.

❷❸ Antoine de Saint-Exupéry, "Vol de nuit" dans *Oeuvres complètes*: Tome Ⅰ. (Paris: Gallimard, 1994), p. 151.

❹❺ Antoine de Saint-Exupéry, "Vol de nuit" dans *Oeuvres complètes*: Tome Ⅰ. (Paris: Gallimard, 1994), p. 152.

第五章

哲思的空间

第一节　大自然的启示

我的目的并不是教每个人采取什么方法去引导他们的理性，而仅是让大家看到我是如何引导自己的理性。[1]

圣埃克絮佩里的作品让人们对飞行员眼中辽阔而神秘的大自然充满向往。他对大自然的描写以真实的地理景观为基础，寄托了复杂的个人情感，结合丰富的想象，蕴含深刻的寓意。他笔下的自然景致首先给读者展现了一个多层面的世界，有梦想中的宁静壮美，也有意料不到的危险强悍，有身临其境的云海旖旎，也有让人思绪万千的历史遗迹，这些生动的画面让读者认识到存在的多样性，也让人不禁想超越表象，对所有秘密的源头一探究竟。

---

[1] René Descartes, *Discours de la méthode* (Paris: Vrin, 1992), p. 48.

大自然给人类的第一个启示便是用行动去探寻事物的本质。比如，沙漠对于初来乍到的人，是一片荒芜贫瘠的土地，单调的黄沙漫无边际，让刚刚到来的飞行员萌生退意。但是，一旦真正进入沙漠之中，成为沙漠的居民，你会发现这里和世界上的其他地方一样丰富多彩。《人类的大地》中，月光下的沙漠是粉红色的。《小王子》中，“天亮的时候，沙漠是蜜糖色的”❶；还有生机盎然的绿洲、泉水两岸葱郁的棕榈树、在水边盥洗的少女；深入沙漠的腹地，可以看到留下历史记忆的黑色鹅卵石和岩石，还有墨一般色彩深重的大理石；烈日炎炎的沙漠中矗立着连绵不断的金色沙丘，而意外出现的海市蜃楼给这片朴素澄净的大地增添了一抹神秘；其中顽强生存的人与动植物给寂寥的空间带来了蓬勃生机和缤纷色彩。不仅如此，沙漠的地下还深藏着珍宝。那些珍宝到底是什么？作家在《小王子》中给出的答案是一口井：小王子在其中找到了生命和幸福的秘密。通过这样层层深入的探索，圣埃克絮佩里给我们描绘了一个多层次、多意义的空间，也告诉我们一个道理：“本质是肉眼看不见的，只有用心才能看得清楚。”❷

在圣埃克絮佩里的作品中，大自然变化莫测，即使像梅尔莫兹这样经验丰富的飞行员也常常陷入难以摆脱的困境之中。大海、高山和风暴就像三个“原始神”❸，与飞行员在“这广阔无

---

❶ Antoine de Saint-Exupéry, “Le Petit Prince” dans *Oeuvres complètes*: Tome Ⅱ. (Paris: Gallimard, 1994), p. 307.

❷ Antoine de Saint-Exupéry, “Le Petit Prince” dans *Oeuvres complètes*: Tome Ⅱ. (Paris: Gallimard, 1994), p. 298.

❸ Antoine de Saint-Exupéry, “Terre des hommes” dans *Oeuvres complètes*: Tome Ⅰ. (Paris: Gallimard, 1994), p. 186.

垠的法庭”[1]一较高下。大自然给人类的第二个启示便是挑战自身的极限。人类面对强大的自然力，要不畏惧、不退缩，敢于一战，不顾生死。

> 就在他的正前方，他看见了几条龙卷风的风尾。这风尾正在飞快地收缩，就好像正在往上砌的一道墙似的。然后黑夜降临，把一切都笼罩起来……他发现自己进入了一个奇异的王国。海面上，旋风卷起的水柱高高耸起。它们就像庙堂里的黑色大柱子那样立在那里一动不动。这些顶端鼓鼓胀胀的水柱支撑着暴风雨中低矮而阴暗的穹窿。然而透过穹窿缝隙，落下几缕亮光，丰满的月亮在“石柱”林立的冷清的海面上闪光。梅尔莫兹越过这些无人居住的废墟继续航行，从一个亮处驶向下一个亮处。绕过那些巨大的水柱和显然正在奔腾咆哮的海面，他沿着缕缕月光，朝着“庙堂”的出口飞行……[2]

作家在这里使用“庙堂里的黑色大柱子”和“穹窿”形容自然的强大力量，以呈现让人不可侵犯的威严，让人感到如遇神祇。在狂风和雨幕之中，飞行员要避开海浪掀起的“大柱子”非常困难，任何一点疏忽或犹豫都会致命。在这样的形势下，飞机不能降落在海面上，被困在如迷宫般的暴风雨中找不到方向。大自然向人类展现了它的巨大力量。但是，梅尔莫兹凭借丰富的

---

[1] Antoine de Saint-Exupéry, “Terre des hommes” dans *Oeuvres complètes*: Tome Ⅰ. (Paris: Gallimard, 1994), p. 186.

[2] Antoine de Saint-Exupéry, “Terre des hommes” dans *Oeuvres complètes*: Tome Ⅰ. (Paris: Gallimard, 1994), p. 181.

经验，冷静沉着地寻找着哪怕最微小的希望，终于靠雨幕中透过的星光脱离了险境。在这场力量悬殊的较量中，人类的智慧终于战胜了大自然的神力。

《夜航》中，迷失了方向的法比安在云层叠嶂中寻找星光，突如其来的雷雨对于飞行员来说已然是绝境，但是法比安没有放弃，他全力以赴地投入这场战斗——“那双紧握操纵杆的手，无疑已经压在暴风雨上，就像压在一头野兽的颈背上那样。而那副充满力量的肩膀岿然不动，使人感到其中蕴藏着深厚的实力”❶。在人与暴风雨的搏斗中，飞行员成为“指挥官”，雷雨被当作“野兽”。在强大的对手面前，飞行员没有惊慌、没有退缩，他所表现出的非凡勇气和毅力正是圣埃克絮佩里所推崇的人类的英雄主义精神。

纪尧梅在驾驶飞机经过安第斯山脉时遭遇了一场极其危险的暴风雪，他的飞机被迫降落，“一场持续了四十八个小时的暴风雪，封锁了所有的空间，使智利境内的安第斯山脉山坡上积满了五米厚的白雪……”❷ 为了生存下来，他在雪地上挖出一个洞，把装信的口袋放在里面，然后徒步寻找帮助。

> 你仍然在那里行走，没有爬山用的冰镐，没有绳索，没有干粮，你在那里攀越四千五百米的山峰，攀登陡峭的悬崖，在零下四十度的严寒气温中，手脚和膝盖都在流血，你

---

❶ Antoine de Saint-Exupéry, “Vol de nuit” dans *Oeuvres complètes*: Tome Ⅰ. (Paris: Gallimard, 1994), p. 131.

❷ Antoine de Saint-Exupéry, “Terre des hommes” dans *Oeuvres complètes*: Tome Ⅰ. (Paris: Gallimard, 1994), p. 192.

> 体内的血液在慢慢减少，你的精力在逐渐衰竭，你的神智越来越模糊，可你像一只蚂蚁似的仍然在顽强地朝前爬：碰到障碍时便折回来，绕过障碍继续爬，跌倒了又爬起来，滑到坡底后再往坡上爬，绝对不能让自己停下来歇息一会儿。因为你知道，只要一歇下来，你便再不能从雪地里站起来。[1]

他在没有补给、极端寒冷的条件下穿过雪山。第二天，他已经感觉不到身体的痛苦，但最大的困难是不去思考。第三天，他感觉心跳衰弱了，但仍然坚持着。直到第七天，他被救援的飞机发现，重新见到了寻找他的战友。他获救后所说的第一句话就是："我敢发誓，我所做的事，是任何别的动物绝对做不到的。"[2] 他所做的一切突破了人类的极限，创造了生命的奇迹。

圣埃克絮佩里在《人类的大地》的前言中写道："……大地对我们的教诲胜过所有的书本，因为大地并不是任我们摆布的。当人类与障碍进行较量时，人类便发现了自己。"[3] 在他的笔下，大自然是一幅磅礴壮丽的画卷，人在其中并不是控制一切的主宰。即便如此，人的拼搏仍然意义非凡。因此，大自然给人类的第三个启示就是要敬畏自然的力量。

飞行员翱翔于广阔无边的宇宙，他在几千米的高空俯瞰无垠的沙漠和巍峨的山峰、壮阔的海洋和绵延的丘陵，一切景致尽收眼底。人在大自然中感受到心旷神怡的安宁和美好，正如《夜

---

[1][2] Antoine de Saint-Exupéry, "Terre des hommes" dans *Oeuvres complètes*: Tome Ⅰ. (Paris: Gallimard, 1994), p. 192.

[3] Antoine de Saint-Exupéry, "Terre des hommes" dans *Oeuvres complètes*: Tome Ⅰ. (Paris: Gallimard, 1994), p. 171.

航》中法比安在飞机降落时看到的一幕。

> 飞机下面的山峦在金色的黄昏中已经画出一道道阴影。平原变得明亮起来，光辉经久不息。在这个国度里，平原不断地反射着金光，而在冬季，它又不断地反射着雪光。飞行员法比安正身处于把巴塔哥尼亚的邮件从最南端运往布宜诺斯艾利斯的航途之中。他从那种如港湾水面一样平静的天空中，从安详的云海泛起的轻柔的涟漪上，发现了夜晚的临近。他似乎驶进了一个浩瀚无边的、令人神往的船只停泊港。❶

然而，大自然绝不是飞行员可以长久停靠的港湾。在夜色如水的夜晚，雷雨就潜伏在不远的某处，“就像蛀虫藏在水果里”❷。法比安在途中遭遇暴风雨，在几千米的高空，以一已之力与风雨雷电对抗，他驾驶的飞机就像是惊涛巨浪中的一叶扁舟。他竭力操纵飞机冲到云层之上，但最终被雷电击中，牺牲在这条他曾经多次经过的航线上。飞行员贝勒汗在安第斯山脉遭遇暴风雪，一切突变只在顷刻之间。虽然贝勒汗经验丰富、胆识过人，但是每一次遇险对他来说都是九死一生，在与自然力的博弈中他并无把握。面对惊天动地的力量，人不可避免地会感到畏惧，而身在其中，所做的抵抗也只是挣扎。

---

❶ Antoine de Saint-Exupéry, “Vol de nuit” dans *Oeuvres complètes*: Tome Ⅰ. (Paris: Gallimard, 1994), p. 113.

❷ Antoine de Saint-Exupéry, “Vol de nuit” dans *Oeuvres complètes*: Tome Ⅰ. (Paris: Gallimard, 1994), p. 114.

> ……是的，一切都很安静，但充满了一种奇特的能力。接着，一切都被激化得尖锐起来。这些山岭，这些峰峦，一切都变得尖利起来。他感到，它们像船首一样，扎进猛烈的狂风之中。然后他觉得它们似乎在围着他打转、漂流，犹如一支进入战斗状态的舰队。后来，有一股微尘混进空气之中，尘埃沿着积雪上升，像轻纱一般缓缓浮动。为了在必要的后撤时寻找一条出路，他转过身并且害怕得发抖，他身后的整个山脉似乎都沸腾起来了……积雪从前方的一座山峰喷发而出，简直成了一座雪花火山，接着又是山尾靠右一点的第二座山峰。于是，所有的山峰，就这样一座接一座地活跃起来，好像被一名看不见的赛跑运动员连续不断地触动了一样。于是，随着气流的第一阵旋涡，飞行员周围的群山震荡起来了。激烈的战斗留下的痕迹是很少的，他自己再记不起那些折腾过他的涡流了。他只记得自己曾经在那些灰色的火焰中疯狂地挣扎。❶

圣埃克絮佩里故事中的主人公在航线上遇到过各种险境，或是在沙漠中迫降，或是被暴风雪困在雪山，或是在夜空遭遇雷雨，或是迷失在狂风暴雨的海洋上空……除非发生神迹般的偶然可以侥幸脱险，他们中的大多数人最终还是牺牲在与大自然较量的战场上。

《夜航》中的法比安消逝在夜空的雷雨中；《南线邮航》中的贝尔尼迷失在一望无际的沙漠里；现实中的纪尧梅坠落在地中

---

❶ Antoine de Saint-Exupéry, “Vol de nuit” dans *Oeuvres complètes*: Tome Ⅰ. (Paris: Gallimard, 1994), p. 119.

海；梅尔莫兹和贝勒汗也牺牲在执行任务的途中。在圣埃克絮佩里的故事中不断重复着同样的结局，他不禁感叹大自然的强大和人类的脆弱："沙漠中的烈日再晒一个钟头，我们和我们的脚步就会从地球上消失。"❶ 人类的力量终究不可与大自然抗衡。在"飞机与星球"一章中，作家感叹道：

> 人类的仇恨、友爱和欢乐的大表演是在多么狭小的布景中进行的呀！那些碰巧生活在熔岩尚有微温、但又面临沙漠和冰雪威胁的人们是从什么地方获得这种永恒的感觉的呢？他们的文明只不过是一层单薄的烫金装饰，一次新的火山爆发、一片新的海洋、一股新的风沙都会把这些文明抹擦得一干二净。❷

大自然神秘莫测，向人类传递的信息犹如神谕，能够拯救读懂它的人。在给朋友的信中，圣埃克絮佩里就谈到了自己的一段经历。

> 沙漠给我派来了信使：这是一只蜻蜓。它在绕着我的灯打转，这很让人担忧，因为它在预报明天有沙尘暴。它应该由东风送来，因为在五百公里之内既没有绿洲，也没有水。虽然今晚没有一丝风，可这是从来没错过的经验。今晚只派

---

❶ Antoine de Saint-Exupéry, "Citadelle" dans *Oeuvres complètes*: Tome Ⅱ. (Paris: Gallimard, 1994), p. 684.

❷ Antoine de Saint-Exupéry, "Terre des hommes" dans *Oeuvres complètes*: Tome Ⅰ. (Paris: Gallimard, 1994), p. 203.

> 一只蜻蜓来的风，明天将会把无数吨的沙吹上三千米的高空。❶

就像要了解和熟悉对手一般，飞行员往往能够读懂大自然的信息，比如梅尔莫兹依靠星辰的指引穿越被暴风雨包围的海面。

尽管如此，圣埃克絮佩里在他的职业生涯中从来都没有放弃对大自然的挑战，他多次打破远距离飞行的记录，也数次在飞行事故中死里逃生。在他的作品中，不论是《夜航》《南线邮航》中的豪情万丈，还是《人类的大地》中的坚韧不拔，抑或是《战争飞行员》中的视死如归，乃至《小王子》中的满怀憧憬，他从不吝啬对人在与大自然的较量中所表现出的勇气和力量的赞美，这样的勇气和力量都来自人的使命。在他看来，“作为人，就要负责任”❷，“为了存在，首先就要有所承担”❸。因此，大自然给人类的第四个启示就在于人类的使命。

在《城堡》中，圣埃克絮佩里表现出明显的思想变化，他对自然力的认识显得更为理性。在强大的自然力面前，作家对人的力量表示犹疑，因为他意识到人类对大自然的认识并不全面，大自然也不在人类的控制之下。不仅如此，大自然中的种种现象显然超出了人类认知的范畴，就像他在书中写道：“那些看出山岭销蚀而人将继续存在的逻辑学家的预言落空了。他们怎么会预

---

❶ Antoine de Saint-Exupéry, “Lettres à sa famille” dans *Oeuvres complètes*: Tome Ⅱ. (Paris: Gallimard, 1994), p. 903.

❷ Antoine de Saint-Exupéry, “Terre des hommes” dans *Oeuvres complètes*: Tome Ⅰ. (Paris: Gallimard, 1994), p. 197.

❸ Antoine de Saint-Exupéry, “Pilote de Guerre” dans *Oeuvres complètes*: Tome Ⅱ. (Paris: Gallimard, 1994), p. 212.

见将要发生的事呢?”[1] 但在书的结尾，所有的犹疑都被人类的行动终结：园丁在信中谈到他一生的经验和经历时，只写了一句话，“今天早晨，我修剪了我的玫瑰”。[2] 人类肩负着创造文明的使命，只要行动不懈，即便力量微弱，也意义非凡。

航线上的疾风骤雨过去之后，大自然回归了平静，让人感受到生活的美好和希望。

> 卡萨布兰卡的天空一片湛蓝。一只只帆船犹如征战后的战舰，停靠在港口。暴风雨过后的海面风平浪静，只有一条条长长的波纹在有规律地舒展成扇形。夕阳下的田野，犹如海水般呈现着鲜艳的深绿色。在城市的这里或那里，还残留着雨迹，阳光下泛着光亮。[3]

自然现象的循环更迭是亘古不变的规律。没有人能阻止狂风暴雨，但也没有人能抗拒大自然给我们带来的美好感受。大自然是作家灵感的源泉，启发他认识世界，认识自身，追求真理，完善人性，这也是大自然给我们的启示。

就像小王子相信沙漠中的“某个地方藏着一口井”[4]，圣埃克絮佩里在他并不顺利的人生中始终抱有坚定的信念，憧憬一个

---

[1] Antoine de Saint-Exupéry, “Citadelle” dans *Oeuvres complètes*: Tome Ⅱ. (Paris: Gallimard, 1994), p. 434.

[2] Antoine de Saint-Exupéry, “Citadelle” dans *Oeuvres complètes*: Tome Ⅱ. (Paris: Gallimard, 1994), p. 834.

[3] Antoine de Saint-Exupéry, “Courrier sud” dans *Oeuvres complètes*: Tome Ⅰ. (Paris: Gallimard, 1994), p. 84.

[4] Antoine de Saint-Exupéry, “Le Petit Prince” dans *Oeuvres complètes*: Tome Ⅱ. (Paris: Gallimard, 1994), p. 303.

更美好的世界，追求一种有价值的人生。事实上，小王子在旅行途中遇到的六个星球上的居民就是作家眼中人类的众生相。尽管在小王子看来他们是奇怪的，但他们的原型的的确确地存在于现实之中，代表着处境荒诞而不自知的人类。对于这样的世界，作家显然是不满意的。于是，他在浩瀚宇宙中用想象力构建了一个简单的理想世界——小王子生活的 B612 星球，这里有火山、猴面包树和一朵玫瑰花。虽然近乎单调，可以观赏的景致也只有日落，但对于小王子来说，这已经足够。这里没有林立的高楼大厦，没有比肩接踵的人群，只有大自然的日出日落和景致。这个世界和现实中纷繁复杂的人类社会完全不同，足够让小王子感到幸福。这就是作家心中的美好世界。

沙漠不仅出现在《小王子》中，也出现在圣埃克絮佩里的其他作品中。圣埃克絮佩里曾经在撒哈拉沙漠腹地的朱比角驻守三年。对于沙漠，他再熟悉不过。从初来乍到的苦闷和孤独，到真正了解后的热爱和依恋，圣埃克絮佩里对沙漠产生了复杂的情感，也在这里重新认识了生命的意义。

在大自然的这个偏僻角落，他发现了漫漫黄沙中的绿洲，享受着沙漠居民的生活乐趣，关注那些在荒芜和贫瘠中努力生存的动物，找到了心灵休憩的港湾。在他的笔下，沙漠浓缩了整个大自然，凝聚了人类社会的文明，面相万千，亦真亦幻。这里有原始、强大的自然力："太阳让沙漠蔓延开去。烈日照着黄沙上的白骨、干枯的荆棘、死壁虎的透明表皮和硬得像鬃毛的骆驼草……阳光吞噬了自己的创造物，雄踞在狼藉的枯花之间，仿佛孩子站在被自己破坏了的玩具之间”[1]；这里也有葱郁的树木、清澈的泉水。篝火旁聚集的诗人向居住在沙漠中只见过荆棘、矮棕榈树和骆驼草的人们讲着故事。在圣埃克絮佩里的笔下，沙漠中有树、有海、有井、有城市，还有庙宇和城堡。在他的心中，大自然中必然有人，还有人所创造的一切，就像他写道：“埃克苏的井是一扇向生命敞开的窗……我看见在埃克苏的井里出现了城市、庙宇、围墙和空中花园。”[2]

[1] Antoine de Saint-Exupéry, “Citadelle” dans *Oeuvres complètes*: Tome Ⅱ. (Paris: Gallimard, 1994), p. 368.

[2] Antoine de Saint-Exupéry, “Citadelle” dans *Oeuvres complètes*: Tome Ⅱ. (Paris: Gallimard, 1994), p. 685.

第二节　飞机的启示

圣埃克絮佩里生活在20世纪初期，是法国最早的邮航飞行员之一，并创造了多次长途飞行的记录。在他二十多年的职业生涯中，遇到大小事故无数，其中固然有天气原因，但还有一个原因是显而易见的，那就是当时的科学技术不发达。在他所处的时代，飞机的制造技术和性能都远不能和现代相比，而且预测天气的相关科技水平也较为落后。因此，从客观上来说，圣埃克絮佩里对科学技术的发展持肯定态度，但他的哲学思想也批判“物化”的人类社会，所以他所提倡的科学技术应当是和人融合在一起的，即科学技术的发展和进步都应以人为本。就像飞机，能够让人拥有更广阔的视野，拓展人类的活动范围，但是如果飞机将人局限在机舱之内，使人脱离了与大自然和人类集体的联系，那么哪怕是性能再优良的飞机，对人类都是无益的。圣埃克絮佩里和他的战友在危险重重的航线上驾驶着性能并不完备的飞机向大自然发起挑战，只为完成自己的任务，承担对他人的责任。即使知道自己作为飞行员的宿命，他们也绝不退缩。机器的故障不能阻碍他们奉献的热情，危险也没有让他们放弃自己的职业。试想，倘若有一架无比精密的机器能够不用飞行员时刻警惕大自然的威胁，那么飞行员也就不用再关注天气的变化。他也会像一个普通的乘客那样，认为窗外的狂风暴雨、云海翻腾只是风景，人与大自然被机器分隔开来。对飞行员来说，飞机的马达声让他感到自己将要离开熟悉的大地，心中由此产生的豪情壮志使得他对“宇宙”更加向往，心灵上和人类的大地更加亲近。在航行的过程中，由于可能遇到飞机故障和突如其来的危险，所以飞行员们必须保持紧张和专注。在圣埃克絮佩里看来，科学技术的发展应服务人类，应促进人类发展。不过，如果科学技术仅从物质的角度有所发展而让人遗忘了付出的汗水、克服困难后的喜悦，那么便违背了人类发明机器、发展科技的初衷，因为那些汗水和喜悦才能让人感到存在的意义。

从“人化自然”的角度来理解，飞行员驾驶的飞机和农民使用的犁、花匠使用的锄头一样都是人类改造大自然的工具，而这些工具本身也是“人化自然”的一部分。制作工具所用的材料源于大自然，同时它们也将人和大自然更加紧密地联系在一起。但是，制造工具和改进工具并不是人类的最终目的。工具如果不是用于改善人类的生存处境，那便没有发挥它的作用，而人类生存处境的优劣并不完全取决于占有和消费物质的多少。毕竟，“飞机和其他任何的技术发明成果一样，是文明的工具，而文明的目的是人类的幸福”❶。这也是圣埃克絮佩里想要告诉世人的道理。然而，现代人往往混淆了目的和手段，忘记了获取物质并非目的。

机器给人带来了便利，但是人们渐渐意识到这种便利并不一定能够从根本上改善人类的生存处境。关于这一点，圣埃克絮佩里在《飞机》一文中肯定了自己的判断，他写道：“不管是谁，如果只是出于对物质利益的渴望而战斗，那么他不会收获任何对生命有价值的东西。”❷ 他认为机器数百年的历史与人类数千年的历史不能相提并论，人类文明的圣殿并不能因为机器的出现而即刻建成。今天，我们周围的一切——人类关系、生存条件、生活习惯，都发生了不小的改变。我们的心理认知——关于分离、缺席、距离的概念在现实中的意义也发生了改变。人类的思维总有定式，生活也存在惯性。改变在人们的心中会产生不安定感，甚至引起焦虑和恐惧。在不断改变的生活环境中，人并不能安之若素。因为熟悉的一切都在迅速消失，比如，信仰、习俗、语言等。就像圣埃克絮佩里所说：“每一次进步都让我们更远地背离原来的习惯。我们已成为真真正正的移民，却没来得及建立自己的故乡。”❸

如果想要克服改变带来的焦虑，人类除了要适应新的节奏、新的概念、新的习惯，更要建立起内心的城堡，坚定心志，不忘

---

❶ Françoise Brin, *Étude sur Terre des hommes* (Paris: Ellipses, 2000), p. 36.

❷ Antoine de Saint-Exupéry, “Terre des hommes” dans *Oeuvres complètes*: Tome Ⅰ. (Paris: Gallimard, 1994), p. 198.

❸ Antoine de Saint-Exupéry, “Terre des hommes” dans *Oeuvres complètes*: Tome Ⅰ. (Paris: Gallimard, 1994), p. 199.

初衷。就像圣埃克絮佩里所说："机器不是目的，飞机不是目的，只是一个工具。"❶ 如果人类因为科技带来的便利而使人类丧失了创造的热情和动力而成为"实验室的一代"❷，那么我们都会变得像《小王子》中的地理学家那样，只专注规则和教条，而忘记了生活的体验，因而也感受不到真正的幸福。他认为判断价值的标准应当是人，而非金钱、数字、理性或是其他量度，所有的创造最终只归于一处，那便是人类自身。基于此，相较于对大自然的改造，圣埃克絮佩里更强调对人的改造、人性的完善和道德的升华。他提出了现实中人类改造的范型——"大写人"，并给普通人指明了自我完善、自我疗愈的方式——职业行动，他主张人类通过行动服务集体，为大多数人的利益而牺牲自我，从而实现从普通人到"大写人"的蜕变。

圣埃克絮佩里对人类文明的一切成果持肯定和开放的态度。作为早期的邮航飞行员，他驾驶着那个时代最先进的机器来实现自己的职业理想，就像他在书中感叹："我们是一群年轻的野蛮人，我们的新玩具使我们惊奇不已。"❸ 但是，他意识到如果只是论及飞机本身，"这玩意儿只不过爬得更高，飞得更快而已"❹。如果我们忘记了为什么要飞行，只专注于工具，那么我们的文明就偏离了发展的方向。他认为在文明和理性面前应当始终保持冷静，坚守对人的信仰，就像帕斯卡所说："要用心来感

---

❶ Antoine de Saint-Exupéry, "Terre des hommes" dans *Oeuvres complètes*: Tome Ⅰ. (Paris: Gallimard, 1994), p. 198.

❷ Antoine de Saint-Exupéry, "Courrier sud" dans *Oeuvres complètes*: Tome Ⅰ. (Paris: Gallimard, 1994), p. 78.

❸❹ Antoine de Saint-Exupéry, "Terre des hommes" dans *Oeuvres complètes*: Tome Ⅰ. (Paris: Gallimard, 1994), p. 199.

受上帝，而非用理性，这就是信仰。”❶ 同样，圣埃克絮佩里在《小王子》中也写道：本质是肉眼看不见的，只有用心才看得清楚。不论世界怎样变化，不论时代如何发展、空间如何变迁，一切进步的价值只有一个判断的标准，那就是人。一切工具都只是手段，最终的目的只有人。人在自我改造中一步步走向上帝。

每个人多多少少都会受到所处时代的限制，圣埃克絮佩里的作品大都是讲述飞行员为了完成任务和自然力较量的英勇故事。这种人与自然的对抗关系在他根据亲身经历创作的几部作品中尤为明显，但是在他的中后期作品中，尤其在《人类的大地》和《城堡》中，对抗关系逐渐转变为融合关系。他在感叹大自然那不可战胜的力量时，赞美人对大地的改变，肯定行动的作用，憧憬人类与大自然融为一体的和谐世界，同时反思了人类的价值观及其评判原则。在和大自然的较量中，人类认识到自身的极限，但仍然选择牺牲个体而服务于集体的事业，最大限度地发挥精神的力量。这样“知其不可为而为之”的选择，正是人生价值的所在，而个体的牺牲正是实现人生价值所付出的代价。在这场结局已然注定的较量中，飞机并没有改变飞行员命运的结局。不管是作家笔下的主人公，还是作家本人，最后都为了集体的事业而放弃了自我，乃至牺牲了生命。即使如此，在圣埃克絮佩里看来，这样的人生才是心之所愿，因为这样的交换创造了他心中真正的“以‘大写人’为拱顶石的人类文明”❷。

机器的出现和科技的进步加速了“人化自然”的进程，但

---

❶ Blaise Pascal, *Pensées et opuscules* (Paris: Hachette, 1946), 458.

❷ Pierre-Henri Simon, *L'Homme en Procès* (Paris: Payot, 1968), p. 143.

是在人与大自然的较量中，如果忘记了最初的目的，人将被“物化”，进而偏离人类文明发展的方向。圣埃克絮佩里对“人化自然观”的思想进行了个性化的哲学思辨，相较于对大自然物质意义上的改变，他更注重人在精神上的改变和在道德上的提升，并将之作为人类文明的基石。总之，圣埃克絮佩里提出的“人化自然观”，在强调人的主体地位的前提下，更明确了人的改造目的。在他看来，任何工具都只是手段，而对于改造结果，他认为：“我们的新家庭无疑将会慢慢地变得更加富有人情味，机器本身越是得到改进，它的作用也就越不显眼。”❶ 因此，他所定义的“人化自然”并不是“物质化的自然”，也不是“机械化的自然”，而是和人融合在一起，让人真正感到幸福、找到归属的诗意的栖居之所。

在圣埃克絮佩里看来，完善的机器优美得如一首诗歌，拥有和人体一样的自然曲线，是技术和大自然的完美融合。事实上，“人在工业上的一切努力，他所进行的一切计算，他们伏在图纸上度过的所有不眠之夜，都是为了追求简单且作为肉眼可见的标准，是为了得到一根柱子、一艘船或者一架机器的曲线，使它们完全像人的胸或肩膀的曲线一样”❷。由此可见，在作家心中，“人”是机器的最高标准。工程师、制图师和其他专业人士所做的努力，就是在磨灭和消除机器上人为连接的痕迹。譬如，飞机最完美的成品“摆脱了粗糙的外表，翅膀和机身已经浑然一体，就像天生的，宛如一首优美的诗，几经演变，机器已然不露形

---

❶❷ Antoine de Saint-Exupéry, “Terre des hommes” dans *Oeuvres complètes*: Tome Ⅰ. (Paris: Gallimard, 1994), p. 199.

迹”[1]。创造的完美就这样和发明的不露形迹连在一起。工具也是一样，所有明显的机械痕迹都被抹去，就像被海水磨洗的鹅卵石一样，成为天然的物品。[2] 在这里，作家用“天然”再次拉近了人、自然和物质文明的距离。当飞行员驾驶飞机腾空而起时，他和飞机合为一体，共同分担着阻力。马达的运转就如同人的心脏跳动一般，传输出的能量和人的力量融合在一起，最终摆脱了大地的引力，飞上高空。此时，“人类使用工具，同时超越了工具，重新发现了古老的大自然，这也是园丁、飞行员和诗人的大自然”[3]。

---

[1][2][3] Antoine de Saint-Exupéry, “Terre des hommes” dans *Oeuvres complètes*: Tome Ⅰ. (Paris: Gallimard, 1994), p. 200.

第三节 人类关系的启示

圣埃克絮佩里哲学思想的核心概念之一就是“人类关系”(la relation humaine)，他认为人类关系是真正的财富[1]，因为人类关系能够定义存在，而物质财富并不能带给人真正的幸福，也不能帮助人实现生命的价值。他主张通过职业行动，投入为他人服务的集体事业，从而完成对自我的改造，以个体的奉献交换人类整体的利益。这种利益并非体现在物质层面，而是以美德为基础的人类文明的继承和延续。他在对生命、自然和存在，以及友谊、爱情、责任等一系列命题的思辨中，生发出对世界万物之间关系的认识。关于这一点，他和同时代的德国哲学家马丁·布伯(Matin Buber，1878—1965）之间产生了奇妙的共鸣。布伯系统阐

---

❶ Antoine de Saint-Exupéry, “Terre des hommes” dans *Oeuvres complètes*: Tome Ⅰ. (Paris: Gallimard, 1994), p. 189.

释了“我和你”以及“我和它”的对立关系，并将所有真实存在的关系囊括进他的关系论体系。他明确指出：“这个世界建立在三种关系之上，第一种关系是人和自然之间的联系，其相互性是隐晦的，至少是不明确的，所有创造物存在和活动在我们周围，但是不能和我们直接建立联系。第二种关系产生于人和人之间，其性质是显性的，因为我们之间可以直接称对方或被对方称为‘你’。第三种关系存在于人类和精神本质之间，我们分不清、看不到、摸不着那个‘你’，但我们可以感觉到被称为‘你’的对方，我们可以回答那个‘你’，也可以创造出‘你’的形式。”❶

在布伯看来，“我和你”与“我和它”两种关系的对立主要表现为三点：首先，前者是真实的相互联系，后者是“我”对“它”的征服和利用关系；其次，前者的两个主体具有“共质性”，而后者的双方之间表现出不可调和的“相异性”；最后，“我和你”与“我和它”的区分基准在于是否将对方“物化”。在互为依存的“我和你”之间，双方无所谓“你”和“我”，而“说到你，就是不把对方当作物”❷。其实，这两种关系也代表了人类看待“非我”的两种截然不同的态度。在圣埃克絮佩里的作品中，这两种关系也得到了明确的解释，表现为“你之世界与它之世界的对立，你之人生和它之人生的不同”❸。在《小王子》中，作家从一开始就表达了对成人看待世界方式的不满。作家回

---

❶ Martin Buber, *Je et Tu*, Trans. Geneviève Brianquis (Paris: Aubier, 1969), p. 23.

❷ Martin Buber, *Je et Tu*, Trans. Geneviève Brianquis (Paris: Aubier, 1969), p. 21.

❸ 陈维纲：《马丁·布伯和〈我与你〉》，《读书》1986 年第 10 期，第 41 页。

忆起他童年的第一幅画作，画的是一头被巨蟒吞下的大象。但是，大人们无法想象表面之下的故事，只是将其看作一顶帽子。另外，当孩子们看到一幢漂亮的房子后，大人们听到孩子对房子的描述却一时无法做出判断，但在得知房子价值十万法郎时，则立即认为这是一幢漂亮的房子。在他们的眼中，世界万物没有颜色、没有特点，只有被贴上数字和金钱的标签时，才被当成真实的存在。其实，大人们眼中的世界只是虚幻，因为“其中的物是死的”[1]。《小王子》中，大人们之所以会认为画的是帽子，是因为对他们来说，帽子至少是有用的物品，而大自然中的大象或者巨蟒，对他们而言都没有意义。因此，大人们和对象物之间形成的是一种类似“我和它”之间的利用关系，只关乎利益而无关真实，因为他们根本就不关心真实的世界是什么样的。显然，圣埃克絮佩里对成人的价值判断是抗拒的。因此，他憧憬“孩子的世界”，摒弃了“它”，而趋向“你”。他虽然悲观地感叹“我和它”的关系侵占了人类关系，但仍然心怀希望，就像他在书的题词中写道：“所有的大人都曾经是孩子，只是他们当中很少有人能记得这一点”[2]。

在圣埃克絮佩里的作品中，作家构建的是一个“人、大自然和神交融”的文学空间，就像他写道：“中士，撒哈拉对你来说意味着什么呢？它意味着总在向你走来的一位神明，同时也意味着离沙漠五千公里之遥的一位温柔、可爱的金发表妹。[3] 作家塑

---

[1] Robert Misrahi, *Martin Buber, philosophe de la relation* (Paris: Seghers, 1968), p. 57.

[2] Antoine de Saint-Exupéry, “Le Petit Prince” dans *Oeuvres complètes*: Tome Ⅱ. (Paris: Gallimard, 1994), p. 233.

[3] Antoine de Saint-Exupéry, “Terre des hommes” dans *Oeuvres complètes*: Tome Ⅰ. (Paris: Gallimard, 1994), p. 217.

造的“大写人”既是普通人，也是无限接近神祇的“大写人”，就像他描述对飞行员贝勒汗的印象时写道：“我感到这位肩膀宽厚的同志异常高贵。透过他粗犷的外表，显现出他那战胜了巨龙的天使的面目。”[1] 其实，他和布伯一样都将显性的“人类关系”扩展到无限的宇宙之中。为了阐释这种广泛的联系，他在作品中引入了“驯化”的概念。何为“驯化”？那就是“建立联系”。[2] 狐狸对小王子说：“如果你想要一个朋友，就请驯化我吧”[3]。可见，“驯化”首先发生在人与人之间。另外，作家在《人类的大地》中写道：“梅尔莫兹驯化了黑夜。”[4] 这样，作家也将联系拓展到人与大自然之间。

相较于布伯对“我和你”的关系的抽象论断，圣埃克絮佩里给出了建立联系的过程和方式。在《小王子》中，狐狸在描述它和小王子相互“驯化”的过程时阐明了建立联系的条件：时间、耐心、仪式感和共同的经历。在圣埃克絮佩里的职业生涯中，他的至交大都是和他一起战斗的飞行员。他们为了共同的职业理想而团结在一起，度过了一生中的大部分时光。正是在长时间的共同合作和经历中，他们之间建立起深厚的友谊，体会到生命的真正价值，因为“没有什么比那么多的共同回忆，那么多的

---

[1] Antoine de Saint-Exupéry, “Terre des hommes” dans *Oeuvres complètes*: Tome Ⅰ. (Paris: Gallimard, 1994), p. 174.

[2] Antoine de Saint-Exupéry, “Le Petit Prince” dans *Oeuvres complètes*: Tome Ⅱ. (Paris: Gallimard, 1994), p. 294.

[3] Antoine de Saint-Exupéry, “Le Petit Prince” dans *Oeuvres complètes*: Tome Ⅱ. (Paris: Gallimard, 1994), p. 295

[4] Antoine de Saint-Exupéry, “Terre des hommes” dans *Oeuvres complètes*: Tome Ⅰ. (Paris: Gallimard, 1994), p. 187.

共患难时光，那么多的龃龉，那么多的重新和解和那么多的内心共鸣更加宝贵的了”❶。同样，在人与大自然相互“驯化”的过程中，人需要花时间去认识大自然，掌握大自然的规律。在农民垦种土地时，他需要付出时间去了解土壤的种类和性质、季节和天气对农作物生长的影响，然后精心地劳作，松土播种，施肥浇水，耐心地等待被“驯化”的大地的收获。

通常，人与人之间需要通过交流来建立联系。在布伯看来，“人和世界的交流可以通过两种方式：一种把对方当作‘你’来对话，另一种把对方当作‘它’来对话”❷。但是，圣埃克絮佩里却削弱了语言的重要性，而主张通过有共同目标的职业行动来形成主体之间的精神默契，以“神交”替代“言传”。就像在执行任务的途中偶然相遇的飞行员，彼此之间无须多言，一种互相信任、互相承担的联系已然生成。圣埃克絮佩里在《城堡》的最后将自己的思想总结成一句话：“今天早晨，我修剪了我的玫瑰。”❸ 不管是园丁修剪玫瑰，还是农民耕种土地，人类通过“行动”和自然建立起多种多样的联系，创造出人类文明，也实现了对自身的改造。与把他人当作地狱的存在主义者不同，圣埃克絮佩里呼吁人们投身于集体的事业，通过行动反抗人类的既定命运，摆脱现实中的荒诞和虚无，心理上的焦虑和绝望。

---

❶ Antoine de Saint-Exupéry, “Terre des hommes” dans *Oeuvres complètes*: Tome Ⅰ. (Paris: Gallimard, 1994), p. 189.

❷ Munir Mahmoud-Saleh, “Martin Buber Je et Tu les Mots-principes”. (Phd diss., Université de Nantes, 2013), p. 6.

❸ Antoine de Saint-Exupéry, “Citadelle” dans *Oeuvres complètes*: Tome Ⅱ. (Paris: Gallimard, 1994), p. 834.

第四节　友谊与爱的启示

布伯的“我和你”是一种“完美的、相互的、平等的关系”❶，与“我和它”中主体对客体的征服和利用关系截然不同。圣埃克絮佩里所定义的友谊，就是与“我和你”的本质类似的关系。首先，友谊不是算术，也不是互相利用，只存在于双方的相互尊敬和欣赏中。朋友之间“根本就不需要评价”❷，因此友谊无关年龄、性别、种族等表面的特征，而是建立在志同道合的人之间。并且，圣埃克絮佩里认为，人与人之间不能过分地相互窥测，要克制无节制的好奇心，每一个人都需要保留自己内心的花园。由此可见，在强调精神契合的前提下，作家并没有排斥个

---

❶ Munir Mahmoud-Saleh，“Martin Buber Je et Tu les Mots-principes”.（Phd diss.，Université de Nantes，2013），p. 7.

❷ Antoine de Saint-Exupéry，“Citadelle” dans *Oeuvres complètes*：Tome Ⅱ.（Paris：Gallimard，1994），p. 506.

体相异的客观存在。

其次，布伯以“物化”为量度区分“我和你”与“我和它”，而圣埃克絮佩里则明确地将友谊归入非物质的范畴，他在《城堡》中写道：“友谊是超于世俗琐碎之上的精神大巡游”❶，就像是船上的水手从各个方向拉动缆绳，海面上只见船在向一个方向航行。在《小王子》中，主人公和狐狸通过“驯化”建立了友谊。他们之所以能够成为朋友，归根结底是因为双方形成了对爱、责任、存在意义的一致认识。正因为狐狸告诉小王子，是小王子为玫瑰付出的时间让玫瑰对他如此重要，于是小王子从满是玫瑰的花园的迷惑中挣脱出来，决心回去承担对玫瑰的责任，实现对玫瑰的爱的承诺。

最后，圣埃克絮佩里更倾向于将友谊置于职业的空间。他认为“职业的伟大之处或许首先在于把人们团结起来”❷。圣埃克絮佩里生活中的朋友大都是和他一样的邮航飞行员。他们有着共同的理想、共同的爱好、共同的职业素养，熟悉共同的纪律，彼此能够分享战胜大自然的快乐和劫后余生的欣喜，同时都能独自承受面对自然力挑战的孤独与压力。他曾经在给朋友的信中写道：“那些同志是些很棒的家伙，我很高兴分享他们的生活、他们的雨水、他们的泥泞，他们的悲伤。”❸ 在作家看来，共同的职业行动中的团结合作就是建立友谊的良好契机。《夜航》中，

❶ Antoine de Saint-Exupéry, “Citadelle” dans *Oeuvres complètes*: Tome Ⅱ. (Paris: Gallimard, 1994), p. 507.

❷ Antoine de Saint-Exupéry, “Terre des hommes” dans *Oeuvres complètes*: Tome Ⅰ. (Paris: Gallimard, 1994), p. 189.

❸ Hélène Froment, *On ne revient pas* (Paris: Gallimard, 1941), p. 193.

督导员罗比诺样貌平平、自卑羞涩，平常和其他人没有什么联系，于是他想和飞行员贝勒汗建立友谊，并向对方袒露了自己生活中的不如意。但是，指挥官李维埃为了保证罗比诺在执行纪律时公正无私，不赞成他和任何飞行员成为朋友。罗比诺只好放弃了在机组内部结交朋友的计划，继续困顿于自己的自卑和孤独。实际上他没有意识到，在他承担职责的同时，就已经和团队成员之间形成了精神上的默契。这就是圣埃克絮佩里所定义的友谊的联系。

和“友谊”一样，“爱”同样属于“人类关系”，甚至超越了“人类关系”。在布伯看来，爱所覆盖的空间遍及人类社会、大自然和神秘的精神本质所存在的领域。他形容爱像“宇宙辐射”[1]一般。同样，圣埃克絮佩里将爱定义为一种以责任为本质的、开放而广泛的人类联系，而非一般意义上的“爱情”。就像李维埃在《夜航》中断言：“爱，仅仅是爱，真是一条死路!”[2]圣埃克絮佩里和布伯都尝试从“关系论”的角度阐释“爱”的定义，而不是将其单方面地归结为情感。由此，爱的定义不再局限于“爱情”，而是拓展到相识或不相识的千千万万个“你”，而从“我”开始，爱也被传递到“宇宙辐射”[3]所及的无限空间。同时，当“爱”超越了“情”，也可以从道德的角度审视这样一种人类关系。这也是圣埃克絮佩里和布伯通过对“爱”的

---

[1] Martin Buber, *Je et Tu*, Trans. Geneviève Brianquis (Paris: Aubier, 1969), p. 34.

[2] Antoine de Saint-Exupéry, "Vol de nuit" dans *Oeuvres complètes*: Tome Ⅰ. (Paris: Gallimard, 1994), p. 152.

[3] Martin Buber, *Je et Tu*, Trans. Geneviève Brianquis (Paris: Aubier, 1969), p. 34.

诠释所表达的意愿。在《南线邮航》中，贝尔尼一度放弃了飞行员的职业，吉娜叶薇芙也逃离了不如意的婚姻，两人决定孤注一掷地为爱相守。当他们踏上“爱的旅程”时，却发现两人根本不可能生活在一起——不同的喜好、不同的习惯、不同的牵挂，所有的隔阂让双方都意识到爱情的死路。这在另一个故事、另一个世界、另一群人中，被李维埃一语成谶。因此，作家也不得不对“爱”做出更为理性的阐释，即抛弃“情”，而选择“爱”；摆脱两情相悦的局限，趋向为他人奉献的广泛的爱。

圣埃克絮佩里认为，爱源于责任。在小王子的星球上，一颗玫瑰的种子随风飘落，然后发芽、生长，直至开出一朵这个星球上独一无二的玫瑰花。小王子精心照顾娇弱而任性的玫瑰，却始终不能理解她的心思，于是之前从来没有烦恼的小王子陷入困惑而无所适从，决定离开 B612 星球。漫长的旅程并没有让小王子忘记玫瑰。在到达地球之后，他要求飞行员画一只羊以保护他的星球，但马上又担心羊会伤害玫瑰，于是要求飞行员给羊画上一个嘴套。随后，他来到一座花园，发现里面有几千朵和他的玫瑰一模一样的花。他在伤心之余却仍然对那朵他曾经照料过的玫瑰念念不忘。狐狸告诉他，正因为他为玫瑰付出的时间才使得玫瑰对他如此重要。从此，小王子明白了他对玫瑰的感情正是源于责任，也必须继续承担这份责任。正如狐狸所说：“人们已经忘记了这个真理，但是你不应该忘记。你要对你驯服过的一切负责到底，你要对你的玫瑰负责任。”❶ 在作家看来，真爱超越了局限

❶ Antoine de Saint-Exupéry, “Le Petit Prince” dans *Oeuvres complètes*: Tome Ⅱ. (Paris: Gallimard, 1994), p. 300.

于两者之间的爱情，因为爱源于理性，源于人意识到自己的责任。同时，他将这种基于责任的爱拓展到战友之间、陌生人之间，乃至大自然之中。

在圣埃克絮佩里的作品中，飞行员就像“桥梁”，身负传送邮件的职责，甚至将邮件看得比自己的生命还要重要。就如《南线邮航》中的贝尔尼最后在沙漠失踪，但是他留下的邮件仍然完好无损。他们承担了对无数陌生人的责任，却放弃了对自己家人的责任。通过这种选择，圣埃克絮佩里所定义的“爱”具有多层面的意义，表现为无私奉献、舍己为人的美德。《城堡》中，一名士兵偶然捕到一只沙狐，把它带回营地细心照料。有一天，沙狐逃走了，士兵十分伤心，但是他拒绝再去捕猎沙狐来安慰自己。他并不后悔自己曾经所做的一切，因为他的付出“不为占有，只是为爱”❶。飞行员贝尔尼在沙漠中偶遇一位驻守当地多年的中士。他长期生活在与世隔绝的沙漠腹地，与家人和爱人都失去了联系，只是偶尔会有像贝尔尼一样迷路的人来到他驻守的堡垒。然而，中士还是坚守在自己的岗位上，他平静而愉悦地接待偶然而至的客人。这个平凡的，甚至没有留下姓名的普通士兵，承担着对素不相识的沙漠居民的责任。他用自己的孤独换来迷路人侥幸生还的希望，耗费自己的生命履行着守卫边境的职责。在贝尔尼看来，这位生活在物质匮乏的沙漠中的中士恰恰拥有“真正的财富”❷。就像《城堡》中垂垂老矣的花匠仍然在清

---

❶ Antoine de Saint-Exupéry, “Citadelle” dans *Oeuvres complètes*: Tome Ⅱ. (Paris: Gallimard, 1994), p. 402.

❷ Antoine de Saint-Exupéry, “Terre des hommes” dans *Oeuvres complètes*: Tome Ⅰ. (Paris: Gallimard, 1994), p. 189.

晨修剪玫瑰，圣埃克絮佩里笔下的主人公大都牺牲在他们曾经耕耘过的“土地”上。他们用自己的时间和心血一点点地改造这个世界，充当人类文明圣殿的一块块砖石。这种无关利益、不求回报的奉献，就是作家对“爱”的诠释。就像布伯在《我和你》中写道：“哪怕被钉在十字架上饱受折磨，都会义无反顾地爱人类。”❶

❶ Martin Buber, *Je et Tu*, Trans. Geneviève Brianquis（Paris: Aubier, 1969）, p. 35.

第五节　另一种可能性的启示

圣埃克絮佩里的思想是绝对主义、二元论和多元主义的混合体，这种复杂性在他中后期的作品中有明显的表现，尤其是在《人类的大地》《小王子》和《城堡》中。从空间的视角来看，作家的早期作品基本上都表现的是写实的空间。即使被赋予寓意的空间，也是在实体空间的基础上所构建的。但是，从《人类的大地》开始，作家对作品的叙事风格做了很大的转变，将体裁从小说变成散文，使得其中的空间变得更为抽象，具有明显的象征意义。之后的《小王子》呈现的则是完全虚拟的空间，虽然其中的人和物影射了现实社会，但从此以后，作家的空间构建开始逐渐虚拟化，直到在《城堡》中彻底抛去被时间限定的空间。虽然作家将这部作品的背景设定在沙漠，但此处的沙漠与作家早期作品中的沙漠已经完全不同，更像是作家精神世界的外延，充满想象，甚至具有立体主义的风格，而且其中的形象已经完全不受现实世界的束缚。可见，作家的思想和空间构建一直都在发生变化，所以他对人类社会、大自然和人的观点也始终难被定论。但是，圣埃克絮佩里给读者提供了关于生命、爱情、友谊、幸福等问题的另一种全新的解释，让读者超越了现实中的习俗和惯例，开阔了视野和思维，启发读者对存在的另一种可能性的思考。更难能可贵的是，与其他作家追求“在别处”的主张不同，圣埃克絮佩里鼓励人们坚守人类的大地，回归人类的家园，永不放弃对人的希望和爱。这使得他提出的存在的另一种可能性不仅高尚而现实、浪漫而理性，也为现实中的人们指明了到达“精神彼岸”的道路。

圣埃克絮佩里在作品中描写了人与大自然英勇搏斗的感人故事。作为一名邮航飞行员，为了完成任务，他必须直面来自他所热爱、敬畏的大自然的挑战。可以说，职业迫使他处于与大自然对立的关系中。同时，飞行员不可兼顾家庭和事业，即他们的个人的空间和职业的空间相互对立，甚至只能在个体的消亡和集体的延续之间做出选择。在所有的对立中，圣埃克絮佩里都有一个绝对的选择，那便是服务于整体的人类。《南线邮航》中，贝尔尼很喜欢尼采的一句话：“我的夏天温暖、短暂、忧伤而幸福。”❶ 作家在充满对立的存在处境中做出了绝对主义的选择，那便是追求生命的意义。在此基础上，他对与生命有关的死亡、爱情、友谊、幸福都给出了另一种解释，提供了另一种存在方式的可能性。飞行员法比安的妻子西蒙娜在面对李维埃的时候，发

---

❶ Antoine de Saint-Exupéry, “Courrier sud” dans *Oeuvres complètes*: Tome Ⅰ. (Paris: Gallimard, 1994), p. 106.

现在自己所认识的真理之外，还存在着“另一个敌对的真理”[1]，而她却无法辩驳，甚至无法拒绝。同样，坚信着另一种真理的李维埃，也无法避免对西蒙娜的所谓真理的认同。他知道自己没有权利让本该享受家庭幸福的飞行员面对危险和死亡，但是他仍然执着于“绝对”生命的意义，因为他相信总有什么东西比生命更重要。

关于对人的认识，圣埃克絮佩里的思想中同样充满了矛盾，体现出二元对立、多元化和绝对性的特征。通过塑造主人公，圣埃克絮佩里创造出一个人类的理想范型——“大写人”。作家笔下的“大写人”生活在普通人之中，经历着平常的快乐和痛苦。就像《夜航》中的罗比诺忍受着湿疹带给他的自卑，渴望爱情和友谊。这是一个真实的人、有瑕疵的人，但是“瑕不掩瑜”，他因为忠于职守而放弃了和贝勒汗的友谊，为了夜航事业牺牲了个人生活，这便是他的不平凡之处。在开往机场的班车上，飞行员和其他人一样听着天气预报，坐在整日埋首于办公桌前的小职员旁边，似乎与普通的乘客没有什么不同。可一旦他驾驶飞机飞上天空，就会变成一名战士，勇敢地与风雨雷电较量并毫不畏惧，表现出超越常人的力量。但是，飞行员并不是完美的天使。他们有个性、有弱点、有欲望。对于这群被定义为“大写人”的人物，作家并没有回避人性的多样性和复杂性，由此也证明了现实中普通人自我提升、自我完善、自我改造的可能性。同时，他认为人并非只有一种可能性，就像他在《城堡》中写道：“我

---

[1] Antoine de Saint-Exupéry, “Vol de nuit” dans *Oeuvres complètes*: Tome Ⅰ. (Paris: Gallimard, 1994), p. 159.

在放下武器、抚慰孩子的战士身上或是在参加战斗的丈夫身上认识到伟大。这不是从一种真理变化成另一种真理，也不是从一种有价值的事物变成另一种有价值的事物。两种真理只有融合才有意义。”[1] 如此，不同的真理融合在人性之中，让“大写人”所具有的多元化甚至矛盾性体现了其绝对性。

从圣埃克絮佩里的作品中可以发现，作家对“物化”的摒弃显而易见。相较于人类社会的现实，他提出了关于“财富”的另一种解释，正如他所说：“职业的伟大之处或许首先在于把人们团结起来。只有一种真正的财富，那便是人类关系。”[2] 在《小王子》中，作家批判了大人们用数字和金钱评判价值的做法；在《城堡》中，他也谈到不应当根据社会地位、家庭出身等表面特征判断一个人。另外，在《小王子》中，他提出了一个看似绝对的评价标准：“本质是肉眼看不见的，只有用心才能看得清楚。”[3] 其实，这等于在提出一个与现代社会相对立的评判原则。在他看来，现代社会所谓的“胜利者”，实际上是屈服于物质财富的“失败者”。他这样解释区分成功者和失败者的个人标准：“那个人群中沉默不语的人，人们围着他，推搡他，强迫他，如果他是空的，人们就会压垮他。但是如果他的内心有人居住，就像我看到的那个跳舞的舞女：与周围的人说话，扎下根，设下陷阱，建立权力。你再看他周围的人群，人们会亦步亦

---

[1] Antoine de Saint-Exupéry，“Citadelle” dans *Oeuvres complètes*：Tome Ⅱ.（Paris：Gallimard，1994），p. 492.

[2] Antoine de Saint-Exupéry，“Terre des hommes” dans *Oeuvres complètes*：Tome Ⅰ.（Paris：Gallimard，1994），p. 189.

[3] Antoine de Saint-Exupéry，“Le Petit Prince” dans *Oeuvres complètes*：Tome Ⅱ.（Paris：Gallimard，1994），p. 298.

趋地跟在他的身后壮大他的力量。”[1] 在他看来，普通人眼中的胜利者实际上是被物质财富和肤浅事物所控制的失败者，而真正的胜利者靠自身的创造力、行动和人格力量团结更多的人。现代人执着于追求物质财富，渴望金钱、权力、社会地位和爱情。一旦一个愿望得到满足，他们就会继续追寻下一个。对他们来说，财富也不是仅限于物质，但他们所有的欲望都和物质密不可分。圣埃克絮佩里批判欲壑难填的价值观，主张摒弃物质的屏障，发现生命的意义，他提醒世人“他所追求的东西也许就在一朵玫瑰花或一点点水之中”。[2]

今天，因为科学技术的进步、经济的发展，人类已经拥有比过去更多的物质财富，但他们并没有比以前更快乐。因此，圣埃克絮佩里启发人们追求另一种人生的财富，向人们提供了获得幸福的另一种可能性。他认为只有拥有“真正的财富”，人才会得到真正的满足和幸福。因此，他提出：“幸福只存在于行动的热情和创造的满足之中。”[3] 并且，与现代人用占有和享受来衡量幸福的想法不同，圣埃克絮佩里认为“幸福存在于得到的过程之中”[4]。所以相较于结果，他更赞赏在追寻幸福的过程中所付出的努力和经历的考验。他的幸福与舒适、安稳、占有都毫不相

---

[1] Antoine de Saint-Exupéry, “Citadelle” dans *Oeuvres complètes*: Tome Ⅱ. (Paris: Gallimard, 1994), p. 687.

[2] Antoine de Saint-Exupéry, “Le Petit Prince” dans *Oeuvres complètes*: Tome Ⅱ. (Paris: Gallimard, 1994), p. 307.

[3] Antoine de Saint-Exupéry, “Citadelle” dans *Oeuvres complètes*: Tome Ⅱ. (Paris: Gallimard, 1994), p. 393.

[4] Antoine de Saint-Exupéry, “Citadelle” dans *Oeuvres complètes*: Tome Ⅱ. (Paris: Gallimard, 1994), p. 452.

关，而是与奉献、痛苦、牺牲联系在一起。正因如此，贝尔尼在简陋的宿舍中也能感到幸福，而吉娜叶薇芙即使生活优渥也心中痛苦。《夜航》中，一个人因为建造桥梁而毁容，飞行员法比安为了运送邮件而牺牲，老工人乐福为了工作而无暇顾及爱情，李维埃为了夜航事业而失去了健康和家庭。对圣埃克絮佩里而言，幸福不仅是快乐和满足，更多的是承担辛劳和痛苦；幸福是不完美的，甚至是不完整的。相较于现代人流于表面、单一的幸福观，圣埃克絮佩里揭示了幸福的多面性和矛盾性。

对于生命，圣埃克絮佩里同样给出了另一种可能性。大多数现代人过着例行公事般的生活，满足于物质享受，回避时间的流逝，只关注自我而对他人漠不关心。然而，圣埃克絮佩里式的主人公实践的是另一种人生、另一种有意义的生活，获得另一种通过创造而实现永恒的生命，就像他在《城堡》中写道："质量不在于占有而在于给予。那些工匠是文明的，他在创造物品时不恐惧死亡，因为他（通过他创造的作品）实现了永恒。"❶ 比起待在安全舒适的环境中，飞行员更渴望在大自然中体验风暴和雷雨。在他看来，庸碌的生活会泯灭人的创造性，使人像白蚁一样营营役役，只有将有限的生命投入无限的为他人服务的事业，人类才能最终战胜虚无、焦虑和孤独。从出生之日开始，人就在走向死亡，普通人的生命也在时间的流逝中逐渐消逝，就像贝尔尼所描述的"安于屋顶之下的死亡"❷ "活着，把小玩意儿收起来，

❶ Antoine de Saint-Exupéry, "Citadelle" dans *Oeuvres complètes*: Tome Ⅱ. (Paris: Gallimard, 1994), p. 388.

❷ Antoine de Saint-Exupéry, "Courrier sud" dans *Oeuvres complètes*: Tome Ⅰ. (Paris: Gallimard, 1994), p. 97.

死去，一切是多么简单”[1]。他想冲破平庸的生活，去创造另一种生命，即大地“耕耘者”的生命，正如作家所说：“我在你的身上播下种子，我需要一个人的一生来让它长出枝叶和果实。”[2]因此，人的生命是用来播种和创造的，这也是人的使命。在人们感叹时间毁灭生命时，圣埃克絮佩里赋予时间另一个可能的角色、另一种功能，也创造出另一种生命的定义。他认为一段庸碌的人生，即使有一百年也是没有意义的；相反，一个善于创造、乐于给予的人，纵使其生命短暂，也能够通过其作品延长他的生命。所以，不应以时间来衡量生命，而应当以生命赋予时间永恒的意义。

总之，圣埃克絮佩里思想的多元性和绝对性都统一于人和人类的大地。其中的多元性始于他对大自然和人类社会的清醒认识，而绝对性则源自他对人和人类世界的理想构建。他的作品给我们呈现出一个“人、大自然和神”融为一体的空间，传递了一种关于信仰和以“大写人”为拱顶石的文明。在他的笔下，主人公所做的牺牲和奋斗都是他们的自愿选择。他们塑造了人的典范，创造出真正的人类财富，承担起对社会的责任，同时成就了自己，就像作家所说：“征服就是皈依，胁迫就是囚禁。当我们征服了人，我们就拯救了他；当你强迫一个人时，你就毁灭了他。”[3] 在他看来，对人的征服意味着改变、创造、完善和超越，

[1] Antoine de Saint-Exupéry, “Courrier sud” dans *Oeuvres complètes*: Tome Ⅰ. (Paris: Gallimard, 1994), p. 97.

[2] Antoine de Saint-Exupéry, “Citadelle” dans *Oeuvres complètes*: Tome Ⅱ. (Paris: Gallimard, 1994), p. 661.

[3] Antoine de Saint-Exupéry, “Citadelle” dans *Oeuvres complètes*: Tome Ⅱ. (Paris: Gallimard, 1994), p. 601.

对自然的征服并不是夺取、占有、压制，而是创造、共存与融合。于是，在现代社会物化文明的对立面，圣埃克絮佩里提出了另一种文明、另一种生存方式，构建出另一个世界和另一个可以对抗时间、衰老和死亡的空间。他所有的哲学思辨都肯定性地凝结成一个“神圣结”（les nœuds divins）[1]。在他看来，自己作品中所有空间的发展都导向一个被这个“神圣结”所联系的空间，而这个“神圣结”就是人。这也正如法国哲学家加斯东·巴什拉（Gaston Bachelard，1884—1962）所说：“我们的灵魂就是居所，我们要学着居住在我们自己心中。”[2]

---

[1] Antoine de Saint-Exupéry，“Citadelle” dans *Oeuvres complètes*：Tome Ⅱ.（Paris：Gallimard，1994），p. 353.

[2] Gaston Bachelard，*La poétique de l'espace*（Paris：PUF. 1957），p. 19.

结　语

在本书中，笔者以空间为主题对圣埃克絮佩里的作品、人生和思想做了一个全面的观照和分析。事实上，作家生活中所经历的空间变化和他在作品中所构建的空间都反映了他的世界观、自然观和宇宙观。其中，不管是真实的空间、虚拟的空间、地理的空间还是心理和情感的空间，都体现了他对生命、存在、爱情、友谊、死亡、财富等人类重大命题的思考。正因为圣埃克絮佩里具有飞行员和作家的双重身份，他的职业生涯使他可以超越普通人的视野，将空间视角扩展到广阔的大自然和无限的宇宙之中。作家的经历让他可以将丰富的想象力和独特的哲学视域融合到文学作品中，最终超越现实的局限，构建出一个多层次、多意义、多维度、相互关联且不断变化发展的空间体系。

在圣埃克絮佩里的世界观中，人始终占据中心的位置。虽然他作品中的主人公，包括他自己最终都牺牲在工作中，但是他相信，人类将因以“大写人”为拱顶石的文明而获得非物质意义上的永恒的存在。因此，他认为人类对世界的改造不应仅仅停留在物质层面，否则人类社会将被“物化”，“人”也将不复存在。在他看来，科学技术虽然带给人类巨大的力量，但人类文明的实质还是在人自身，人的精神和美德才是人类存在的本质。他所塑造的一系列人物之所以如此打动人心，是因为他们首先都是真实的人，和普通人一样有情感、有弱点、有欲望。但是，他们为了追求理想，为了创造更美好的世界，选择了一条艰难的人生道路。他们通过"千锤百炼"，在行动中被"铸造"成圣埃克絮佩里定义的"大写人"。他们在对他人的承担和奉献中，将人类的博爱像宇宙辐射一般传递到世界的各个角落，传递给素不相识的陌生人，终将自己置身于神祇之侧，与整个宇宙融为一体。由此，人类文明突破了时空的局限，获得了整体意义上的"恒在"与传继。

圣埃克絮佩里在他的作品中，创造了一个亦真亦幻的世界，一个充满各种意象的空间：《夜航》中的星空、《南线邮航》中的城市、《小王子》中的沙漠、《人类的大地》中的绿洲……其中所有的人物、动物和植物都充满了想象和寓意。意象的空间不仅是真实世界的投影，更是作家精神世界的外延，体现了他丰富的想象力和深刻的哲学思想。圣埃克絮佩里向笔下的文学世界投注了真情实感，融入了自身的思辨。这让他的文学世界不局限于表现现实意义上的客观世界，更呈现出"非凡的诗意和悲怆"❶。

从少年时代开始，圣埃克絮佩里就展现出浪漫无拘的天性和文学创作的天赋。成为飞行员之后，他游历四方，有了比普通人更加广阔的视野。他的作品讴歌人类的友谊和博爱，也揭露现实社会的荒诞与冷漠，赞颂人类向大自然提出挑战的勇气，也感叹面对灾难时人类的脆弱和无力。他充满矛盾的精神世界投射到作品中，形成了一系列关系复杂、交错重叠的空间。其中，有作为背景的外部空间，也有表现人物心理活动的内部空间；既是人类改造的自然空间，也是其自我修正、自我疗愈的"大写人"的空间。

---

❶ Antoine de Saint-Exupéry, "Préfaces" dans *Oeuvres complètes*: Tome Ⅰ. (Paris: Gallimard, 1994), p. 434.

圣埃克絮佩里在《人类的大地》的最后一章中写道："'大写人'是那些服从一种至高使命的人，他们选择了沙漠或航线，就像另外一些人选择了修道院一样，但是如果你觉得我是在鼓励你去赞美人的话，那就背离了我的目标，因为首先应该赞美的是造就人的土壤"。[1] 对于大自然，圣埃克絮佩里始终怀有错综复杂的情感——从热爱向往到较量征服，再到敬畏膜拜，他一步步地探寻宇宙的奥义，一点点地认清人在大自然中的角色。从童年的圣莫里斯城堡，到他驾驶飞机翱翔的万里长空，不论是沙漠、海洋、高山，还是自然界的风、雨、雷、电，这一切构成了他生活和职业的空间。在他的眼中，大自然有时候美丽而宁静，有时候危险而神秘。就在自然永恒的变化之中，大地上的居民重复着生活中的日常琐事和生死轮回。在个体短暂的生命中，存在的意义被忽略了。然而，总有那么一些人，他们渴望获得更为充实的人生，实现更有价值的存在，他们便是普通人觉醒后通过考验蜕变而成的"大写人"。他们在与大自然的这场力量悬殊的较量中，发扬了人类的美德，改变了人类的既定命运。

就像他在《人类的大地》中写道："中士，撒哈拉对你来说意味着什么呢？它意味着总在向你走来的一位神明，同时也意味着离沙漠五千公里之遥的一位温柔、可爱的金发表妹。沙漠对我们呢？它意味着在我们心中所产生的一切。它意味着我们从自身所学到的一切……"[2] 圣埃克絮佩里作品中的背景是"人、大自

---

[1] Antoine de Saint-Exupéry, "Terre des hommes" dans *Oeuvres complètes*: Tome Ⅰ. (Paris: Gallimard, 1994), p. 270.

[2] Antoine de Saint-Exupéry, "Terre des hommes" dans *Oeuvres complètes*: Tome Ⅰ. (Paris: Gallimard, 1994), p. 217.

然和神融合”在一起的空间。笔者的研究力图给读者呈现一个完整的、真实的、多面的圣埃克絮佩里的形象，同时关注他笔下充满想象力和生命力的文学空间，以及他具有现实意义和启示作用的哲学思想。在他的作品中，力量、绚烂、感性和优雅交织。作品表达了人类对大自然的向往与敬畏，展现了人与大自然之间的对抗与融合，揭示了人类的忧患意识和责任。他在给朋友皮埃尔·舍傅里耶的信中写道：“我们应该重新审视人类文明和它所包含的意义。这个无比荒谬的时代让我倍感沉重……在过去的一百年里，一切都发展得太快了，而思想消化却太慢。”[1] 1944 年，圣埃克絮佩里驾驶飞机消失在地中海附近。这位飞行员最终长眠于他曾经无数次“耕耘的土地”，就像孩子投入母亲的怀抱，他的生命最终和大自然交会。

圣埃克絮佩里主张通过行动改变世界。他认为行动是可以包容一切差异和矛盾的语言，也是人类最直接的交流方式，行动就是所有问题的答案。所以，当小王子不知道友谊为何物的时候，狐狸对他说：“如果你想要一个朋友，就请驯化我吧。”[2] 在作家看来，行动对世界的改变不应仅仅停留在物质层面——那只是真实世界的表层，行动最大的价值在于改变人的本质。圣埃克絮佩里书中的飞行员像农民开垦土地、水手航行于大海、工匠雕琢器皿一般，驾驶着飞机在广袤无垠的“宇宙”中开辟航线，在荒僻的角落建立人类的堡垒，为世界各地的人们传送邮件。他们的行

[1] Antoine de Saint-Exupéry, “Lettres Amicales et Professionnelles,” dans *Oeuvres complètes*: Tome Ⅱ. (Paris: Gallimard, 1994), p. 943.

[2] Antoine de Saint-Exupéry, “Le Petit Prince” dans *Oeuvres complètes*: Tome Ⅱ. (Paris: Gallimard, 1994), p. 295.

动无疑改变了这个世界，将人类的足迹扩展到文明所及的空间。

然而，行动是人类改造大自然的方式或者说过程，最终目的应当是改变人类的生存处境和存在意义，而这一点正是人类超越自然界的本质。就像纪尧梅所说："我敢发誓，我所做的事，是任何别的动物绝对做不到的"。❶ 他所做的，就是承担对战友、事业和家庭的责任。恰恰是责任让纪尧梅走出了大雪覆盖的安第斯山脉，拯救了他的生命，定义了他的存在，体现了他的生命意义。

同时，圣埃克絮佩里将行动置于职业的范畴，把个人的行动归入集体的事业，将个人的理想变成集体成员共同的目标。从此，人与人之间不再被隔阂分离，人们团结合作，共同创造人类文明的圣殿。就这样，行动将分散的个体聚集在人类的集体中，让他们之间生出同事、战友、兄弟等各种有意义的关系。人的存在状态和意义由此发生了本质上的改变。并且，圣埃克絮佩里所定义的行动具有"利他性"，是一种为了他人的利益而奉献自我、牺牲自我的行为。他笔下的主人公大都是投身于邮航事业的飞行员，他们放弃了爱情和家庭，随时准备奔赴吉凶难测的航线。他们执行任务的旅程是与恶劣的自然条件周旋较量的战场，但他们要履行的职责却是为素不相识的陌生人传递信件，建立"桥梁"。在《夜航》中，工程师和李维埃都曾自问：为建造这座桥是否值得毁掉一个人的脸？❷ 李维埃无法回答。当西蒙娜质问李维埃为什么她的丈夫必须为夜航牺牲时，他也无法回答。但

❶ Antoine de Saint-Exupéry, "Terre des hommes" dans *Oeuvres complètes*: Tome Ⅰ. (Paris: Gallimard, 1994), p. 192.

❷ Antoine de Saint-Exupéry, "Vol de nuit" dans *Oeuvres complètes*: Tome Ⅰ. (Paris: Gallimard, 1994), p. 151.

是，他相信："有些东西比人的生命更宝贵"❶，而这种东西就是"人类关系"，它是人类"真正的财富"❷，是人类文明的基石。就像《小王子》中所说，本质是肉眼看不见的，要用心才看得清楚。在圣埃克絮佩里看来，建立这样一个人类相互联系的空间，才是对世界有真正意义的改变。

20世纪初期，飞机的制造技术还不发达，圣埃克絮佩里作为早期的飞行员是见证人类文明发展并参与其中的先锋。他曾经的指挥官亨利·阿里亚斯（Henri Alias）如此评价这位勇敢的战士："在复杂的航行中，圣埃克絮佩里会变得很优秀。"❸ 尽管他的职业旅程危险重重，但他仍然满怀激情地改变这个世界。他所经历的一切成就了一段英雄的传奇人生，成就了一个不断自我超越的勇士，也鼓舞了千千万万的读者。圣埃克絮佩里所表现出的人道主义和英雄主义源于他对人类自身极限的意识和挑战，这种无与伦比的勇气和智慧使得他的哲学思想成为激励现代人摆脱虚妄、走出危机的精神动力，具有启发世人的现实意义和价值。

圣埃克絮佩里的作品不仅是抚慰现代人浮躁心灵的镇静剂，也是激发人类实现理想的催化剂。就像小王子在寻找"井"的过程中明白了幸福的真正意义，作家一生中也在不断寻找着生命的真谛。他最终在"人"的自身找到了答案，那就是通过行动改造自我并改变这个世界。他的作品启示我们，与其向外部索

---

❶ Antoine de Saint-Exupéry, "Vol de nuit" dans *Oeuvres complètes*: Tome Ⅰ. (Paris: Gallimard, 1994), p. 151.

❷ Antoine de Saint-Exupéry, "Terre des hommes" dans *Oeuvres complètes*: Tome Ⅰ. (Paris: Gallimard, 1994), p. 189.

❸ "Henri Alias". *Icare*, No. 78 (Septembre 1997), p. 94.

取、执着于占有、受惑于物质，不如与内心交谈，寻求精神的丰盈和高尚，由此发现真实的自我并加以完善。就像笛卡尔所说："我仅仅和自己交流，考虑我的内心，努力一点点地了解和熟悉自己。"❶ 今天，科学技术的发展给我们提供了更好的生活条件和更丰富的物质享受。但是，人们并没有感到比过去更幸福。在圣埃克絮佩里看来，幸福从来就和物质没有必然联系，而是表现为"完美的特征和内心的品质"❷。诚然，飞行员也向往普通人的幸福，但是这种向往远不能和职业理想相提并论。对他们来说，真正的幸福是创造的热情，是超越自我的体验，是对他人承担责任且不求回报。最后，圣埃克絮佩里告诉我们应该怎样看待时间和生命。他认为，"疯子才会咬牙切齿地执着于已成事实和不可改变的过去"❸。昨日不可追，来日尤可待，他提醒世人应该努力于当下，并无惧将来——不要浪费时间去后悔或幻想，要从现在开始，马上行动，就像园丁"播下种子，从不讨论花的雌蕊和花冠"❹ 一般。

圣埃克絮佩里的一生虽然短暂却充满了激情和理想，他以有限的生命寻找人生的意义。这种意义比个体的生命更长久，也更有价值。他以一种充满诗意的热情追求人类的未来，在创造和超越中找到了存在意义上的永恒。

---

❶ René Descartes, *Méditations métaphysique* (Paris: Vrin, 1978), p. 34.

❷ Antoine de Saint-Exupéry, "Citadelle" dans *Oeuvres complètes*: Tome Ⅱ. (Paris: Gallimard, 1994), p. 548.

❸ Antoine de Saint-Exupéry, "Citadelle" dans *Oeuvres complètes*: Tome Ⅱ. (Paris: Gallimard, 1994), p. 502.

❹ Antoine de Saint-Exupéry, "Citadelle" dans *Oeuvres complètes*: Tome Ⅱ. (Paris: Gallimard, 1994), p. 504.

参考文献

[1] SIMON PIERRE-HENRI. L'Homme en Procès[M]. Paris: Payot, 1968.

[2] DE SAINT-EXUPÉRY ANTOINE. L'Aviateur [M]//Oeuvres complètes: Tome Ⅰ. Paris: Gallimard, 1994: 26-34.

[3] DE SAINT-EXUPÉRY ANTOINE. Vol de nuit[M]//Oeuvres complètes: Tome Ⅰ. Paris: Gallimard, 1994: 111-167.

[4] DE SAINT-EXUPÉRY ANTOINE. Courrier sud[M]//Oeuvres complètes: Tome Ⅰ. Paris: Gallimard, 1994: 35-109.

[5] DE SAINT-EXUPÉRY ANTOINE. Terre des hommes[M]//Oeuvres complètes: Tome Ⅰ. Paris: Gallimard, 1994: 160-296.

[6] DE SAINT-EXUPÉRY ANTOINE. Lettres à sa mère[M]//Oeuvres complètes: Tome Ⅰ. Paris: Gallimard, 1994: 653-785.

[7] DE SAINT-EXUPÉRY ANTOINE. Articles[M]//Oeuvres complètes: Tome Ⅰ. Paris: Gallimard, 1994: 299-362.

[8] DE SAINT-EXUPÉRY ANTOINE. Reportages [M]//Oeuvres complètes: Tome Ⅰ. Paris: Gallimard, 1994: 363-423.

[9] DE SAINT-EXUPÉRY ANTOINE. Préfaces[M]//Oeuvres complètes: Tome Ⅰ. Paris: Gallimard, 1994: 425-438.

[10] DE SAINT-EXUPÉRY ANTOINE. Correspondance[M]//Oeuvres complètes: Tome Ⅰ. Paris: Gallimard, 1994: 651-868.

[11] DE SAINT-EXUPÉRY ANTOINE. Lettres à Rinette [M]//Oeuvres complètes: Tome Ⅰ. Paris: Gallimard, 1994: 786-823.

[12] DE SAINT-EXUPÉRY ANTOINE. Lettre à un Otage [M]//Oeuvres complètes: Tome Ⅱ. Paris: Gallimard, 1994: 88-104.

[13] DE SAINT-EXUPÉRY ANTOINE. Le Petit Prince [M]//Oeuvres complètes: Tome Ⅱ. Paris: Gallimard, 1994: 229-321.

[14] DE SAINT-EXUPÉRY ANTOINE. Lettres Amicales et Professionnelles [M]//Oeuvres complètes: Tome Ⅱ. Paris: Gallimard, 1994: 930-1051.

[15] DE SAINT-EXUPÉRY ANTOINE. Pilote de Guerre [M]//Oeuvres complètes: Tome Ⅱ. Paris: Gallimard, 1994: 111-228.

[16] DE SAINT-EXUPÉRY ANTOINE. Citadelle [M]//Oeuvres complètes: Tome Ⅱ. Paris: Gallimard, 1994: 363-843.

[17] DE SAINT-EXUPÉRY ANTOINE. Lettres intimes [M]//Oeuvres complètes: Tome Ⅱ. Paris: Gallimard, 1994: 908-929.

[18] DE SAINT-EXUPÉRY ANTOINE. Lettres à sa famille [M]//Oeuvres complètes: Tome Ⅱ. Paris: Gallimard, 1994: 847-907.

[19] GUILLOT RENÉE-PAULE. Saint-Exupéry, l'homme du silence [M]. Paris: Dervy, 2002.

[20] DESCHODT ERIC. Saint-Exupéry: Biographie [M]. Paris: J. C. Lattès, 1980.

[21] BRIN FRANÇOISE. Étude sur Terre des hommes [M]. Paris: Ellipses, 2000.

[22] VIRCONDELET ALAIN. La véritable histoire du Petit Prince [M]. Paris: Flammarion, 2008.

[23] VIRCONDELET ALAIN. Dans les pas de Saint-Exupéry [M]. Paris: L'Oeuvre, 2010.

[24] CERISIER ALBAN. Il était une fois... Le Petit Prince [M]. Paris: Gallimard, 2006.

[25] DE LA BRUYÈRE STACY. Saint-Exupéry, une vie à contre-courant [M]. Paris: Albin Michel, 1994.

[26] KESSEL JOSEPH. Mermoz [M]. Paris: Gallimard, 1965.

[27] CAILLOIS ROGER. L'Homme et le sacré [M]. Paris: Gallimard, 1950.

[28] DREWERMANN EUGEN. L'Essentiel est invisible [M]. Paris: Cerf, 2001.

[29] PINCHARD BRUNO. Heidegger et la question de l'humanisme[M]. Paris:PUF,2005.

[30] ROY JULES . Saint-Exupéry[M]. Paris:La Manufacture,1990.

[31] LEFEBVRE HENRI. The Production of Space[M]. translated by Nicholson-Smith Donald. UK:Wiley-Blackwell,1992.

[32] ELIADE MIRCEA. Le Sacré et le Profane[M]. Paris:Folio,1965.

[33] DE SAINT-EXUPÉRY CONSUELO. Mémoires de la rose [M]. Paris: Plon,2000.

[34] CHEVRIER PIERRE. Saint-Exupéry[M]. Paris:Gallimard,1958.

[35] BERNADIE SULLY. L'Imagination de l'espace dans l'œuvre de Saint-Exupéry[D]. Paris:Université Paris Ⅶ,1971.

[36] TADIÉ JEAN-YVES. Le récit poétique[M]. Paris:Gallimard,1994.

[37] TISON-BRAUN MICHELINE. Poétique du paysage:Essai sur le genre descriptif[M]. Paris:Nizet,1980.

[38] OUELLET RÉAL. Les Relations humaines dans l'œuvre de Saint-Exupéry [M]. Paris:Lettres Modernes Minard,1971.

[39] LE HIR GENEVIÈVE. Saint-Exupéry ou la force des images[M]. Paris: IMAGO,2002.

[40] CHRISTIN RODOLPHE. L'Imaginaire voyageur ou l'expérience exotique [M]. Paris:L'Harmattan,2000.

[41] JUNG CARL-GUSTAV. Métamorphoses de l'âme et ses symboles[M]. traduit de l'allemand par Le Lay Yves. Paris:Georg,1953.

[42] RAVOUX JEAN-PHILIPPE. Donner un sens à l'existence [M]. Paris: Robert Laffont,2008.

[43] PERROT JEAN. Jeux et enjeux du livre d'enfance et de jeunesse[M]. Paris:Cercle de la librairie,1999.

[44] BACHELARD GASTON. La poétique de la rêverie[M]. Paris:PUF,1998.

[45] DAURAT DIDIER. Saint-Exupéry tel que je l'ai connu[M]. Paris:Dynamo,1954.

[46] MIGEO MARCEL. Henri Guillaumet[M]. Paris:Arthaud,1949.

[47] DE SAINT-EXUPÉRY ANTOINE. Lettre à l'inconnue[M]. Paris:Gallimard,2008.

[48] WERTH LÉON. Saint-Exupéry, tel que je l'ai connu [M]. Paris: V. Hamy,1994.

[49] NIETZSCHE FRIEDRICH. Ainsi parlait Zarathoustra[M]. Traduit par De Gandillac Maurice. Paris:Gallimard,1971.

[50] HEIDEGGER MARTIN. Les concepts fondamentaux de la métaphysique [M]. Paris:Gallimard,1992.

[51] RENARD MICHEL. Essai sur la démocratie[M]. Saint-Etienne:Aubin,1999.

[52] Mermoz,le pilote de ligne[J]. Marianne,1935(8):1.

[53] S. T. [J]. Marianne,1932(10):2.

[54] DESCARTES RENÉ. Discours de la méthode[M]. Paris:Vrin,1992.

[55] PASCAL BLAISE. Pensées et opuscules[M]. Paris:Hachette,1946.

[56] BUBER MARTIN. Je et Tu[M]. Traduit par Brianquis Geneviève. Paris:Aubier,1969.

[57] MISRAHI ROBERT. Martin Buber,philosophe de la relation[M]. Paris:Seghers,1968.

[58] MAHMOUD-SALEH MUNIR. Martin Buber Je et Tu les Mots-principes [D]. Nantes:Université de Nantes,2013.

[59] FROMENT HÉLÈNE. On ne revient pas[M]. Paris:Gallimard,1941.

[60] BACHELARD GASTON. La poétique de l'espace[M]. Paris:PUF. 1957.

[61] Henri Alias[J]. Icare,septembre 1974.

[62] DESCARTES RENÉ. Méditations métaphysiques[M]. Paris:Vrin,1978.

[63] AUBRAY PIERRE. A propos du Petit Prince[J]. Paroles nouvelles françaises,

1946(5):32-35.

[64] WAGNER WALTER. La conception de l'amour-amitié dans l'oeuvre de Saint-Exupéry[M]. Berne(en Suisse):PETER LANG,1996.

[65] WEBSTER PAUL. Saint-Exupéry vie et mort du petit prince[M]. Paris: Le Félin,2002.

[66] XU ZHENHUA,HUANG JIANHUA. Raison et déraison[M]. 北京:外语教学与研究出版社,2000.

[67] 圣埃克苏佩里．要塞[M]. 马振骋,译．海口:海南出版社,2003.

[68] 刘华．圣爱克絮佩里精选集[M]. 张森宽,乔咪加,刘君强,等译．北京:北京燕山出版社,2005.

[69] 圣艾克絮佩里．沙漠中的一口井[M]. 陈玉琴,陈旻乐,孔潜,译．上海:上海人民出版社,2008.

[70] 圣艾克絮佩里．镜子的碎片[M]. 时利和,罗晓亮,贾石,等译．上海:上海人民出版社,2008.

[71] 弗兰克．现代小说中的空间形式[M]. 秦林芳,译．北京:北京大学出版社,1991.

[72] 圣艾克絮佩里．小王子　堡垒[M]. 黄荭,邹琰,马利红,等译．上海:上海人民出版社,2008.

[73] 肖四新．西方文学的精神突围[M]. 北京:中央编译出版社,2003.

[74] 陈维纲．马丁·布伯和《我与你》[J]. 读书,1986(10):39-45.

[75] 张海榕．空间批评视域下的辛克莱·刘易斯小说叙事研究[J]. 国外文学,2012(4):128-135.

附　录

圣埃克絮佩里作品中的空间趋变

摘 要：享誉世界的法国作家安托万·德·圣埃克絮佩里在作品中构建了一个多层次、多意义的动态空间体系。空间不仅是他的叙事背景，更是其哲学思辨的主体。在本文中，笔者将分析圣埃克絮佩里作品中的空间层次，阐明空间寓意，并揭示这个多维度动态空间体系的趋变轨迹：从大自然到被开垦的“人类的大地”；从陌生的世界到“驯化”的世界；从封闭的空间到开放的空间；从真实的空间到虚拟的空间。笔者的研究旨在通过剖析作家的哲学思想和艺术创作风格，审视现代人的生存境况，探讨新的价值观和人生观。

关键词：圣埃克絮佩里　空间　趋变　寓意

一　前言

圣埃克絮佩里的故事是我们周围空间的改变路线，是文本在想象的大树上萌芽或产生的形象，而他的故事从来不是静止和既定的。[1]

法国飞行员作家安托万·德·圣埃克絮佩里是20世纪西方文坛的一位传奇人物。他既是在“云海之上”[2]与暴风雨搏斗的勇士，又是一位充满想象力、感情细腻、思想深刻的作家。在他的笔下，星辰河海、高山沙漠不仅构成了叙事的空间，也是其哲学思辨的主体。就像法国著名哲学家、美学家和评论家亨利·列斐伏尔（Henri Lefebvre，1901—1991）在《空间的产生》（*La Production de l'espace*）中所揭示的空间构建过程：实践、构想和感知，[3]圣埃克絮佩里以自己的亲身经历为素材，讲述了飞行员们的英勇事迹，同时创造了一个多层次、多意义，从实渐虚的多维度动态空间，并通过这个丰富多彩的文学世界阐明了他对于人类社会的现实观照和理想构建。

---

[1] Sully Bernadie，“*L'Imagination de l'espace dans l'œuvre de Saint-Exupéry*”，（Phd diss.，Université Paris Ⅶ，1971），p. 11.

[2] Antoine de Saint-Exupéry，“Terre des hommes” dans *Oeuvres complètes*：Tome Ⅰ.（Paris：Gallimard，1994），p. 175.

[3] Henri Lefebvre，*The Production of Space*，trans. Donald Nicholson-Smith（UK：Wiley-Blackwell，1992），pp. 65-82.

二 从大自然到“人类的大地”[1]

……大地对我们的教诲胜过所有的书本，因为大地并不是任我们摆布的。当人类与障碍进行较量时，人类便发现了自己。[2]

圣埃克絮佩里的一生都和大自然联系紧密。作为20世纪初的一名邮政飞行员，在飞机制造技术还不发达的时代，他选择了这个向风雨雷电、高山大海挑战的危险职业，为地面上安居乐业的人们建立彼此之间联系的“桥梁”。书中的主人公和他本人有着相似的经历，壮阔旖旎的大自然既是他们生活和战斗的背景，更是他们“耕耘”的“人类的大地”和精神家园。

大自然在飞行员的视野中时而安谧静逸，时而雄伟壮丽，如梦想般让人着迷，又如穹渊般神秘莫测。小说《夜航》（*Vol de nuit*，1931）讲述了飞行员法比安（Fabien）在运送邮件的途中突遇雷雨而牺牲的故事。在航程的一开始，“安详的云海泛起轻柔的涟漪，夜晚临近，法比安似乎驶进了一个浩瀚无边、令人神往的停泊港”[3]。然而，危险一触即发，雷雨就潜伏在某个角落，

---

[1] 出自圣埃克絮佩里的作品名称《人类的大地》。

[2] Antoine de Saint-Exupéry，“Terre des hommes” dans *Oeuvres complètes*：Tome Ⅰ.（Paris：Gallimard，1994），p. 171.

[3] Antoine de Saint-Exupéry，“Vol de nuit” dans *Oeuvres complètes*：Tome Ⅰ.（Paris：Gallimard，1994），p. 113.

“就像蛀虫藏在水果里”[1]，坏天气一旦发作便是灾难。在几千米的高空之上，飞行员仅凭一己之力和风雨雷电对抗。但是，大自然与人类的较量早已胜负了然，飞行员不可避免地付出了生命的代价。“就像农民长眠于土地”[2]，圣埃克絮佩里笔下的主人公“最终都安息在他们曾经飞翔的航线”[3]，如法比安坠于云海之下，贝尔尼（Bernis）[4] 迷失在荒漠之中，贝勒汗（Pellerin）[5] 被困在雪山之巅，纪尧梅（Guillaumet）[6] 在地中海上机毁人亡……大自然的神力既是死亡的绳索，也是生命的指引，在无数次的险境中，大自然有时也会成为拯救飞行员的神迹。比如，《航线》（*La Ligne*，1939）中，梅尔莫兹（Mermoz）凭借星辰的指引穿过了被暴风雨覆盖的海洋上空；《在沙漠中心》（*Au centre du désert*，1939）中，“我”因偶然遇见的贝都因人而获救。

在人类和大自然这场力量悬殊的对抗中，圣埃克絮佩里的英雄们创造了意义非凡的战绩。《人类的大地》（*Terre des hommes*，1939）中就描述了纪尧梅从雪山死里逃生的故事：“一场持续了四十八个小时的暴风雪，封锁了所有的空间，使智利境内的安第斯山脉山坡上积满了五米厚的白雪……”[7] 纪尧梅驾驶的邮政飞机因为天气迫降在雪山，他在雪地徒步前进寻找帮助，直到第七

---

[1] Antoine de Saint-Exupéry, “Vol de nuit” dans *Oeuvres complètes*: Tome Ⅰ. (Paris: Gallimard, 1994), p. 114.

[2][3] Antoine de Saint-Exupéry, “Terre des hommes” dans *Oeuvres complètes*: Tome Ⅰ. (Paris: Gallimard, 1994), p. 188.

[4] 《南线邮航》的主人公。

[5] 《人类的大地》中的人物。

[6] 《人类的大地》中的人物，也是圣埃克絮佩里在现实中的好友。

[7] Antoine de Saint-Exupéry, “Terre des hommes” dans *Oeuvres complètes*: Tome Ⅰ. (Paris: Gallimard, 1994), p. 192.

天终于被同伴找到。在极端的天气条件下，他没有食物，没有工具，凭借顽强的意志和对家庭、对事业的责任心坚持到最后，创造了生命的奇迹。事实上，人与大自然的博弈远远没有结束。当圣埃克絮佩里和他的同伴们都消逝于浩淼的宇宙时，他们的生命如同划过夜空的彗星，照耀了年轻飞行员的征途。作家在《南线邮航》（*Courrier sud*，1929）的结尾写道："达喀尔呼叫图卢兹：信件安全到达。完毕。"❶ 这是贝尔尼在失踪前发出的最后一条信息。英雄们留下的英勇无畏的气魄和牺牲奉献的精神鼓励着机组成员继续投入人类的事业。

在圣埃克絮佩里的作品中，"航线"不仅是人类和大自然对抗的战场，也是普通人成为"大写人"的熔炉。因此，作家笔下的"航线"被赋予了神圣的意义。当回忆自己第一次执行任务的经历时，他写道："我们职业的洗礼就是这样进行的……"❷ 从此，他将忍受孤独和痛苦，面对危险和死亡，同时收获友谊和人类"真正的财富"❸。他从碌碌无为的普通人，蜕变成为了人类的事业而敢于向大自然挑战的英雄。

于是，"航线"上所有的自然风景，因为有了人的踪迹而成为"人类的大地"。在这片大地上，飞行员"耕种云海"❹，就像

---

❶ Antoine de Saint-Exupéry, "Courrier sud" dans *Oeuvres complètes*: Tome Ⅰ. (Paris: Gallimard, 1994), p. 109.

❷ Antoine de Saint-Exupéry, "Terre des hommes" dans *Oeuvres complètes*: Tome Ⅰ. (Paris: Gallimard, 1994), p. 180.

❸ Antoine de Saint-Exupéry, "Terre des hommes" dans *Oeuvres complètes*: Tome Ⅰ. (Paris: Gallimard, 1994), p. 189.

❹ Stacy de La Bruyère, *Saint-Exupéry, une vie à contre-courant* (Paris: Albin Michel, 1994), p. 324.

农民开垦土地。作家在书中反复地使用了一系列意义相近的动词，例如，开垦（défricher）、耕种（labourer）、种植（cultiver）、开发（explorer）、建造（construire）、创造（bâtir）、建立（établir）等。它们和高山大海、沙漠平原联系在一起，诠释了圣埃克絮佩里独特的“人与自然”的思想。在他看来，飞机对于飞行员如同犁对于农民，船对于水手，锄头对于园丁，都是人类改造大自然的工具。根据马克思所提出的“人化自然”理论，人类始终是改造大自然的主体，而人在改造大自然的过程中也改变着自己。同样，圣埃克絮佩里强调和肯定了人对大自然的改造，但他更注重的是人在改造自然的过程中对事物和自身存在意义的改变。

三　从陌生的世界到“驯化”的世界

如果你想要一个朋友，就请驯化我吧。[1]

奥地利哲学家马丁·布伯（Martin Buber，1878—1965）曾用“相遇的世界”来解释人与人之间相互关联的状态。圣埃克絮佩里在作品中也用“相遇”的故事构建了一个“驯化的世界”。他在《小王子》（*Le Petit Prince*，1943）中写道：“什么是驯化（apprivoiser）？这是一件大家都忘了的事情，那就是建立联

[1] Antoine de Saint-Exupéry, “Le Petit Prince” dans *Oeuvres complètes*: Tome Ⅱ. (Paris: Gallimard, 1994), p. 295.

系。”❶《人类的大地》中，作家就用“一次美丽的相遇”（une belle rencontre）❷来描述再次见到纪尧梅时的情景。正是这种“美丽的相遇”，让孤身奋战在浩瀚“宇宙”中的飞行员不再孤独，旅途中的短暂偶遇让他们感到自己并不是唯一为了事业而奉献的人，相遇时哪怕仅是只言片语的问候，也让整个机组的成员被共同的纽带联系在一起。这种共同的纽带是双方在精神上的高度契合，不受世俗偏见的约束，不因时空变换而泯灭，是比任何物质都更为珍贵的、真正的人类财富。正如作家在《人类的大地》中所写，“只有一种真正的财富，那便是人类关系”❸。圣埃克絮佩里和他的同伴们飞越高山大海、沙漠桑田，把邮件传送到世界各地，帮助人们建立彼此之间的联系，在“开垦”自然的同时，也创造了一个“驯化”的世界。从此，陌生的存在成为生命中不可或缺的部分，就如狐狸一听到小王子的脚步，即使冒着被猎杀的危险也会从藏身之处跑出来；小王子哪怕付出死亡的代价，也要再次回到玫瑰的身边。

在作家看来，“驯化”不仅发生在人与人之间，也发生在人和大自然之间。同时，“驯化”可以让人更好地了解这个世界，因为“人只能认识他驯化的对象”❹。圣埃克絮佩里曾在沙漠腹

---

❶ Antoine de Saint-Exupéry, “Le Petit Prince” dans *Oeuvres complètes*: Tome Ⅱ. (Paris: Gallimard, 1994), p. 294.

❷ Antoine de Saint-Exupéry, “Terre des hommes” dans *Oeuvres complètes*: Tome Ⅰ. (Paris: Gallimard, 1994), p. 192.

❸ Antoine de Saint-Exupéry, “Terre des hommes” dans *Oeuvres complètes*: Tome Ⅰ. (Paris: Gallimard, 1994), p. 189.

❹ Antoine de Saint-Exupéry, “Le Petit Prince” dans *Oeuvres complètes*: Tome Ⅱ. (Paris: Gallimard, 1994), p. 295.

地的朱比角（Cap Juby）驻守三年。在这片荒无人烟的大地上，他逐渐摆脱了阴郁沮丧的心情，发现了生活的乐趣。他会和当地人一起喝茶聊天，会在休息时去沙漠打猎；他欣赏繁星闪烁的夜空，穿越生机盎然的绿洲。这片曾经被他认为冷漠而贫瘠的土地给他留下了美好的回忆和对生命本质的领悟。他由此认识了沙漠的真正面貌，一望无际的空虚只是沙漠留给“朝三暮四之人”❶的印象，一旦深入其中，“我们就爱上了沙漠”❷。

然而，人类在“驯化”自然的过程中必须付出时间、汗水，甚至生命的代价，正如作家在《城堡》（*Citadelle*，1948）中所写的，“当我说山，我指的是让你被荆棘刺伤过，从悬崖跌下过，搬石头流过汗，采过上面的花，最后在顶端迎着狂风呼吸过的山”❸。对飞行员来说，航线上并不只有美景，更多的是难以预测的危险。万里晴空顷刻之间就会电闪雷鸣，碧海银沙骤变狂风巨浪，只有经历过困境且奋力拼搏的勇士才会最终了解大自然复杂而多变的本质。因此，只有投身于职业的人，才真正了解大自然不为常人所知的一面，并与之建立某种特殊的联系。正如“驯化”田野的时候，农民会了解天气变化；“驯化”花园的时候，园丁会知晓植物的生长规律；“驯化”海洋的时候，水手会熟知潮水的涨落；“驯化”天空的时候，飞行员会理解“云海之下是永恒”的真理。在纪尧梅的地图上，一个不知名的农场会比大城市更加重要，因为在事故多发的旅途中，只有这个农场的人可以

---

❶❷ Antoine de Saint-Exupéry, “Terre des hommes” dans *Oeuvres complètes*: Tome Ⅰ. (Paris: Gallimard, 1994), p. 215.

❸ Antoine de Saint-Exupéry, “Citadelle” dans *Oeuvres complètes*: Tome Ⅱ. (Paris: Gallimard, 1994), p. 467.

及时赶到并提供救援。因此,“从出发的那一刻开始,航线上的一切,就被一种强大的魔力赋予了生命”❶,就像作家所说:“一种景物,如果不从一种文化、一种文明、一种职业的角度观察,那便毫无意义。”❷

四 从“封闭的空间”到“开放的空间”

我不能不把这两个宇宙对立起来:飞机的宇宙和地面的宇宙。❸

列斐伏尔认为“空间是一种社会产物”❹,空间可以产生社会,也可以反映一定社会的文化和观念。圣埃克絮佩里在作品中就通过构建对立的空间,阐释对不同价值观和人生观的理解,而《夜航》与《南线邮航》两部小说则集中体现了作家的矛盾观念在空间中的影射。

在飞行员的世界中,壮丽的山河、浩瀚的宇宙是他们执行任务的征途,也是与大自然搏斗的战场,构成了作家笔下“开放的空间”(espace ouvert),同时也是“职业的空间”(espace profes-

---

❶ Antoine de Saint-Exupéry, “Articles” dans *Oeuvres complètes*: Tome Ⅰ. (Paris: Gallimard, 1994), p. 302.

❷ Antoine de Saint-Exupéry, “Terre des hommes” dans *Oeuvres complètes*: Tome Ⅰ. (Paris: Gallimard, 1994), p. 175.

❸ Antoine de Saint-Exupéry, “Pilote de Guerre” dans *Oeuvres complètes*: Tome Ⅱ. (Paris: Gallimard, 1994), p. 204.

❹ Henri Lefebvre, *The Production of Space*, trans. Donald Nicholson-Smith (UK: Wiley-Blackwell, 1992), p. 26.

sionnel)；地面上熙熙攘攘的城市、逼仄的房屋组成了“封闭的空间”（espace fermé），即“日常的空间”（espace quotidien）。前者隐含了以行动改变人类处境的信念，为他人承担责任、牺牲自我的人生观与超越于物质之上、个人之外的真正的人类文明；后者代表着像白蚁一样庸碌无为的人生，其中的幸福、爱情、友谊都有局限性。在《南线邮航》中，作家讲述了飞行员贝尔尼和昔日情人吉娜叶薇芙（Geneviève）之间的爱情故事。全文采用倒叙的手法，表达了作家对结局的预见性：男主人公葬身沙漠，女主人公香消玉殒，正如李维埃❶所说：“爱，仅仅是爱，真是一条死路！”❷ 小说《夜航》开篇讲述了飞行员法比安于黄昏时分降落在一个小村庄，他感到“地面的生活显得如此地吸引他，……他很想在这个地方做一个普通人，透过窗户来张望不再活动的景物”❸。但是，当他看到家家户户点亮的灯光，他明白了自己为什么“怀着必胜的信念穿越风暴”❹。地面上的人以为他们的灯光只是照亮了面前的桌子，殊不知这灯光感动了航线上孤独的跋涉者。正因为这灯光，飞行员们才出生入死，放弃了自己家的那一盏明灯。

圣埃克絮佩里在作品中构建了一个开放的、意义隽永的空间，即一个新的人类世界。在可以俯瞰千里之下的高空，面对生

---

❶ 《夜航》中的指挥官。

❷ Antoine de Saint-Exupéry, “Vol de nuit” dans *Oeuvres complètes*: Tome Ⅰ. (Paris: Gallimard, 1994), p. 152.

❸ Antoine de Saint-Exupéry, “Vol de nuit” dans *Oeuvres complètes*: Tome Ⅰ. (Paris: Gallimard, 1994), p. 114.

❹ Antoine de Saint-Exupéry, “Vol de nuit” dans *Oeuvres complètes*: Tome Ⅰ. (Paris: Gallimard, 1994), p. 116.

与死的挣扎，作家对生命、对存在开展了趋向本体论的思考。他认为，当人不再为自己而存在，而是为理想奋斗、为他人奉献，那么他也许就能摆脱世俗的琐碎和羁绊，从而获得真正的幸福。这种幸福不局限于个人、家庭，而是发自人的内心，存在于整个世界，超越生死，惠及他人。贝尔尼因为一次偶然的降落遇到一位中士，那是一位在荒漠中驻守多年的老兵。在常人看来，他理应孤独潦倒，但在飞行员的眼中，他却是一个内心温暖、充满理想、带来美好希望的人。因为在这个人的身上，对于家人、爱人、陌生人和大自然的爱与对上帝的信仰融为一体，成为他生存的意义所在。

罗马尼亚哲学家米尔恰·伊利亚德（Mircea Eliade，1907—1986）认为“开放的空间”更是“神圣的空间”，因为“这种神圣空间的经验让世界的建立成为可能”❶。从这一点来说，他与圣埃克絮佩里不谋而合，因为他们都主张通过职业行动建立新的人类世界。在这个新的世界中，自我、物质享受、个人生活乃至生命都是可以抛弃的，而他人、集体、事业、使命则是新的人类文明的奠基石。相反，“封闭的空间”产生的是一种相对闭塞的文明，“在这种文明里，走路有走路的讲究，事物有事物的意义，这种讲究和意义在其他任何文明里都是不存在的”❷。对圣埃克絮佩里而言，“闭塞的文明”是对真正的人类文明的遗忘，是对危险的不自知，是对责任的回避，是在面对生存困境时的怯懦与退缩。因此，一旦出发的命令下达，地面上的一切都被飞行员或

---

❶ Mircea Eliade, *Le Sacré et le Profane*（Paris: Folio, 1965）, p. 60.

❷ Antoine de Saint-Exupéry, “Terre des hommes” dans *Oeuvres complètes*: Tome Ⅰ.（Paris: Gallimard, 1994）, p. 236.

主动或被动地放弃了，因为这些远不能与为了造福他人而挑战大自然所产生的作为人的骄傲相提并论。

五 从真实的空间到虚拟的空间

城堡，我将把你建造在人类的心中。❶

圣埃克絮佩里早期的作品主要以飞行员为主人公，讲述他们在执行任务的途中发生的故事。作家采用夹叙夹议的写作手法，歌颂人与大自然抗争的英雄主义精神，阐明他对生存、死亡、爱情、友谊等人生重大问题的见解。《飞行员》《南线邮航》《夜航》是这个时期的三部主要作品，作家在其中构建的空间以实景为主，同时包含了隐喻。

首先，《飞行员》以皮雄训练营为主要叙事空间，讲述了飞行员的学习和训练生活。其中的天空、大海、平原象征着“职业空间”；基地附近的小餐馆代表了学员和教练员的“日常空间”；训练场则是飞行员从普通人成长为英雄的“过渡空间”。作家通过这三类空间的交替预示了人物的命运，书中写道：“皮雄学员明白了些什么：人是会死的，而死亡不会有多大动静。这种与死亡的亲密接触让他们几乎感到骄傲。……然而，死亡就在那里，毫不夸张，纯粹地存在着。”❷

---

❶ Antoine de Saint-Exupéry, “Citadelle” dans *Oeuvres complètes*: Tome Ⅱ. (Paris: Gallimard, 1994), p. 374.

❷ Antoine de Saint-Exupéry, “L'Aviateur” dans *Oeuvres complètes*: Tome Ⅰ. (Paris: Gallimard, 1994), p. 33.

接下来，圣埃克絮佩里在《南线邮航》中讲述了一对相爱的恋人因为不同的人生理想而生离死别的故事。作家将两个人物分别置于不同的空间，贝尔尼属于“职业空间”，他每天面对的是充满危险、前途未卜的航线；而吉娜叶薇芙属于“日常空间”，她在其中过着舒适、奢侈、一成不变的生活。双方为了追求新的人生，都进行了逃离原属空间的尝试，但最终都不得不回归自己的世界。在之后的《夜航》中，作家延续了空间对立和并置的模式，进一步突出了职业与家庭的矛盾。小说中的黑夜，既是时间，也是空间：一夜之间，飞行员、家庭、整个机组的命运都发生了改变；在危机四伏的夜空，法比安驾驶着飞机，与突然到来的雷雨搏斗。作家通过航线、办公室和家庭等多重空间的转换，将不同人物的命运紧紧地联系在一起，并且随着情节的推进，加快切换节奏以渲染气氛、突出矛盾，成功刻画了法比安、李维埃、法比安妻子等人物形象。另外，虽然作家早期的作品大都以真实的空间作为背景，但其中的某些形象被赋予了特殊的寓意，比如“城市”隐喻物质文明主导下的现代社会，“灯”象征人类的友谊和关怀，其他类似的意象如“星星”“太阳”“蜡烛”等都代表着光明和希望。

《人类的大地》是圣埃克絮佩里的“转型之作”，从此之后，他的作品体裁逐渐从小说转向哲理散文，出现了淡化情节、虚拟时空的特征。从空间构建的角度来说，一方面，作家将现实空间和虚拟空间叠加，增加了空间维度，将读者带入一个超越时空的世界。比如，平原上的岩石层让人回想起远古的历史，古老的熔岩通道让人仿佛看到了火山爆发的情景，还有点缀在冰川上的土地也在讲述着荒芜大地上繁荣的过去……

另一方面，书中的空间被赋予了多重寓意。比如，航空公司的老式班车既是一种交通工具，也是一个过渡空间。飞行员乘坐它去往机场是对进入“职业空间”的准备，因为几小时后，一个普通的乘客将变成向风雨雷电挑战的英雄。班车就像“一只灰色的蝶蛹，蝶将从这里脱蛹而出”[1]。

书中又一个典型的寓意空间就是“沙漠”。一望无际的黄沙从表面上看孤寂而匮乏，但一旦真正了解这片大地，作家感到“这些印象都只不过是文学的字眼，根本解释不了什么”[2]，因为它就像人类，具有自己的生命，甚至情感。《在沙漠里》（*Dans le désert*，1939）的一章讲述的是当地居民的历史和日常生活，揭示了这片荒凉大地所蕴藏的蓬勃生机。其中，奴隶巴克的故事表现了人类对生命和尊严的渴望，影射了现代人荒谬和虚无的存在状态。书中还提到了一位独守沙漠多年的中士。对于这样一种被世人遗忘的存在状态，作家写道：“中士，撒哈拉对你来说意味着什么呢？它意味着总在向你走来的一位神明，同时也意味着离沙漠五千公里之遥的一位温柔、可爱的金发表妹。”[3] 由此可见，沙漠被赋予了人性和神性。在这个空间里，大自然、神、人融为一体，成为生命的意义。还有《在沙漠中心》中突然出现的神秘的贝都因人，因为偶然拯救了陷入绝境的飞行员，被视为神的化身。此时，沙漠、人类、神的形象叠加在一起，彼此互为

---

[1] Antoine de Saint-Exupéry, “Terre des hommes” dans *Oeuvres complètes*: Tome Ⅰ. (Paris: Gallimard, 1994), p. 178.

[2] Antoine de Saint-Exupéry, “Lettres à un Otage” dans *Oeuvres complètes*: Tome Ⅱ. (Paris: Gallimard, 1994), p. 92.

[3] Antoine de Saint-Exupéry, “Terre des hommes” dans *Oeuvres complètes*: Tome Ⅰ. (Paris: Gallimard, 1994), p. 217.

隐喻，同时存在于虚实交替的文学空间之中。

在圣埃克絮佩里创作的后期，其作品中的空间已经被完全虚拟化，时间和情节也被进一步淡化，甚至人物不再是叙事的主体，取而代之的是作家凭借丰富的想象力所构建的一个超越时空的多维度空间，以及其中一系列充满寓意的形象。《小王子》和《城堡》是作家在这个时期的代表作品。

他在《小王子》中根据逃离—历险—回归的情节发展轨迹，构建了一个动态的虚拟空间。首先，小王子居住的 B612 星球是一个用天文望远镜都难以发现的地方，但这里美好、宁静、和谐，隐喻“乌托邦”式的人类乐园。然后，当小王子离开 B612 星球，他先后经过了宇宙中的六颗行星。每颗星球虽然处于不同的轨道，却给小王子留下了相同的印象——奇怪（bizarre）、不寻常（étrange）、荒谬（absurde）。显然，这六颗行星正是现代人类社会在作家思想意识中的影射，“这些星球反映了人与人之间的绝对的疏离，这些人被认为是生活在同一片土地上的人们”❶。最后，小王子来到地球，而作家将故事的主要背景设定在荒无人迹的沙漠。正是在这片远离现代文明的贫乏之地，人类才摆脱了物质的桎梏，发现了真正的“宝藏”。小王子和飞行员寻找井的经历象征着人类寻找生命意义的艰难历程，并且揭示了人与大自然不可分离的真理。

圣埃克絮佩里的遗作《城堡》，模仿了尼采的《查拉图斯特拉如是说》（*Ainsi parlait Zarathoustra*），对自己一生的哲学思想

❶ Pierre Aubray, “A propos du Petit Prince,” *Paroles nouvelles françaises*, No. 5 (14 mai 1946), p. 33.

进行了回顾和总结。作品的背景是一个由多重空间叠加而成的虚拟世界，其中的沙漠承载了对大自然和人类社会的双重隐喻，既有盐场、荆棘、狂风、沙砾这些真实的元素，又有高山、树木、泉水、草原等虚构的景象。在不了解的人看来，沙漠是大自然中孤寂、匮乏的角落；但对于真正进入其中的人来说，这里是一片充满蓬勃生机的乐园，士兵、囚徒、女人、孩子、水手、柏柏尔族的居民纷纷登场，演绎着一幕幕生动的人间悲喜剧。

同时，书中的沙漠还表现为一个超越物质层面的虚拟的存在，可以被视为作家精神世界的外化。在这个世界里，充满了哲学思辨的意象，其中的“庙宇”“城市”“帐篷”都是人类社会的象征。题目中的“城堡”更是以一个虚拟的空间来隐喻人类本身，体现了圣埃克絮佩里关于人、社会、大自然融为一体的思想。在作家看来，人如果没有责任的束缚，就会失去存在的意义，因此他在书中写道：“我觉得人正像城堡，想确认自己的自由，却只留下一堆暴露于星空下的断壁残垣。”❶ 除此之外，“树”也是对人的一个重要隐喻，书中出现的“橡树”“橘子树”“松树”“雪松”等各种形象都是人的化身。因为从形态上来说，树扎根于土地，却向着太阳的方向生长，象征着人生于大地，却满怀理想；树的枝叶繁茂、相互交缠，象征着人类不断繁衍，彼此依靠。事实上，关于“人”，作家提出的是一个抽象的、本质性的概念。在他的眼中，“农民”“园丁”“水手”“工匠”“士兵”“飞行员”“家中的女人”“奴隶”等各种身份和职业的人，

---

❶ Antoine de Saint-Exupéry, “Citadelle” dans *Oeuvres complètes*: Tome Ⅱ. (Paris: Gallimard, 1994), p. 374.

在本质上都是一样的，他们都是大地的“开垦者”。人类在大自然中建立起自己的家园，由此也构建了有意义的空间，就像书中写道：“我发现了一个伟大的真理，即人定居下来，事物的意义对他们而言就随着家庭的意义有所变化。”❶

六　结语

对圣埃克絮佩里而言，空间并不是静止的容器或平台，而是一个运动的实践过程。因此，他在作品中构建了一个动态的、多层次的、多意义的空间体系，以阐明自己的人生观和价值观。并且，通过多重空间的叠加和隐喻，向读者展现了一个人类社会的理想范型。相对应地，读者可以跟随作家文学创作的空间趋变轨迹进入他充满哲学思辨的精神世界。

圣埃克絮佩里在作品中所构建的文学空间就像一扇大门，推开它便开启了一个绚烂多彩、亦真亦幻的“新宇宙”——隐秘而生动、真实而高远。这是“一个寓意的空间，让高雅后退，同样将平庸拒之门外”❷。这个空间也许并不存在于现实之中，但它却实实在在地存在于人类的生命，并因为人类的行动和联系被不断赋予新的意义，就像作家在《城堡》中写道：

---

❶ Antoine de Saint-Exupéry, “Citadelle” dans *Oeuvres complètes*: Tome Ⅱ. (Paris: Gallimard, 1994), p. 375.

❷ Alban Cerisier, *Il était une fois ... Le Petit Prince* (Paris: Gallimard, 2006), p. 276.

我写了诗，还有待修改……我一改再改，向着上帝走去。[1]

（原载《欧洲语言文化研究》2019年第2期）

[1] Antoine de Saint-Exupéry, "Citadelle" dans *Oeuvres complètes*: Tome Ⅱ. (Paris: Gallimard, 1994), p. 641.

论现代文明视域下
圣埃克絮佩里的“人化自然观”

摘　要：安托万·德·圣埃克絮佩里是法国20世纪前半叶一位极具传奇色彩的飞行员作家。通过他的作品，我们能够发现他对大自然错综复杂的感情和对生命意义的思考。本文拟将圣埃克絮佩里的“人化自然观”划分为不同的层次并分别深入剖析，旨在阐述他的哲学思想对现代文明背景下的人与人类社会的启示。

关键词：圣埃克絮佩里　人化自然观　现代文明

一　引言

“作为一个典范，一个完全的、严格的、高贵的人道主义者，他诠释了一种英雄主义的智慧，这就是圣埃克絮佩里。”❶ 在他的作品中，“人”与“自然”是两大主题，就像他的作品《人类的大地》所传达的信息：自然与人是不可分离的。他以生命为代价与大自然斗争的故事激励着人们去探寻新的存在方式和人生价值。

二　飞行员视野中的大自然

作为一名飞行员，圣埃克絮佩里的一生从未远离大自然。在他的作品中，大自然显得时而平静，时而愤怒，时而瑰丽，时而单调。从一个飞行员的视角，各种自然元素和天气现象都具有不同寻常的意义。在他与大自然的搏斗中，这些自然元素大致可分成两类：有利于飞行的因素和不利于飞行的因素，前者如月亮、星星、黎明等。作家把月亮比作泉水，❷ 在月光的照耀下，高山、大海显得格外平静，在有月亮的夜空下，人与自然之间的紧张气氛好像也得到了缓解；星星的出现对于迷失方向的飞行员来说就是生命和希望。在充满危险的旅途中，云层、黑夜、大雾都

---

❶ Pierre-Henri Simon, *L'Homme en Procès* (Paris: Payot, 1965), p. 25.

❷ 刘华选编《圣爱克絮佩里精选集》，张森宽、乔咪加、刘君强、王惠译，北京燕山出版社，2005，第144页。

会遮挡视线，只有月光和星辰的出现才能让飞行员转危为安。同样，对于在无尽的黑夜中摸索的飞行员来说，黎明意味着安全、宁静和希望，让人想起沙滩、大地、农场、牛羊和平凡生活中的一切。❶

作为飞行员的对立面，高山、大海、沙漠、暴风雨、大雪、狂风、大雾等自然元素是阻碍飞行的“敌人”：比如，雪在飞行员看来并不是美景，它时常与风、高山一起带来致命的危险。因为雪会模糊飞行员的视线，而大风会使飞机偏离航线，高山会将迷失方向的飞机碰得粉碎。《人类的大地》中就记录了纪尧梅从雪山侥幸逃生的故事，而如巨人般的贝勒汗最后却安息在了雪山之中。黑夜也是对飞行员的一大考验，《夜航》中的法比安倾尽全力也没有摆脱无尽的黑暗。在黑夜中，狂风暴雨会比白天更加危险，高山大海也会成为旅途中的“暗礁”。还有沙尘暴，那些被风卷起的沙砾会让飞行员根本看不到前面的路，高温会让飞行员窒息在狭小的机舱里。高速而强有力的狂风会把飞机吹到一个无法控制的高度，让情况变得异常危险。同时，大自然的变幻莫测使它像是一个“多面体”，随时都可能呈现不同的面貌。比如，浩瀚的大海在平静时让人感叹它的壮观和美丽，可一旦上空发生了暴风雨，掀起的巨浪能在瞬间击碎飞机的钢铁外壳。灿烂的阳光对飞行员来说也许是出行的好兆头，但撒哈拉沙漠的烈日却是致命的危险。因此，各种自然现象对飞行员有不同寻常的意义，有时甚至性命攸关。因此每个邮政飞行员在职业生涯的开始

---

❶ 刘华选编《圣爱克絮佩里精选集》，张森宽、乔咪加、刘君强、王惠译，北京燕山出版社，2005，第 143 页。

都会被告诫：你要记住，在云海下面……那可是永恒。[1] 圣埃克絮佩里在《人类的大地》中也写下了自己的领悟：一种景物，如果不从一种文化、一种文明、一种职业的角度观察，那便毫无意义了。[2]

飞行员眼中的大自然注定不同于一般意义上的大自然。他对大自然从向往到征服，从赞叹到敬畏，形成了发展变化的自然观。他与风暴、高山、大海的搏斗既表现了人类的勇气与力量，也见证了自然的伟大与神秘。他在作品中所讲述的人与自然较量的故事也反映了他内心的矛盾。较量的结局往往是：飞行员牺牲了，任务完成了。于是，读者不禁会问：这就是作家想要的结果吗？就是他理想的实现吗？抑或是出于无奈，出于对人类自身极限的充分认识，作家才写下了这样的结局？事实上，从《夜航》中的“村庄”，到《人类的大地》中恍惚一现的“绿洲”，再到《城堡》中的沙漠部落，他的作品中总会在暴风雨后给读者创造一片净土、一个乐园。或许这就是作家内心对自然的最终理想——一个模糊的、美好的田园世界。让人遗憾的是，尽管怀抱改造自然的愿望，圣埃克絮佩里并没有给出把这个诗意的梦想变成现实的具体途径。

三　被开垦的自然

圣埃克絮佩里所讲述的沙漠中的奇遇，长途运送邮件的飞行

---

[1][2] 刘华选编《圣爱克絮佩里精选集》，张森宽、乔咪加、刘君强、王惠译，北京燕山出版社，2005，第 178 页。

历险和与大自然搏斗的经历并不仅仅是引人入胜的故事。这一切都充当了一个预言的背景，而这个预言告诉我们：人类的状况就是人在互相友爱的激励下，试图超越自我的一场永恒而神圣的探索。❶

人类从大自然中孕育而生，在生存和发展中和大自然产生各种联系。人首先在身体上和自然有了直接的接触，比如农民开垦土地。从此，自然被人改变了面貌。马克思提出了“人化自然”的理论，他主要是从客观和物质的层面解释人对自然的改造以及在这个过程中人在身体和智力方面的发展。圣埃克絮佩里也通过作品阐明了一种超越物质层面的“人化自然观”，但与马克思不同的是，他注重人在这个过程中所付出的努力，而这种努力将改变人的本质，最终达到改造世界的目的。

圣埃克絮佩里是一名飞行员，所以从狭义上来说，航线就是他改造的自然，就如同农民开垦的土地。在他的文章中，反复地出现“耕作”（cultiver）、“开垦”（labourer）、“开发”（explorer）等动词，事实上，这些词可以用“改造”（transfigurer）或“人化”（humaniser）来概括。在航线上，飞行员就是“开垦者”，他们飞过高山、大海、平原、沙漠，在无边无际的宇宙中留下人类的痕迹，让广袤的自然变成熟悉的家园，让寂寥的空间充满人类的故事和情感。飞行员开发航线的工具是“飞机”，就好比农民使用“锄头”，水手驾驶“帆船”。从广义上来说，各种职业

---

❶ Paul Webster, *Saint-Exupéry vie et mort du petit prince* (Paris: Le Félin, 2002), p. 214.

的人都在用自己的方式“开垦”着大自然。这个层次的“人化自然”是通过人对自然的直接接触实现的，见证了各行各业的人为了美化这片土地所付出的汗水和辛劳。

今天，我们正处于一个科学技术高速发展的时代，人们享受着科技带来的生活便利和舒适。同时，人在物质极大丰富的空间里封闭了自己，再经不起风霜。在人把一切都当成可以用金钱计算的物品时，人的本性也被异化了，人自身也成为物质或商品。科技的发展是为了造福人类，但是人们却忘记了这个目的，甚至偏离了原本的方向。圣埃克絮佩里在他的年代对这一切似乎都有预感，他的思想在今天看来仍然是前卫的。他认为现代文明社会的人越来越依赖科技，失去了原有的为了生存而具备的创造性和对生命的热情。确实，人类知道了更多的自然规律，用理性规划一切，但是逐渐放弃了与自然亲密接触的机会。理论家向大家宣扬精确的规则和严格的定律，同时排斥情感、想象、本能和激情，甚至让理性成为价值的唯一判断标准。于是，人不仅被“物化”，也被自己概念化，最后真正被“异化”为不再鲜活的生命，失去了人的本性。现代人看到的是一个片面化的、纯粹的物质世界。他们因为机器而从过去繁重的体力劳动中解放出来，然后远离了村庄，远离了大自然。他们没有必要再用双手接触泥土，用肩膀背负重物。当人们有了教条，感情被理性排斥在一切价值判断之外。这样一来，人类变得自以为是、满足现状，忘记了生活的真正目的，找不到存在的意义。

圣埃克絮佩里提出的“人类帝国”（l'empire humain）[1] 就是

❶ 作家在《人类的大地》中提出的一个概念，旨在阐明理想中的人类社会。

通过人类在改变自然的过程中所付出的努力来改变个体生存的意义所实现的理想世界。圣埃克絮佩里式的“开垦者”重视的并不是表面的结果，而是人在劳动中实现的人性的提升，或者说是人格的升华。这表现在作品中就是牺牲精神、责任感和英雄主义。正是通过一次又一次与暴风雨、大海和高山的遭遇，飞行员实现了对自我的重新定义。

四　被驯化的自然

圣埃克絮佩里认为“驯化”（apprivoiser）就是“建立联系”。[1] 一方面，在人类改造自然的过程中，人与自然之间建立了联系，职业赋予风景特殊的意义。比如在《人类的大地》中，他谈到一个小农场，那里住着一对普通的夫妇。因为他们经常搭救附近遇险的飞行员，所以这个在地图上没有标记的小农场是飞行员在路途上的避难场。[2] 还有大海，从高空中看像一片巨大棕榈叶的海浪，实际上是不能靠近的陷阱。[3]。再比如沙漠中的蜻蜓，平常人可能根本不会注意它们，但是这小小的昆虫却能预告沙漠风暴的来临。[4] 在飞行员生涯中，圣埃克絮佩里掌握了不少

[1] 刘华选编《圣爱克絮佩里精选集》，张森宽、乔咪加、刘君强、王惠译，北京燕山出版社，2005，第 482 页。

[2] 刘华选编《圣爱克絮佩里精选集》，张森宽、乔咪加、刘君强、王惠译，北京燕山出版社，2005，第 179 页。

[3] 刘华选编《圣爱克絮佩里精选集》，张森宽、乔咪加、刘君强、王惠译，北京燕山出版社，2005，第 188 页

[4] 圣艾克絮佩里：《沙漠中的一口井》，陈玉琴、陈旻乐、孔潜译，上海人民出版社，2008，第 269 页。

观测天气现象的经验，大自然与人之间的交流也正是通过这些微妙的信号进行。对于飞行员来说，这种交流既是职业的要求，也是生存的必要。

另外，人和人在工作中也建立了联系。在共同目标的激励下，人们团结在一起，相互之间建立起真正的友谊与爱。他所定义的友谊没有功利性，是人与人精神上的一种默契，源于相互的尊重与欣赏，不受出身、地位、财富等世俗因素的影响；而他所追求的爱来自责任感，正如小王子对玫瑰的感情，不同于占有的欲望，是一种让人性变得高贵的情感。这样的人类关系超越了两性之爱，超越了日常生活，也超越了个人利益，以牺牲自我的精神来体现。在圣埃克絮佩里看来，在这个多维度、相互联系的空间，正是人与人之间的联系决定着人们生存的意义。

今天，人们不得不忍受孤独和对立。人们拥挤在城市中，但彼此却不能沟通，大多数人只关注自己，而不关心他人。自私和利己摧毁了人们之间的关系，也摧毁了人与自然之间的关系。圣埃克絮佩里认为，如果人都只为自己的利益而活就失去了生存的意义。即使拥有再多的金钱和物质，也只能忍受孤独和空虚。他启发人们去“驯化”这个世界，“驯化”周围的人与物，建立一个互相关联的“大家庭”，就像建立《人类的大地》中的“绿洲”。虽然和普通人一样向往爱情和家庭生活，他却自愿选择了在更大的范围里建立更加广泛的联系。他定义的“爱”，不仅是“爱情”，还是“让人成为真正的人的相互之间的一种联系”[1]。

---

[1] Walter Wagner, *La conception de l'amour-amitié dans l'oeuvre de Saint-Exupéry* (Berne: PETER LANG, 1996), p. 93.

同时，在人与自然的较量中，他主张通过有建设性的行动来“驯化”自然，让自然成为对人有意义的存在。他启发人们去建立和这个世界的联系，以此摆脱虚无和焦虑，获得理想的生存状态。他用自己的亲身经历告诉人们：精神上的愉悦，即为他人而牺牲所得到的自我提升，才是真正的幸福。

五　寓意的自然

在圣埃克絮佩里看来，“人化自然”意味着被人描述、认识和改造的自然。如果开垦自然是从物质层面对自然进行的改造，那么驯化自然就是超越物质层面的继续改造，即通过建立人与自然，以及人与人之间的联系来改变存在的意义。“寓意的自然”则是一个更抽象的“人化自然”，因为它是一个完全由作家构思出来的世界，更加个性化，内涵也更加丰富。因此，圣埃克絮佩里在作品中再现的自然并不是一个简单的、裸露的、粗糙的世界，而是一个丰富的、充满想象和象征意义的空间。

以沙漠为例，沙漠并不局限故事的发生。对读者而言，它就像一扇门，揭示了圣埃克絮佩里的精神世界。在他的作品中，沙漠是超越时空的。从《人类的大地》到《小王子》再到《城堡》，作家实践着从形式到内容的改革和创新。书中的沙漠显得神秘莫测，是充满矛盾的统一体，其拥有广阔的地域和封闭的文明、贫瘠的土地和丰富的宝藏、静谧荒芜却充满激情与生命力。

在作家构思出来的这个瑰丽的自然中，沙漠是一个具有多重寓意的亦真亦幻的空间。在这片生命稀少的土地上，生存条件是如此恶劣，使得陷入其中的人生死未卜。圣埃克絮佩里几乎每次飞行都会穿过沙漠，甚至在撒哈拉沙漠中生活了三年。在这里，他忍受了孤独如苦行僧似的生活，但也发现了沙漠的美丽，真正地了解了这片土地。沙漠单调枯燥，远离现代文明，但也是让圣埃克絮佩里安之若素的地方。这里没有世俗烦扰，是飞行员心灵休憩和深思反省的地方。在《小王子》中，这里埋藏着生命之泉；在《人类的大地》中，这里有神秘的“绿洲”，其中的人与动物和谐相处，又有几分和家相似的感觉；在《城堡》中，这里矗立着神庙，充满了人间的悲欢离合，但又超脱时空，象征人类永恒的乐园。当人们真正进入沙漠，它便会呈现一片不同的景象，在贫瘠的外表下隐藏着生命的繁荣——这恰恰与表面繁荣、实质空虚的现代文明社会相反。圣埃克絮佩里作品中的沙漠是人、自然和神相互交融的所在，是“人化自然”的最高境界的体现。如同作家所说：“中士，撒哈拉对你来说意味着什么呢？它意味着总在向你走来的一位神明。同时它也意味着离沙漠有五千公里之遥的一位温柔、可爱的金发表妹。”❶

作家认为，沙漠让人摆脱了物质的束缚，找到了真正的财富和生存的意义，这就是对生命的信念。因此，沙漠和自然中的其他元素一样，在圣埃克絮佩里的精神世界中，都是与人不可分离的“人化自然”的一部分。它变换着面貌，显得神秘莫测，但是它的本质始终如一。作家借助“沙漠”的极度贫瘠，对比物质世界的表面繁荣，表达了对现代社会物质文明及价值观的批判，而作家一直在质疑和否定的，正是现实中的人所极力追求的。

---

❶ 刘华选编《圣爱克絮佩里精选集》，张森宽、乔咪加、刘君强、王惠译，北京燕山出版社，2005，第 225 页。

事实上，圣埃克絮佩里对“人”的生存意义的探讨一直都在围绕这种批判进行，这在《小王子》和《城堡》中的表达得更为抽象。在《小王子》中，作家通过各种有象征意义的形象阐明了自己对于生命、死亡、友谊和爱情的独特见解。这部作品虽然是一部童话，但其中很多简明的形象都有深刻的寓意。在这部作品中，“死亡”变得不再可怕，只是“脱去一层外壳”[1]；真正的友谊不由身份、地位、财富等外在因素决定，而是因彼此的真诚所建立的联系；爱情的本质不是自私的占有，而是对责任的承担。在这部作品中，作家表达的思想是对现代文明社会的物化价值观的全盘否定。作家通过描写“大人的世界”和“孩子的世界”之间的对立，明确地表达了对现代文明社会物化价值观的批判。

圣埃克絮佩里在批判物化文明的同时，肯定了“人”在“人化自然”中的核心地位。在《城堡》（国内也有译本译为《要塞》）一书中，作家以已经去世的柏柏尔族首领的口吻对自己的继承人讲述故事，传授经验。这本书就像一部史诗，综观大自然和人类的发展；以章节展开的故事逐步论述作家关于人生的思考。在这部充满哲理和抽象寓意的书中，最有代表性的形象都与“人”有关，比如“城堡”（要塞）。正如作家在书中写道：“因为我觉得人跟要塞很相像。人打破围墙要自由自在，他也就只剩下了一堆暴露在星光下的断壁残垣。……要塞，我

---

[1] 刘华选编《圣爱克絮佩里精选集》，张森宽、乔咪加、刘君强、王惠译，北京燕山出版社，2005，第500页。

要把你建造在人的心坎里。”[1] 因此，人必须承担责任，并且受到各种“联系”的束缚，否则他的存在也就没有意义。另外，在《城堡》的多个章节中，作家经常以“树”喻“人”：“……就像人必须生活在空气中，鱼必须生活在水中，树也必须生活在阳光中。树根伸入土内，枝叶插入星辰，它是星星与我们的交流之路。”[2] 在不同的章节中，“树”是橘子树、橡树、松树、雪松等具体的形象，也是“人”的众多复像。树的枝叶互相掩映，就如同人之间的友谊；树扎根于大地却朝向太阳，比喻人生于平凡但能超越自我。作家对“人”的地位和价值的肯定，表达了他对人类社会的希望。当我们陷入荒谬的处境不可自拔时，或许我们可以从圣埃克絮佩里的思想中得到启发，重新树立对自己的信心，突破精神的桎梏，通过行动实现自我救赎。

六 结语

圣埃克絮佩里批判所有脱离真实生命和人性的意识形态。他认为人的唯一的信仰应当是人本身，从而确立了他的“人化自然观”思想中“人”的核心地位。他对于现代文明和理性的清醒认识，给现代人带来了意义深刻的启示。就像帕斯卡所说：“是

---

[1] 安东尼·德·圣埃克苏佩里：《要塞》，马振骋译，海南出版社，2003，第11页。

[2] 安东尼·德·圣埃克苏佩里：《要塞》，马振骋译，海南出版社，2003，第36页。

心能够感受到上帝，而不是理性，这就是信仰。”[1] 圣埃克絮佩里的自然哲学思想让我们重新树立起对“人”的信仰，并从现实出发，努力追寻人类理想的生存方式和人生价值。

（原载《法语学习》2014 年第 5 期）

[1] Blaise Pascal, *Pensées et opuscules* (Paris: Hachette, 1946), p. 458.

论圣埃克絮佩里的空间叙事艺术

摘　要：法国著名的飞行员作家安托万·德·圣埃克絮佩里擅长构建多层次、多意义的空间，并通过空间的转换推动故事情节发展，表现人物的矛盾心理。在他的作品中，空间绝不仅仅充当背景，它与人物紧密相连、寓意深刻，体现了文学、哲学、艺术的巧妙结合。本文将呈现圣埃克絮佩里在文学创作中构建多重空间的具体过程和精湛技巧，旨在揭示作家深刻的哲学思想和独特的艺术风格。

关键词：圣埃克絮佩里　空间　转换　矛盾

一　引言

法国作家安托万·德·圣埃克絮佩里擅长在其作品中构建多层次、多意义的空间，并通过这种创造表达他独特的世界观和人生观。圣埃克絮佩里在小说创作中构建空间的原则在其生活的年代颇具前瞻性。在他看来，空间并不是静止的容器或平台，而是一个动态的实践过程。他在作品中对空间形式的创造恰如其分地阐释了法国哲学家亨利·列斐伏尔（Henri Lefebvre，1901—1991）所揭示的空间构建理论，即实践、构想和感知。而列斐伏尔一直到1974年在《空间的产生》（*La Production de l'espace*）中才系统地阐明上述观点。1945年，美国普林斯顿大学教授约瑟夫·弗兰克（Joseph Frank，1918—2013）发表了《现代小说中的空间形式》（*Spatial Form in Modern Literature*），提出一种打破时间和因果，把空间作为叙述结构的模式。具体来说，就是通过文本的并置、片段、蒙太奇或多重情节来模糊时间因素，舍弃传统的线性叙述顺序，采用共时性的空间叙述方式。同时，小说的“空间”不仅指有形的地理景观空间，也包括无形的个体心理空间和情感空间，等等。[1] 不过，于1944年早逝的圣埃克絮佩里早已在自己的多部作品中通过具体的文本构建，展现了弗兰克关于空间形式的相关理论和技巧。

[1] 约瑟夫·弗兰克：《现代小说中的空间形式》，秦林芳译，北京大学出版社，1991，第2-15页。

二　空间转换与情节发展

圣埃克絮佩里的故事也是我们周围空间的改变路线，是文本在想象的大树上萌芽或产生的形象，而他的故事从来不是静止和既定的。❶

圣埃克絮佩里作品中的空间可大致分为“开放的空间”“封闭的空间”和“过渡的空间”。他讲述的故事所依托的背景在“天空、高山、大海、沙漠”和“地面、家、飞行员宿舍”之间转换。前者象征“开放的空间”，后者属于“封闭的空间”。同时，飞机、火车和开往机场的老式班车代表的“过渡的空间”，使距离遥远的地理景观互相联系，共同构成作品的文学空间。通过对共时性多重空间的并置和转换，文本空间参与了情节的创造。并且随着情节发展的节奏变化，空间切换的速度也随之改变，充分体现了列斐伏尔所描述的有关“物质空间，心理空间和社会空间合而为一的空间‘三一辩证法’”❷。

《夜航》是一部有关“黑夜”的作品，这里的“黑夜”既代表时间也指代空间。一夜之间，飞行员的命运发生了改变；飞行员在黑夜中为完成使命而进行的战斗体现了人与大自然的对抗，构成了作品的情节主体。故事中的地理空间可以分为三类：第一

❶ Sully Bernadie, “*L'Imagination de l'espace dans l'œuvre de Saint-Exupéry*”, (Phd diss., Université Paris Ⅶ, 1971), p. 11.

❷ 张海榕：《空间批评视域下的辛克莱·刘易斯小说叙事研究》，《国外文学》2012 年第 4 期，第 129 页。

类空间是三条航线，主要由平原、大海、夜空等自然元素构成；第二类空间是李维埃的办公室，这里也是夜航的控制中心；第三类空间是飞行员的家。整个“夜航”的故事就是讲述这三类空间里的人物命运。作家通过空间的跳跃和并置控制叙事的节奏。一开始，法比安在平原上空飞行，他感到疲劳，渴望地面上普通人的生活，从高空俯瞰平原的景观配合情节营造出平静而轻松的气氛。接下来，危险不知不觉地临近，暴风雨即将到来，空间迅速切换到李维埃的办公室，同时穿入另外一个空间——飞行员的家。在那里，妻子正在焦急地等待丈夫的归来。随后，故事发展到高潮，飞行员在夜空中正面迎战暴风雨，他驾驶着飞机穿过电闪雷鸣的夜空；地面上，李维埃和全体机组成员想尽一切办法和飞行员联系；李维埃甚至遭到飞行员妻子的质问。在这个部分，三类空间随着情节的愈演愈烈而快速变换，带来扣人心弦的效果。夜空中奋战的飞行员穿过云层试图寻找光明的出口却被雷电击中——这时的气氛反而变得平静，人物的内心甚至感到平和安详。激战之后的飞行员在云层之上看到了一个新的世界，但地面上所有的人都已经意识到飞行员的命运。最后，新的夜航即将开始。故事在三类空间之外的空白处结束，预示着下一班夜航飞行员未知的前途和新的希望。

另外，空间变换的既定路线是小说情节的另一种叙述形式。圣埃克絮佩里作为一名历史上早期的邮政飞行员，其作品中的主人公几乎都有着和他本人相同的生活轨迹：像游牧者一样往来于天空和地面之间。飞行员往往在故事的结尾牺牲，却完成了任务。圣埃克絮佩里的一生经历了无数次危险，正如他在书中讲述的，每一次历险都有可能牺牲。其实，他早已知晓自己既定的命运，但仍然坚持着飞行事业。直到 1944 年 7 月，在最后一次执行任务的途中，圣埃克絮佩里驾驶的飞机和地面永远失去了联系。他的一生恰恰证明了飞行员既定的生活轨迹——永远徘徊在地面与天空之间，直到最后“躺在自己耕耘的土地上”❶。这也是作家文学创作的基本情节模式。因此，圣埃克絮佩里作品中的空间并不仅仅是故事发生的背景，它和人物一样是文本的重要构成部分，是情节的外在表征。所以对其进行多维度的观照，也是理解作家创作构思的重要手段。

三　空间对立与心理矛盾

我不能不把这两个宇宙对立起来：飞机的宇宙和地面的宇宙。❷

对圣埃克絮佩里而言，飞行是人生无可争议的主题，是他找到生命意义的方式。但是，飞行员也像普通人一样向往家庭，这是人的基本需求。这两者之间的矛盾在圣埃克絮佩里的作品中体现为两种空间的对立：开放的空间意味着职业和冒险；封闭的空间象征着家庭和爱情。飞行员的生活游离于这两种空间之间，充满矛盾。飞行员有时也对地面上的生活充满向往，甚至曾试图逃离危险的职业环境，但是最终他们还是回到了自己的岗位。“这

❶ 刘华选编《圣爱克絮佩里精选集》，张森宽、乔咪加、刘君强、王惠译，北京燕山出版社，2005，第 192 页。

❷ 刘华选编《圣爱克絮佩里精选集》，张森宽、乔咪加、刘君强、王惠译，北京燕山出版社，2005，第 399 页。

种生活轨迹的变化，既是对地理空间的临摹与再现，也是对小说人物心理变化过程的表述与象征。”❶

以《南线邮航》为例，作家讲述了发生在属于两个不同空间的人物——贝尔尼和吉娜叶薇芙之间的爱情故事。作为邮政飞行员，贝尔尼不得不受限于飞机的起飞和降落，远离了尘世的爱情和家庭。一方面，飞行让他实现了一个男人寻找广阔空间的理想；另一方面，他和地面上简陋的宿舍之间建立了一种临时的关系，只不过这种关系一直处于动荡和变化之中。所以相对来说，地面的空间对他而言反而显得陌生，倒是几千米的高空使他觉得熟悉和自在。而吉娜叶薇芙则正好相反，她了解并已经习惯地面上的各种享受，渐渐依赖奢侈、舒适、讲究的生活环境。她不习惯飞行员简朴的生活，在心理上和情感上都对贝尔尼所属的空间表现漠然。出于对温暖家庭的需要，贝尔尼试图回到地面，回到城市，找回代表往昔生活的吉娜叶薇芙。与此同时，被自己早已熟悉的生活所桎梏的吉娜叶薇芙因为突然遭受的打击，也想尝试一种新的生活，寻找一个新的空间。他们都想摆脱自己熟悉的生活，熟悉的不满足，熟悉的空缺，熟悉的痛苦。但是最后他们都放弃了这场“逃离之旅”，因为他们都意识到飞行员的职业和家庭之间的矛盾不可调和。

对于这两个人来说，这是“逃离”各自生活空间的一次尝试，但是，贝尔尼最终回到了属于他的“天空”，吉娜叶薇芙则回到了自己的“家”。故事开始于沙漠中群星闪烁的天空，中间

---

❶ 张海榕：《空间批评视域下的辛克莱·刘易斯小说叙事研究》，《国外文学》2012 年第 4 期，第 131 页。

的旅行经过一系列相对封闭狭小的空间，例如家、飞行员的房间、旅馆。最后，故事结束于贝尔尼执行任务的途中，仍然是一片开阔的沙漠。这种空间的前后对应也许与现实相关，但更可能是作家刻意的安排。故事的背景又回到了开始，但主人公的命运却发生了不可逆转的变化：贝尔尼继续寻找生命的意义，最后牺牲在执行任务的途中；吉娜叶薇芙再找不回往日的生活，直至绝望。文本中的家、房间、天空等多组空间在作家跳跃的记忆中通过并置和重组，构成了一个想象和现实交织的世界，同时是充满矛盾和各种欲望的心理和情感空间。

列斐伏尔认为："空间是一种社会产物"[1]，空间可以产生社会，也可以反映社会价值观。圣埃克絮佩里构建的对立的空间代表着不同的人生观、价值观，甚至不同的文明。在奔向广阔的"宇宙"空间的同时，飞行员摆脱了地面上一切世俗的羁绊。不管是地面上人们追逐名利的人生观、物质世界里金钱决定一切的价值观，还是平凡生活中的常规惯例，地面上的一切都被或主动或被动地放弃了。

飞行员驾驶着飞机越过高山大海，穿过沙漠沼泽，在无边无际的宇宙中通过与恶劣天气的搏斗展现了人类的勇气和力量。虽然飞行途中偶尔的停留会让他们回想起地面生活的种种美好细节，但是这远不能与挑战大自然所产生的作为人的骄傲相比。因此，圣埃克絮佩里式的人生观和价值观是超越物质利益追求的，是牺牲自我、服务他人的精神，体现了真正的人类文明的核心。

---

[1] Henri Lefebvre, *The Production of Space*, trans. Donald Nicholson-Smith (UK: Wiley-Blackwell, 1992), p. 26.

作为对立面，封闭的空间产生了一种相对闭塞的文明，“在这种文明里，走路有走路的讲究，事物有事物的意义，这种讲究和意义在其他任何文明里都是不存在的”❶。这种文明以个人利益为中心，由各种陈规旧俗来定义，在其中生活的人营营役役如同白蚁。这种封闭的文明是对真正的人类文明“煞费苦心”的遗忘，是对危险的不自知，是对责任的回避和对生存的怯弱。因此，为了寻求另一种生存方式，人们才会探寻新的空间。在米尔恰·伊利亚德（Mircea Eliade，1907—1986）看来，开放的空间是职业的空间，即神圣的空间，“因为这种神圣空间的经验让世界的建立成为可能”❷。从这一点来说，他与圣埃克絮佩里不谋而合，他要建立的“世界”就是圣埃克絮佩里所追求的“人类帝国”。

四　空间寓意与哲学思辨

一只灰色的蝶蛹，蝶将从这里脱蛹而出。❸

空间在圣埃克絮佩里的作品中不仅有多重的维度，还有深刻的思想内涵。在《人类的大地》中，作家提到了开往机场的老式班车。它既是一种交通工具，也是飞行员“脱胎换骨”过程中的一个过渡性空间。飞行员乘着这种破旧的班车去机场，也是对

❶ 刘华选编《圣爱克絮佩里精选集》，张森宽、乔咪加、刘君强、王惠译，北京燕山出版社，2005，第245页。

❷ Mircea Eliade, *Le Sacré et le Profane* (Paris: Folio, 1965), p. 60.

❸ 刘华选编《圣爱克絮佩里精选集》，张森宽、乔咪加、刘君强、王惠译，北京燕山出版社，2005，第180页。

即将到来的危险和挑战的一种准备。飞行员从此离开家庭，开始职业的历练。几个小时之后，这些平凡人将在天空中面对风雨雷电，俯瞰高山大海，他们会成为与大自然搏斗的英雄。通过老式班车，飞行员实现了存在空间的转换，他们离开了地面，也挣脱了日常生活的束缚，投身于职业的广阔空间。因此，班车连接了人与天空、大地和宇宙、平庸与超越、现实与理想，被作家比喻为“蝶蛹”。

从《人类的大地》开始，圣埃克絮佩里在创作上进行了从形式到内容的创新，体现了他超越时空的创作观：线性的叙事几乎消失，时间的跳脱更加恣意，空间被进一步扩展。在几千米的高空，飞行员超越了现实的边界，进入一个无垠的、神秘的、让人浮想联翩的空间。平原上的岩石层让飞行员一下子回想起远古时代，陨石的痕迹也让他思绪飞扬，好像参与了这个星球的伟大创造。在这部作品中，自然景观空间不再是单纯的现实空间，它被作者赋予了复杂的情感内涵。作品的大部分背景是沙漠。对于沙漠，作家始终怀有一种复杂的情愫：一方面，极端的自然条件加剧了人与自然的对抗；另一方面，人与自然从身体和精神上都无限靠近。在作品中，圣埃克絮佩里避免了过多视觉上的描写，他笔下的沙漠也因此表现出某种超然物外的特点。在这里，时间是停滞的，“人可以抓起一把干净的沙粒，让它们在手指间流动，由此感到一种单纯得近乎幼稚的快乐，而这种快乐却比你第一次看到沙漠时的感觉复杂得多”❶。

在圣埃克絮佩里创作的后期，想象力成为构建空间的原动

---

❶ Micheline Tison-Braun, *Poétique du paysage*: *Essai sur le genre descriptif* (Paris: Nizet, 1980), p. 147.

力。他通过创造一系列的虚拟空间和其中充满象征意味的形象，生动地阐明了自己的哲学思想。在《小王子》中，空间的转换轨迹就是小王子旅行的路线：小王子从居住的 B612 星球开始，经过宇宙中的六颗行星，然后来到地球，最后又回到自己的星球。作家构建的所有空间中只有地球是真实的存在，其他都是虚拟空间，但它们都充满了寓意。即使在地球，作家也将故事的背景安排在沙漠。这些独具匠心的设计与圣埃克絮佩里所要表达的思想相辅相成。首先，小王子离开家表达了他渴望改变生活的愿望；其次，旅途中六颗行星上的居民影射了现代文明背景下的人类；再次，故事的空间停留在地球上的一片沙漠中，贫瘠荒凉的沙漠在作家的心中是远离现代文明喧嚣的净土，飞行员、狐狸等重要角色相继在这里出现，小王子和飞行员一起寻找井的经历，象征着人类追求生命意义的过程；最后，小王子选择通过死亡回到自己的星球，这是责任感驱使的回归，是爱的回归，更是人性升华后的回归。虽然空间回到了原点，但是空间转换深化了“回归”的含义。

在地理空间改变的同时，人物的心理空间也发生了本质上的变化，形成了“外在空间”和“内心空间”之间的互动联系。正如作者所说：“心灵没有空间的人是很容易被填满的”[1]。肉眼看到的空间是表面的，看似真实却没有意义；内心感受到的空间虽不可见，却充满了一切对人的生存有价值的东西。这两类空间之间没有看得见的界限，但又从本质上对立。小王子最终回到自

[1] 圣艾克絮佩里：《小王子　堡垒》，黄荭、邹琰、马利红等译，上海人民出版社，2008，第 179 页。

己的星球，也是因为他发现人所生存的空间并不只是具有地理上的含义，不同空间的本质还取决于人内心对生命的认识。圣埃克絮佩里的思想事实上一直都是一种超越性的哲学，超越表面，超越物质，直指人的内心，触及人生存的本真，是从外在空间到内在空间转换的文学再现。

圣埃克絮佩里对时间的淡化和对空间的虚拟化，在他的最后一部作品《城堡》中表现得淋漓尽致。作家死后出版的《城堡》是一部总结了其哲学思想的著作。各种或现实或虚拟的空间在书中重重叠叠，表现了作家的精神世界。书中的沙漠在客观上是真实的，故事中出现了盐场、荆棘、狂风、沙砾等一切符合沙漠环境的景观；但是，书中还有繁华的城市、绿洲、树、高山、泉水这些似乎不属于沙漠的元素；更重要的是，在这片土地上出现的各种人物，包括士兵、囚徒、女人、老人、孩子、水手，甚至强盗，与这个黄沙漫漫的世界融合在一起，让沙漠一贯荒凉贫瘠的面貌发生了根本的改变。

书中的沙漠、城堡和绿洲与其说是实景，不如说是作家精神理念的一种外化。每一个空间在这里都有寓意，诸多元素汇合在一起所构建的这个空间早已超出了物质层面的现实。它是作家内心的写照，是人类从哲学的角度认知世界的一种方式。书的题目《城堡》（国内也有译本题名为《堡垒》）同样糅合了现实和想象：一方面，人类有责任保护物质意义上的家园，因此在它的周围筑起城墙；另一方面，人类同样有责任保护自己的精神家园，所以要在人的内心建立起城堡。[1] “城堡”因为有人居住而充满

---

[1] 圣艾克絮佩里：《小王子　堡垒》，黄荭、邹琰、马利红等译，上海人民出版社，2008，第 114 页。

生机，否则就只能是星光下散乱堆砌的残垣断壁。就像作家所说："我发现了一个伟大的真理，即人定居下来，事物的意义对他们而言就随之变化。"[1] 因此，空间因为人而改变了意义。

五　结语

圣埃克絮佩里以自己的亲身经历为基础，在作品中构建了一个多重空间叠加的世界。作为一名飞行员，他的视野从地面扩展到宇宙，使他能够更加全面地观察人类生存的空间；同时，作为一名作家，他丰富的想象力和敏锐的内心使他超越了客观现实和各种空间的表象。圣埃克絮佩里在作品中构建空间的目的既是再现现实或理想中的世界，更是在思辨中探寻一种新的生存方式。在他看来，人的生命是有限的，但是精神是永恒的；人的生存环境局限于地面，但是人类可以突破这种局限，在更广阔的空间中追寻理想；人生活在以金钱为量度的物质社会中，但是人也可以通过行动超越世俗的约束，重新定义生命的意义。这种有限与无限相融合的思想，正是圣埃克絮佩里在作品中构建空间的理论基础，而他也在作品中从文本形式和创作技巧的层面，诠释了自己的哲学理念。

（原载《法语学习》2016 年第 1 期）

---

[1] 圣艾克絮佩里：《小王子　堡垒》，黄荭、邹琰、马利红等译，上海人民出版社，2008，第 115 页。